Михаил Лукьянов

Российский консерватизм и реформа, 1907-1914

С предисловием Марка Д. Стейнберга

SOVIET AND POST-SOVIET POLITICS AND SOCIETY

ISSN 1614-3515

Recent volumes

31   *Vladimir Kantor*
        Willkür oder Freiheit
        Beiträge zur russischen Geschichtsphilosophie
        Ediert von Dagmar Herrmann sowie mit einem Vorwort versehen von Leonid Luks
        ISBN 3-89821-589-X

32   *Laura A. Victoir*
        The Russian Land Estate Today
        A Case Study of Cultural Politics in Post-Soviet Russia
        With a foreword by Priscilla Roosevelt
        ISBN 3-89821-426-5

33   *Ivan Katchanovski*
        Cleft Countries
        Regional Political Divisions and Cultures in Post-Soviet Ukraine and Moldova
        With a foreword by Francis Fukuyama
        ISBN 3-89821-558-X

34   *Florian Mühlfried*
        Postsowjetische Feiern
        Das Georgische Bankett im Wandel
        Mit einem Vorwort von Kevin Tuite
        ISBN 3-89821-601-2

35   *Roger Griffin, Werner Loh, Andreas Umland (Eds.)*
        Fascism Past and Present, West and East
        An International Debate on Concepts and Cases in the Comparative Study of the Extreme Right
        With an afterword by Walter Laqueur
        ISBN 3-89821-674-8

36   *Sebastian Schlegel*
        Der „Weiße Archipel"
        Sowjetische Atomstädte 1945-1991
        Mit einem Geleitwort von Thomas Bohn
        ISBN 3-89821-679-9

37   *Vyacheslav Likhachev*
        Political Anti-Semitism in Post-Soviet Russia
        Actors and Ideas in 1991-2003
        Edited and translated from Russian by Eugene Veklerov
        ISBN 3-89821-529-6

38   *Josette Baer*
        Preparing Liberty in Central Europe
        Political Texts from the Spring of Nations 1848 to the Spring of Prague 1968
        ISBN 3-89821-546-6

Михаил Лукьянов

Российский консерватизм и реформа, 1907-1914

С предисловием Марка Д. Стейнберга

Mikhail Loukianov

Russian Conservatism and Reform, 1907-1914

With a foreword by Mark D. Steinberg

ibidem-Verlag
Stuttgart

Bibliografische Information Der Deutschen Bibliothek

Die Deutsche Bibliothek verzeichnet diese Publikation in der Deutschen Nationalbibliografie; detaillierte bibliografische Daten sind im Internet über <http://dnb.ddb.de> abrufbar.

На обложке: Царь-колокол, Кремль, Москва. Фото неизвестного автора. 1860-е годы. Фотография размещена на: http://commons.wikimedia.org/ wiki/Image:Tsar_Bell_Moscow_1860s.jpg.
Царь-колокол – один из наиболее известных символов имперского величия и авторитарной власти, с которыми традиционно ассоциируется российский консерватизм. Был отлит в 1735 г. И.М. Моториным. В 1737 г. от колокола отвалился крупный фрагмент. Около ста лет памятник пролежал в литейной яме, В 1836 г. был поднят на постамент, спроектированный О. Монферраном.

∞

Gedruckt auf alterungsbeständigem, säurefreien Papier
Printed on acid-free paper

ISSN: 1614-3515
ISBN-10: 3-89821-503-2
ISBN-13: 978-3-89821-503-9

© *ibidem*-Verlag
Stuttgart 2006
Alle Rechte vorbehalten

Printed in Germany

Моим родителям

Содержание

Abstract in English

Mikhail Loukianov

Russian Conservatism and Reform, 1907-1914

Conservatives displayed deep dissatisfaction with the state of affairs in Russia in 1907-1914. A critical attitude toward reality was expressed more strongly by extreme right-wing supporters of the All-Russian Dubrovinist Union of Russian People and less strongly by relatively moderate sympathizers of the All-Russian National Union. Over time, dissatisfaction spread from the right to the left, capturing even representatives of the left flank of Russian conservatism by the beginning of World War I. Their negative mood increased especially after the death of Stolypin, who was accepted as a symbol of conservative reform implemented in a «national spirit». Conservatives of various persuasions, advocates and opponents of reform, came together in a negative evaluation of the current uncertain situation which satisfied neither.

An explanation for this must be sought above all in the conservatives' attitude toward Russian modernization. Although Russian conservatism did not, in principle, reject the need to adapt to new realities, it was extremely difficult for conservatives to accept that variant of socioeconomic and political modernization that was taking place in Russia in practice.

The social base of Russian conservatism was patently inadequate for the new trends. According to statistical data about the deputies of the Third and Fourth Duma conservative factions attracted individuals from the dominating ethno-confessional group, who, at the same time due to poverty, low level of education, and connection with stagnating agriculture were deprived of real chances for success in a quickly modernizing Russia. Russian conservatism had become the political expression of the interests of social strata that were losing their influence and were those least adapted to the new conditions.

There existed another, «ideological-value» dimension to the conflict between conservatives and the status quo. The ideals of Russian conservatives on the eve of World War I were openly archaic and, in essence, presented themselves as variations of the notorious Uvarov's triad «orthodoxy, autocracy, nationality». Describing their vision of an optimal political organization, they allotted the central place to autocracy, insisted on the necessity to secure the dominant position for the Russian and Orthodox majority. They argued that agriculture was destined to remain eternally the key branch of national economy.

The introduction of representative legislative institutions, rise of economic influence of some national minorities, rapid industrial growth, and serious problems in agriculture directly contradicted the conservatives' notion of the optimal model for the state's structure. Political and socio-economic modernization was looked at as at mortal danger to the old regime, or even as the beginning of a *Götterdämmerung*. In this situation, conservatives worked out a series of political and socio-economic programs which became alternatives to official policies. Their rejection gave rise to a wave of gloomy forecasts and eschatological expectations; the famous Durnovo memorandum was only one example of documents expressing emotions of this kind. Conservative viewed the future with pessimism, and this pessimistic mood turned to be justified by the catastrophic events in a few years.

Before the Great War, conservatives had stopped viewing themselves as buttresses of the Russian political system. This condition, no less than pressure from the left, brought about the quick and irreversible disintegration of the 3rd-of-June Regime. The pre-1917 status-quo definitely did not suit socialists or liberals, but neither did it satisfy the conservatives.

Foreword

Russian conservatism in the years between the end of the first Russian revolution and the start of the First World War was a diverse movement rich in ideas and values, offering a vision counter to the troubled realities of those times, Mikhail Loukianov shows us in this deeply researched and carefully argued study. Simple stereotypes of Russian conservatives as unquestioning defenders of the state's ideology and the status quo are inadequate to describe their complex perspectives on their age: their ambivalent view of Nicholas II's autocracy; their advocacy of an alternative path of national development; their troubled awareness of the dangerous weakening of Orthodox Russian ethno-confessional predominance in the empire; their growing pessimism.

Drawing on a wide range of published and unpublished primary sources, but also on comparative insights from the history of western European conservatism, and focusing on the troubled years between the revolution of 1905 and the start of the First World War, Loukianov offers a nuanced account of a movement marked by an often paradoxical mixture of vision, feeling, imagination, and energy alongside reaction, ambivalence, blindness, and disorganization. Loukianov allows us to hear a wide range of conservative voices, from moderate nationalists to the far Right, and not limited to the best-known publicists and leaders from Moscow and St. Petersburg. Indeed, he is sensitive to the many differences among conservatives, who shared, by definition, a belief in the value of traditions and a desire to preserve what was best from the past but not a consistent view of what those best qualities were nor how to promote them.

Loukianov recovers largely forgotten voices of the past, but he does not romanticize them. He helps us understand conservative values and ideas in order better to understand those times of crisis and possibility in Russian life, not to find heroes nostalgically to admire as alternatives to those who ultimately won the battle to shape Russia's future. With scholarly care and balance, Loukianov describes and analyzes the conservative vision – the alternative values and plans they articulated but also the archaism of their ideals and their failures of logic and strategy – without judgmental editorializing about the prerevolutionary past or, for that matter, the postsocialist present (today, of course, conservative nationalist ideas, including the leitmotif "Russia for the Russians," are finding new life).

In detailing the ideological and moral vision of conservatives, with all due attention to the various differences among them, Loukianov shows the continued power of the early nineteenth-century ideological trinity of Orthodoxy, Autocracy, and Nationality (народность), along with the precursors of this conservative dogma, notably the anti-reform historical and political arguments of Nikolai Karamzin. If anything, the conditions in Russia after 1905 inspired a revival of these old principles, perhaps precisely because they were so embattled. Orthodoxy and especially the church had become less influential in public life. The absolute power of the monarch was weakened by the rise of civic organizations but also by the state's own reforms in 1905-06 (ambivalent and hesitant, to be sure, but still erosive). And the bonds of understanding and love between tsar and people that народность romanticized were becoming less and less plausible in the face of sharpening popular political and social discontent.

In chapters focusing on political philosophy, conceptions of government, views of nationhood and ethnicity, and social and economic thought, Loukianov carefully documents both the critical perspectives and positive ideals of Russian conservatives. He describes their classic conservative skepticism about human reason and will and their respect for tradition as a more organic source for development. Out of these core beliefs arose their conviction in the need for the strong hand of ordering authority and community and the virtues of social hierarchy. They viewed democratic institutions with disdain for as ill-suited to Russia's national character and traditions (though this did not prevent their participation in the new Duma). They insisted instead on the necessity and virtue of autocratic state power (indeed, they saw the tsar as the only proper political subject). Measured against their vision of ideal autocracy, they viewed the practices of the actual government and the current autocrat with ambivalence at best (of course, Nicholas II was himself uneasy about the course of economic modernization and political reform for which he was formally responsible). Conservatives were also determined to bolster Russian ethnic and confessional dominance within the multinational empire (and the authority of the autocracy and the Church as defenders of Russianness), though this was increasingly less out of faith in Russian superiority and mission than out of an anxious and defensive distrust of the dangers posed by increasingly mobilized and influential minorities, especially Jews, whom many conservatives, Loukianov shows, viewed in increasingly racialized terms as an endemically dangerous and unassimilable Other.

Woven through these political positions was a reluctance to accept the social and moral conditions of modernity, a critique that in some ways brought them interpretively close to the socialists they so despised. Although they valued private property and enterprise, this regard was tempered by a highly negative view of "capitalists" and the "bourgeoisie" as selfish promoters of personal interest rather than the national good. Conservatives shared the widespread view that capitalism, as a system of social relations, was morally harmful and even dehumanizing. Phrases in conservative rhetoric like "обездушение личности," nearly impossible to translate, echo a widespread and resonant civic concern in Russia, heard among socialists and liberals as well as among conservatives, with the harm modern life inflicted on the human person and self (личность). For similar reasons they had a marked distaste for the artificiality, alienation, and fractures of urban life—especially of the capital city, St. Petersburg. Likewise, conservatives viewed the Russian state's policies of forced industrialization as harmful—they idealized, instead, natural economic development grounded in the dominant agrarian economy as more balanced and humane. To ameliorate social tensions, they looked not to greater equality or rights but to patriarchal social relations (including the leadership of landed nobles) and the protective and regulating role of the state.

Loukianov emphasizes how divorced this conservative vision was from contemporary realities. In their "extreme archaism" (крайняя архаичность), Russian conservatives, Loukianov argues, differed from most western European conservatives, who in various ways reconciled themselves with modern development. This vision was also, in the end, debilitating and fatal, he suggests, for their vehement defense of an archaic political order and ideology and archaic economic and social relations was unlikely to yield anything but frustration. Unwilling to compromise with existing reality, they futilely hoped to make reality adjust. The few conservatives, he says, who supported the path of reform taken in Russia were "outsiders" to mainstream conservatism. In many respects, though, we can see that all conservatives were outsiders—alienated from the modest reformism of the autocracy, from the demands of liberals and socialists for faster and deeper reform, from the widespread desire among the population for representative democracy and social leveling, even from modernity itself.

Conservatives often began to despair over the state of the nation, the empire, and the modern world. As is often the case, emotions were entwined with ideas in conservative judgments about the conditions of their times. Thus, for example, the conservative moral critique of both capitalism and socialism was constructed around notions of the harm caused by feelings of class envy and hatred and by a materialism that de-emphasized spiritual and moral values. More generally, many conservatives viewed the contemporary world in emotionally dark tones. They felt that a new "time of troubles" (смутное время) had descended on Russia: that Russia's internal life was marked by increasing "fragility," "chaos," and "disorder" (непрочность, хаос, нестроение), by a "depraved" atmosphere of "cowardice, egoism, baseness, and lies" (малодушие, эгоизм, подлость, и ложь), and by lack of faith. In response, in both public and private, many conservatives admitted to feeling hopeless and "depressed" (уныние), to a spreading "feeling of sorrow" (чувство скорби). They were not alone. Even many liberal commentators writing in Russia's newspapers and journals in these prewar years, spoke of a widespread public mood of "disenchantment" (разочарование), "melancholy" (тоска), lack of faith, "tragedy" (трагизм), and uncertainty. Ideological conservatives were not the only public voices in Russia between the wake of revolution and the start of the world war speaking of the approach of "catastrophe." It is one of the many strengths of Loukianov's excellent study—the final word of which, we note, is катастрофа—that we can see here clearly the ideas and values that helped conservatives perceive the crisis of their age but also led them to respond to Russia's modern condition in such a way that their own catastrophe was made all the more certain.

Mark D. Steinberg
Urbana-Champaign, Illinois, USA

Благодарность

Эта книга никогда бы не увидела свет, если бы не содействие многих людей и институтов. Поддержка Пермского государственного университета, института «Открытое общество» и Американских советов по международному образованию дали возможность в течение длительного времени заниматься в российских, британских и американских библиотеках и архивах. Большое значение имела для меня помощь руководства Западно-Уральского института экономики и права, прежде всего, Е.А.Орачевой.

Я многим обязан своим учителям, под влиянием которых обратился к истории европейского консерватизма. Поощряемый Л.Е.Кертманом, я предпринял попытку разобраться в парламентских речах Э.Берка, а позднее под руководством П.Ю.Рахшмира занимался историей и историографией британского консерватизма.

Выражаю искреннюю благодарность своим коллегам по кафедре новейшей истории России историко-политологического факультета Пермского государственного университета: М.А.Ивановой, И.К.Кирьянову, Л.А.Обухову, М.Д.Суслову, Г.А.Янковской за советы и участие.

Настоящий текст является результатом переработки содержания моей книги, выпущенной издательством Пермского университета в 2001 г., а также серии статей, опубликованных в 2002 – 2006 гг. в «Slavic Review», «Russian History», «Отечественной истории» и в некоторых других изданиях. Основные положения монографии уточнялись при работе над докторской диссертацией, защищенной в 2004 г. в Санкт-Петербургском институте истории РАН. Готовя второе издание книги, я учел замечания и рекомендации, высказанные в ходе обсуждения и защиты диссертации Б.И.Колоницким, Р.Ш.Ганелиным, Б.Д.Гальпериной, М.Ф.Флоринским, В.Г.Чернухой, А.Н.Цамутали и другими петербургскими коллегами.

Личные и виртуальные контакты с А.Мартином, Т.Виксом, Д.Кенкер, П.Холькви стом,   М.Мелансоном,   Д.Расоном,   М.Стейнбергом,

Р.Эделманом, Ф.Вчисло, Дж.Лангером, Ю.Грином, Э.Хокинсом всегда были источником новой информации, побуждали к более широкому взгляду на предмет и избавлению от стереотипов.

Историк очень зависит от архивистов и библиографов, роль которых в исследовательской деятельности любого рода невозможно переоценить. Я крайне признателен сотрудникам отечественных и зарубежных библиотек и архивов, где мне довелось работать.

Рукопись никогда не превратилась бы в макет, а затем в книгу без рекомендаций Е.А.Огиенко и Л.И.Студеникиной по поводу стиля и справочного аппарата.

Мои штудии часто были сопряжены с длительным пребыванием вдали от дома. Поэтому отдельная благодарность К.Хьюитт, Ю.Гаухман, М.Стейнбергу, Дж.Хеджес и В.Ищенко, чье содействие и дружеское отношение так облегчали мое существование и работу во время многочисленных разъездов в 1994 – 2005 гг.

Очень рад, что с результатами моих трудов могут познакомиться родители. Хотя они никогда не испытывали восторга по поводу профессии сына, я всегда пользовался их поддержкой и сочувствием. И, если бы не понимание и долготерпение моей жены Ольги, я едва ли бы смог закончить работу над книгой, вся ответственность за концептуальные и фактические изъяны которой, разумеется, ложится только на автора.

Введение

Накануне Первой мировой войны консервативные партии и организации казались неотъемлемой частью российского политического ландшафта. К консервативным фракциям принадлежало около трети членов III и IV Государственной Думы. Такие ежедневные издания, как «Новое время», «Санкт-Петербургские ведомости», «Московские ведомости», «Русское знамя», «Земщина», «Киевлянин» имели многочисленную читательскую аудиторию. Консервативные взгляды разделяли император Николай II и значительная часть высшей бюрократии.

Однако всего этого оказалось недостаточно, чтобы обеспечить политическое выживание российского консерватизма. В феврале – марте 1917 г. монархические организации проявили потрясающую пассивность, не предприняв никаких попыток спасти самодержавие. Сразу же после свержения монархии многие правые деятели заявили о лояльности Временному правительству[1].

Спустя всего месяц после отречения Николая II один из наиболее известных консервативных политиков, В.М.Пуришкевич, писал: «...старая власть не может воскреснуть, ибо весь старый строй русской государственной жизни, прогнивший сверху донизу, был карточным домиком, упавшим от легкого дуновения волны свежих, здоровых, национальных чувств народных»[2]. Стремления восстановить прежний порядок не проявляли в 1917 – 1918 гг. и другие видные консерваторы[3].

---

[1]   Чхартишвили П.Ш. Черносотенцы в 1917 году // Вопросы истории. 1997. № 8. С. 133 – 143 .

[2]   Пуришкевич В.М. Без забрала. Пг.: Типолитография И.М.Машистова, 1917. С. 1. Подробнее о позиции Пуришкевича после свержения самодержавия см.: Розенталь И.С. Пуришкевич – известный и неизвестный // Проблемы политической и экономической истории России / отв. ред. В.В.Шелохаев. М.: РОССПЭН, 1998. С. 284 – 303.

[3]   Репников А.В. Консервативная модель // Модели общественного переустройства России: XX век / отв. ред. В.В.Шелохаев. М.: РОССПЭН, 2004. С. 223 – 225.

До сих пор в исторической литературе отсутствует адекватное объяснение парадоксальной ситуации: те, кто десятилетиями уверял в своей преданности самодержавию, палец о палец не ударили, чтобы его спасти. Советские историки традиционно видели причину политического бессилия и развала консервативного движения в 1917 г. в том, что после Февраля оно лишилось поддержки со стороны государственных органов и влиятельных особ[4]. Но этим обстоятельством никак нельзя объяснить бездействие консервативных политических структур *до* падения монархия. К тому же отношения между правительственными инстанциями и консервативными организациями никогда не были идиллическими: они часто конфликтовали, и, даже действуя в одном и том же направлении, продолжали оставаться автономными игроками на политическом поле.

Едва ли крах российского консерватизма в 1917 г. может быть отнесен на счет сдвигов, произошедших под влиянием войны. С ее началом обстановка в консервативном лагере принципиально не изменилась. В нем доминировали те же люди и те же организации, что и до войны. Вступление «прогрессивных националистов», в Прогрессивный блок не изменило ситуации радикальным образом: политический вес этой группировки был недостаточно велик, чтобы серьезно влиять на консервативную политику в целом. Война обострила проблемы, возникшие задолго до ее начала. «Эпоха насилия», наиболее яркими проявлениями которой стали большевистская диктатура и Гражданская война, началась в России еще в 1905 г.[5]

Представляется, что истоки недееспособности российских консерваторов в революционную пору следует искать в предвоенном времени. В этом контексте первостепенное значение имеет выяснение того, как консерваторы оценивали действительность, что и каким образом стремились в ней изменить.

Речь идет об анализе политической идеологии российского консерватизма, рассматриваемой как область трансформации абстрактных

---

[4] См., например: Спирин Л.М. Крушение помещичьих и буржуазных партий в России (начало XX в. – 1920 г.). М.: Мысль, 1977. С. 231.

[5] См.: Holquist P. Violent Russia, Deadly Marxism? Russia in the Epoch of Violence, 1905-1921 // Kritika: Explorations in Russian and Eurasian History. 2003. Vol. 4. No. 3. P. 627 – 652.

принципов в конкретные политические программы. Консервативная идеология придавала смыслы политической деятельности, играла важнейшую роль в разработке политической стратегии правой части политического спектра[6].

В качестве мировоззренческой основы такой идеологии выступал комплекс идей, включающий положения о ведущей роли континуитета и традиции в жизни общества, тщетности попыток его переустройства на рациональных началах, необходимости жесткого контроля над индивидом, неравенстве людей и иерархической организации общества, большем значении правильного подбора исполнителей, чем институциональных новшеств[7].

Нельзя не заметить, что указанные посылки носят универсальный характер: они присутствуют в любой консервативной политической программе, независимо от места и времени. Однако степень значимости каждой из посылок и их конкретные проявления в политической идеологии меняются от страны к стране, от эпохи к эпохе и зависят главным образом от характера и направленности вызова, брошенного консерватору его оппонентами. Именно политический вызов придает абстрактному консервативному философствованию конкретность, превращает его в систему конкретных политических идей, этому вызову противостоящих.

В рассматриваемый период носителем консервативной идеологии выступала та часть российского общества, которая поддерживала политические силы правее «Союза 17 октября» и разделяла различные модификации принципа «Православие. Самодержавие. Народность». Консерваторы отдавали монархии безусловный приоритет перед прочими

---

6   См.: Freeden M. Ideologies and Political Theory: A Conceptual Approach. 2nd ed. Oxford: Clarendon, 1998 (1st ed. 1996); Green E.H.H. Ideologies of Conservatism: Conservative Political Ideas in the Twentieth Century. Oxford: Oxford University Press, 2002.

7   Такой способ описания консервативного философского кредо широко распространен в современной литературе. См., например: Quinton A. Conservatism // R.E.Goodwin, P.Pettit (Eds.) A Companion to Contemporary Political Philosophy. Oxford: Blackwell, 1993. P. 244 – 268; Suvanto P. Conservatism from the French Revolution to the 1990s. Basingstoke: Macmillan; New York, NY: St. Martin's Press, 1997; Müller J.Z. What is Conservative Social and Political Thought? // J. Z. Müller (Ed.) Conservatism: An Anthology of Social and Political Thought from David Hume to the Present. Princeton, NJ: Princeton University Press, 1997 P. 3 – 31.

государственными институтами и стремились обеспечить привилегированное положение господствующей этноконфессиональной группы.

Глубокие изменения в политической системе, начавшиеся в период революции 1905 г., означали, что модернизационные процессы распространились и на политическую сферу. После 3 июня 1907 г. утверждение институтов и норм политического поведения, характерных для более развитых государств, происходило в условиях относительной политической стабильности. Реформы осуществлялись от имени самодержца, лояльность которому выступала как атрибут консервативной политической принадлежности.

Несмотря на это, адаптация консерваторов к новым реалиям, порожденным модернизацией российского общества, оказалась крайне сложной. С одной стороны, консерватор должен был безусловно поддержать преобразования, осуществлявшиеся с санкции императорской власти, с другой — он обязан был им противодействовать, ибо происходившее в стране явно не соответствовало теоретическим и практическим установкам российского консерватизма. Неадекватность консервативной идеологии новым условиям породила кризис консерватизма. Вопрос о стратегии его преодоления стал предметом острых разногласий. Консерваторам предстояло решить, что́ делать: корректировать идеологию сообразно действительности, или, наоборот, действительность сообразно идеологии.

Выбор первого варианта означал превращение консерватора из защитника институтов и ценностей традиционного общества в защитника новых, либеральных по происхождению, принципов. Во втором случае консерватор должен был остаться последовательным оппонентом либеральной идеи и попытаться свести ее проявления к минимуму, сохранив максимум элементов традиционного уклада в общественной жизни. Как и почему российский консерватизм предпочел, в конечном счете, второй вариант и составляет главный сюжет данной работы.

Учитывая амбивалентность многих понятий, используемых в ней, целесообразно сделать несколько дополнительных замечаний методологического свойства.

Во-первых, стремление к сохранению статус-кво не рассматривается как достаточное основание для идентификации того или иного идейно-политического течения с консерватизмом. Консерваторы далеко не всегда выступали в роли хранителей существующего порядка. Если в условиях политической стабильности защита статус-кво являлась raison d'être консервативной политической позиции, то в периоды бурных общественных перемен, которые воспринимались консерваторами как катастрофа, новая, уже «катастрофическая», реальность зачастую вызывала у них отвращение.

В качестве примера неприятия статус-кво можно сослаться на негативное отношение к политической реальности, созданной Великой французской революцией, классиками западноевропейского консерватизма – Э.Берком, Ж.де Местром, Л.де Бональдом. Они выступали не за реставрацию дореволюционного или дореформенного порядка, а за создание нового статус-кво, отвечающего консервативным представлениям о правильной социальной организации.

Поэтому консервативные политические программы с легкостью обретали черты утопии, конструирующей альтернативные реальности социально-политические проекты. Такого рода идеологические конструкции получили широкое распространение в произведениях европейских консервативных теоретиков XIX – XX вв., от А.Мюллера и Р.де Шатобриана до С.Ф.Шарапова и И.А.Ильина.

Во-вторых, в исследовании такого рода особенное значение имеет соблюдение принципа историзма. Идея соотнесения реально существовавших идейно-политических течений с заранее созданной моделью аутентичного консерватизма, выяснение, кто с точки зрения дня сегодняшнего может быть назван консерватором, а кто – нет, представляется малопродуктивной. Гораздо важнее установить, к чему стремились и чего желали те, кто считал себя консерватором и кого считали таковыми современники.

Я старался по возможности расширить круг используемых источников, чтобы «услышать» не только столичных консервативных политиков и публицистов, но и их провинциальных коллег, чтобы судить о консервативных идейно-политических установках и по публичным заявлениям, и по высказываниям, рассчитанным на конфиденциальность. В книге рассматривается весь спектр взглядов консервативных политических группировок – от наиболее непримиримого Всероссийского Дубровинского союза русского народа до сравнительно умеренного Всероссийского национального союза, от правых Государственной Думы до думских «консерваторов-конституционалистов» (группы Центра).

В-третьих, исходя из сказанного, имеет смысл определить содержание понятий «консерватизм» и «правая». С одной стороны, в начале XX в. европейские праворадикальные движения только зарождались, и было бы вполне корректно рассматривать оба понятия как синонимы, характеризующие в сущности один и тот же круг политических идей и организаций[8]. С другой стороны нельзя не учитывать специфики русской политической лексики начала XX в. «Правыми» называли группу депутатов Государственной Думы и их единомышленников. Тот же термин использовался для обозначения сторонников А.И.Дубровина, которые резко критиковали правых думцев по многим принципиальным вопросам. Наконец, в составе Государственного Совета существовала Правая группа. Все эти формирования были в той или иной мере связаны с Союзом русского народа и выделившимися из него организациями и ассоциировались с жестким политическим курсом в защиту самодержавия.

Образовавшиеся в 1908 – 1909 гг. Всероссийский национальный союз и Партия умеренно-правых, (в начале 1910 г. они объединились) расходились с правыми по многим политическим вопросам, в особенности в оценке роли представительных учреждений[9]. Однако их основные идеологические посылки были очень близки и представляли собой вариации на тему уваровского трехчлена «Православие. Самодержавие.

---

[8]   Такой подход широко распространен в научной литературе последнего времени. См.: Eatwell R., O'Sullivan N. (Eds.) The Nature of the Right: European and American Politics and Political Thought since 1789. London: Pinter, 1989; Blinkhorn M. (Ed). Fascists and Conservatives: The Radical Right and the Establishment in Twentieth Century Europe. London, Boston: Unwin Hyman, 1990; Jones L.E., Retallack J. (Eds) Between Reform, Reaction and Resistance: Studies in the History of German Conservatism from 1789 to 1945. Providence, RI; Oxford: Berg, 1993; Suvanto P. Conservatism from the French Revolution to the 1990s.

[9]   Те же расхождения были характерны и для их думских фракций, которые в 1909 г. образовали единую «Русскую национальную фракцию» (позднее – «Фракция националистов и умеренно-правых»).

Народность». Исходя из сугубо консервативного характера указанных принципов, трудно согласиться с некоторыми новейшими авторами, трактующими идеологию ВНС как «либеральный национализм» или относящими ВНС к «полулиберальным и либеральным партиям»[10]. Поэтому во избежание терминологической путаницы в качестве родовой характеристики идеологической платформы всей правой части российского политического спектра, включая националистов, используется понятие «консерватизм».

Российские консерваторы начала XX в. долгие годы оставались на периферии исследовательских интересов отечественных историков. Вдобавок, в публикациях на эту тему пропагандистское начало преобладало над собственно научным. Лишь со второй половины 1960 – х годов благодаря А.Я.Авреху и В.С.Дякину этот сюжет стал изучаться в рамках анализа политической борьбы в дореволюционной России[11].

Указанная проблематика интенсивнее осваивалась западными авторами, которые раньше своих советских коллег обратились к исследованию ключевых аспектов истории российского консерватизма. Первые специальные работы о генезисе правых политических формирований были подготовлены Х.Роггером, первая специальная монография о националистах – Р.Эделманом, первое специальное исследование об электоральной практике российских правых партий – Р.Рексхейзером[12]. В результате западным историкам удалось представить более полную

---

[10] См.: Коцюбинский. Русский национализм в начале XX столетия: Рождение и гибель идеологии Всероссийского национального союза. М.: РОССПЭН, 2001. С. 498; Кирьянов Ю.И. Русское собрание. 1900 – 1917. М.: РОССПЭН, 2003. С. 3 – 4.

[11] См.: Аврех А.Я. Столыпин и третья Дума. М.: Наука, 1968; Аврех А. Царизм и IV Дума. 1912 – 1914. М.: Наука, 1981; Дякин В.С. Русская буржуазия и царизм в годы первой мировой войны (1914 – 1917). Л.: Наука, 1967. Дякин В.С. Самодержавие, буржуазия и дворянство в 1907 – 1911 гг. Л.: Наука, 1978; Дякин В.С. Буржуазия, дворянство и царизм в 1911 – 1914 гг:: Разложение третьеиюньской системы. Л.: Наука, 1988.

[12] См.: Rogger H. The Formation of the Russian Right // California Slavic Studies. 1964. Vol. 3. P. 66 – 94; Rogger H. Was There a Russian Fascism? // Journal of Modern History, 1964. Vol. 36. No. 4. P. 398 – 415; Edelman R. Gentry Politics on the Eve of the Russian Revolution: The Nationalist Party, 1907 – 1917. New Brunswick, NJ: Rutgers University Press, 1980; Rexheuser R. Dumawahlen und lokale

картину эволюции российской консервативной политики и идеологии, чем их советским коллегам[13].

В 1990-е годы историографическая ситуация принципиально изменилось. Западные исследователи потеряли интерес к российскому консерватизму начала XX в. Последняя специальная монография на эту тему вышла в 1995 г.[14], а автор новейшего обобщающего труда «Русский консерватизм и его критики» ограничил характеристику периода буквально несколькими страницами[15].

Между тем, в постсоветской России прошлое российского консерватизма превратилось в популярнейшую область исторических изысканий. Количество работ на эту тему, увидевших свет в 1990 – 2000 – е гг. оказалось на порядок больше числа публикаций за все предшествующее время[16].

Gesellschaft: Studien zur Sozialgeschichte der russischer Rechten vor 1917. Köln; Wien: Böhlau, 1980.

[13] Среди наиболее значительных западных работ по истории российского консерватизма начала XX в. см. также: Hosking G. The Russian Constitutional Experiment: Government and Duma, 1907 – 1914. Cambridge: Cambridge University Press, 1973; Löwe H.-D. Antisemitismus und reaktionäre Utopie: Russischer Konservatismus in Kampf gegen den Wandel von Staat und Gesellschaft. Hamburg: Hoffmann und Campe, 1978; Manning R.T. The Crisis of the Old Order in Russia: Gentry and Government. Princeton, NJ: Princeton University Press, 1982; Verner A.M. The Crisis of Russian Autocracy: Nicholas II and the 1905 Revolution. Princeton, NJ: Princeton University Press, 1990; Wcislo F.W. Reforming Rural Russia: State, Local Society, and National Politics, 1855 – 1914. Princeton, NJ: Princeton University Press, 1990.

[14] Книга Д. Расона (Rawson D.C. Russian Rightists and the Revolution of 1905. Cambridge: Cambridge University Press, 1995) до сих пор остается последним специальным монографическим сочинением о российском консерватизме начала XX в., опубликованным на Западе.

[15] См.: Pipes R. Russian Conservatism and Its Critics: A Study in Political Culture. New Haven, CT: Yale University Press, 2006. P. 173-178.

[16] Беленький И.Л. Консерватизм в России XVIII – начале XX в. (Библиографический обзор отечественных исследований и публикаций второй половины XX в.) // Россия и современный мир. 2001. № 4. С.245 – 262; 2002. № 1. С.253 – 272; № 2. С.237 – 242; № 3. С.217 – 239; 2002. № 4. С.230 – 251; 2003. № 2. С.267 – 279. Общий обзор современной российской литературы по проблемам истории отечественного консерватизма см.: Минаков А.Ю. Русский консерватизм в современной российской историографии: новые подходы и тенденции изучения // Отечественная история. 2005. № 6. С.133 – 142.

Исследования С.А.Степанова, Ю.И.Кирьянова, Д.А.Коцюбинского установили основные вехи эволюции крупнейших политических организаций правых и националистов[17]. Появились работы, посвященные анализу политических и социально-экономических воззрений консерваторов, ранее не служивших объектом самостоятельных штудий[18]. Российский консерватизм стал рассматриваться в широком историческом контексте, как специфический национальный вариант европейских консервативных идейно-политических течений[19]. Были изданы и переизданы многие источники, что заметно расширило документальную базу изысканий в данной области[20]. Все это свидетельствовало о заметном прогрессе в изучении истории консерватизма в современной России[21].

---

[17] Степанов С.А. Черная сотня в России (1905 – 1914 гг.) М.: ВЗПИ / Росвузнаука, 1992; Коцюбинский. Русский национализм в начале ХХ столетия; Кирьянов Ю.И. Правые партии в России. 1911 – 1917. М.: РОССПЭН, 2001; Кирьянов Ю.И. Русское собрание.

[18] См., например: Шлемин П.И. М.О.Меньшиков: мысли о России. М.: ИНИОН, 1997; Карцов А.С. Правовая идеология русского консерватизма. М.: Московский общественный научный фонд, 1999; Репников А.В. Консервативная концепция российской государственности. М.: Сигналъ, 1999; Гусев В.А. Русский консерватизм: основные направления и этапы развития. Тверь: Тверской государственный университет, 2001; Милевский О.А. Лев Тихомиров: две стороны одной жизни. Барнаул: Издательство Алтайского государственного университета, 2004.

[19] См., например: Национальная правая прежде и теперь: историко-социологические очерки / отв. ред. Р.Ш.Ганелин. СПб.: С.-Петербургский филиал Института социологии РАН, 1992. Ч. 1 – 3; Исследования по консерватизму / гл. ред. П.Ю. Рахшмир Пермь: Пермский государственный университет, 1994 – 2000. Вып. 1 – 6; Консерватизм в России и мире: прошлое и настоящее / отв. ред. А.Ю. Минаков. Воронеж: Издательство Воронежского государственного университета, 2001 – 2004. Вып.1 – 3; Эволюция консерватизма: европейская традиция и русский опыт / под ред. В. Дубиной, М.М. Леонова, Л.Банцхафа. Самара: Самарский научный центр РАН, 2002.

[20] См.: Правые партии. 1905 – 1917: документы и материалы: в 2 т. / Сост. Ю.И.Кирьянов. М.: РОССПЭН, 1998; Тихомиров Л.А. Монархическая государственность. СПб.: Российский Имперский Союз-Орден, 1992 (Эта книга, лишь однажды изданная до революции, неоднократно переиздавалась в течение 1990 – х гг.); Марков Н.Е. Войны темных сил. Статьи, 1921 – 1937. М.: Москва, 2002; Щербатов А.Г. «Обновленная Россия» и другие работы. М.: SPSL, Русская панорама, 2002; Меньшиков М.О. Национальная Империя М.: Имперская традиция, 2004 и др.

[21] Общую характеристику современной ситуации в историографии российского консерватизма начала ХХ в. см.: Narskii I. The Right-Wing Parties: Histo-

Увеличение интереса к указанной проблематике наряду с безусловно позитивными результатами имело и серьезные издержки, главной из которых стало широкое распространение апологетического подхода к консерватизму. В его рамках консерваторы начала XX в. предстают носителями великих истин, напрасно отвергнутых современниками и вполне актуальных в наши дни[22]. В подобной трактовке смущает не столько стремление толкнуть отечественный консерватизм на путь, который однажды уже привел его к краху, сколько устойчивость традиции предельно политизированного, пропагандистского отношения к объекту исследования. По сути дела воспроизводится ситуация с изучением консерватизма в советское время с той лишь разницей, что априорно негативное отношение сменяется априорно позитивным[23].

Справедливое четверть века назад заключение Р.Эделмана о том, что заниматься историей русской правой значит действовать на слабоизученной территории, больше не соответствует реальности[24]. Тем не менее о консерваторах по-прежнему известно существенно меньше, чем об их оппонентах. Ликвидация этого дисбаланса остается важной задачей, скромную лепту, в решение которой может внести настоящая монография.

---

riographical Limitations and Perspectives // Kritika: Explorations in Russian and Eurasian History. 2004. Vol. 5. No. 1. P. 179 – 184.

[22]   См., например: Острецов В.М. Черная сотня: взгляд справа. М.: Русское слово, 1994; Смолин М.Б. Очерки Имперского Пути: Неизвестные русские консерваторы второй половины XIX – первой половины XX века. М.: Москва, 2000; Кожинов В.В. Черносотенцы. М.: Эксмо; Алгоритм, 2004.

[23]   Об апологетическом подходе к консерватизму см. подробнее: Витенберг Б. Консерватизм в России: прошлое или будущее? (Обзор книг о русском консерватизме) // Новое литературное обозрение. 2002. № 58. С. 344 – 354.

[24]   Edelman R. Gentry Politics on the Eve of the Revolution. P. IX.

I Проблема реформы в политической философии российского консерватизма кануна Первой мировой войны

Стремительные перемены в социально-экономической и политической жизни заставили российских консервативных идеологов и практиков уделить больше внимания теоретическим вопросам. Расширение круга читающей публики, рост числа печатных изданий, появление представительных учреждений, демократизация политической жизни повысили значимость концептуального обоснования политических решений. Этому способствовала и конкуренция с либеральными и социалистическими доктринами, популярными среди российской образованной публики в начале XX в.

Формулируя свои мировоззренческие установки, консерваторы отводили решающую роль в жизни общества принципу континуитета, преемственности. В соответствии с ним, живущие выступали в роли посредников между прошлыми и будущими поколениями. Интеллектуальный лидер националистов, ведущий публицист "Нового времени" М.О.Меньшиков писал:

> ...Святыня народная, Родина, принадлежит не нам только живым, но всему племени. Мы всего лишь третья часть нации, притом наименьшая. Другая необъятная треть – в земле, третья – в небе, и так как нравственно те столь же живы, как и мы, то кворум всех решений принадлежит скорее им, а не нам. Мы лишь делегаты, так сказать, бывших и будущих людей, мы их оживленное сознание, следовательно, не наш эгоизм должен руководить нашей совестью, а нравственное благо всего племени[25].

В рамках такого подхода вектор общественного развития задавался прошлым. «...Прошлое физически и духовно живет в каждом из нас; физически – потому что прошлое живет в нашей крови – от нас рождаются

---

[25]   Народное возрождение // Письма к ближним. 1912. № 2. С. 125.

дети, похожие на наших отдаленных предков, а наш язык, это орудие мысли, изготовленное нашими предками, определяет и наше мировоззрение, и ход нашего мышления. Как бы мы ни старались, как бы ни пытались, от этого наследия прошлого отрешиться мы не можем», – доказывал председатель фракции правых в III Государственной Думе А.С.Вязигин[26].

Образцы для будущего надлежало искать в прошлом; принимаемые решения должны были основываться на прецеденте. Ведущий консервативный правовед П.Е.Казанский писал по этому поводу: «Русский народ в сознании величайших открывающихся перед ним возможностей с благодарностью оглядывается на свое прошлое, ищет в нем указаний на то, как разрешали наши отцы великие задачи, которые история ставит государствам и нациям. Он хочет проверить опытом прошлого те новейшие приобретения мировой мысли, которые несет ему современный Запад»[27].

В контексте общих рассуждений об исторической преемственности некоторые консерваторы были готовы признать справедливость обвинений в стремлении к реставрации. Один из лидеров Союза Михаила Архангела, Н.Д.Облеухов, однажды прямо заявил, что правые выступают как *«реставрационная партия*, требующая реставрации русского идеала»[28].

Инструментом сохранения преемственности служила традиция, понимаемая как сила, которая определяла основные характеристики данного общества, народа, государства на всех этапах его существования. «Каждый народ должен идти своим историческим путем, преемственно развивая формы своего государственного строя, углубляя и расширяя русло своей правовой жизни. Движение вперед обычно состоит лишь в более совершенной выработке форм национальной, в том числе и юридической, жизни, остающейся в своей внутренней сущности неопреде-

---

26 Государственная Дума: Стенографические отчеты. Созыв третий. Сессия II. Ч. 3. СПб.: Государственная типография, 1909. Стб. 2597.

27 Казанский П.Е. Власть Всероссийского Императора: очерки действующего русского права. Одесса: Техник, 1913. С. VI.

28 Облеухов Н.Д. Монархизм и оппортунизм // Прямой путь. 1909. 10 дек. С. 18.

ленное время, быть может, надо сказать всегда, равной самой себе», уточнял смысл традиции в области права П.Е.Казанский[29]. Решающее значение для правильной интерпретации традиции он придавал не писаным законам, а народному правосознанию. «Вековые политические убеждения и навыки последнего (русского народа. – *М.Л.*) имеют нередко гораздо более реального жизненного значения, чем постановления даже крупнейших государственных актов»[30].

Консерваторы, подчеркивая разницу между национальными традициями, указывали на объективные различия в условиях существования народов. «...Если мы начнем сравнивать народы Англии, Франции и Германии с русским народом, то окажется, что русский народ, без сравнения, беднее, но в этом виноваты не мы и не финансовая политика, а Господь Бог, который создал русский народ в известных условиях, а английский – в других условиях», – говорил на V съезде Объединенного дворянства один из лидеров думских правых, Н.Е.Марков[31]. Что было естественно для одних, с неизбежностью оказывалось чуждым другим, – объяснял известный консервативный журналист А.П.Липранди:

> «В Англии, – говорят нам, – консерваторы вместе с тем конституционалисты, почему же русские консерваторы-монархисты не могут стать такими же? Да очень просто почему: потому что для Англии – это (конституция. – *М.Л.*) родное, самобытное учреждение, отвечающее характеру народа и им созданное, в России же, наоборот, это начало совершенно чуждое и несвойственное ей, конституционализм противен характеру и мировоззрению русского народа»[32].

Указаниями на принципиальную ошибочность и даже опасность копирования чужого опыта российские консерваторы обосновывали отказ от заимствования образцов социальной организации Запада.

Во-первых, как утверждали консерваторы, западные страны находятся на пороге катастрофы. «...Международные ростовщики богатеют,

---

29   Казанский П.Е. Указ. соч. С. IX.
30   Там же. С. XI.
31   Труды V съезда уполномоченных дворянских обществ 32 губерний. СПб.: Типография М.А.Александрова, 1909. С. 61.
32   Липранди А.П. Возможен ли в России парламентаризм? // Мирный труд. 1910. № 2. С. 57.

производительные классы разоряются, старый христианский строй Европы падает и разлагается»[33].

Во-вторых, именно Западу Россия была обязана негативными чертами своего быта. Вот как писал об этом А.А.Пороховщиков:

> ...Скажи: кто враг твой вековой?
> Кто ввел тебе хозяйство биржевое?
> Где нет труда, где дело воровское?
> Кто отнял хлеб? Кто земледелье разорил?
> Избу-кормилицу кто биржей заслонил?
> Подумай... Ведь это с Запада пришло –
> В пробитое Петром окно...[34]

В-третьих, отставая от Запада экономически, Россия превосходила его духовно. В апреле 1910 г. печатный орган Союза Михаила Архангела «Прямой путь» утверждал:

> «Старая и новая Европа (Америка), правда, с материальной стороны развитее нас, однако же высота культуры не измеряется состоянием одной только материальной стороны жизни... Говорят: Россия – страна отсталая. Так, но отсталость в деле искажения своих духовных устоев, разве это не превосходство? Восточно-православная половина Европы в идеале своем выше западной настолько, насколько христианство неискаженное выше христианства искаженного и затемненного человеческими домыслами»[35].

Это Западу надлежало учиться у России, а не наоборот. «...По логике, гносеологии и схематизации западная философия находится на запятках у передового главенства металогики, познаниеведения и объемного построения мудрости православно-русского просвещения»[36]. По мнению постоянного автора дубровинского «Русского знамени» Е.А.Шабельской-Борк, превосходство России над Западом было самоочевидным и не нуждалось в изощренных доказательствах. «Народ, хотя темный и неграмотный,... все же ясно понимает, что Россия идет на Восток, навстречу восходящему солнцу, Европа же бредет на Запад на-

---

[33] Шарапов С.Ф. Земля и воля... без денег. М.: Свидетель, 1907. С. 13.

[34] Пороховщиков А.А. Слушайте все! М.: Скоропечатня А.А.Левенсон, 1909. С. 38.

[35] Против ига большинства голосов // Прямой путь. 1910. 30 апр. С.13 – 14.

[36] Вашутин М. [Таубе М.Ф.] Самостоятельный уклад православно-русской мысли и восточного славянского просвещения // Прямой путь. 1913. № 8. С.126.

встречу надвигающейся ночи»[37]. Точно так же рассуждала и расходившаяся с «Русским знаменем» по многим вопросам «Земщина»[38].

Другим важнейшим постулатом консервативной политической философии выступал тезис о принципиальной неспособности человеческого разума самостоятельно осмыслить (и тем более переустроить на иных началах) социальную реальность. Для этого надлежало опираться на силы, находящиеся за пределами человеческого разума.

Источник безусловной истины консерваторы видели в религии. По их мнению, никакая форма государственного устройства сама по себе не могла гарантировать соответствие принимаемых решений общественному благу. «Может ли кто-нибудь при этом новом строе (демократическом. – *М.Л.*) защитить меньшинство (которое ведь может оказаться и лучшей частью общества) против несправедливых посягательств большинства? – Никто! Но ведь тогда какая же разница между деспотизмом парламентского большинства и деспотизмом среднеазиатского хана? – Разницы нет никакой!», - полагал известный консерватор-славянофил А.А.Киреев. Он считал, что следовать «голосу парламентского большинства» значит исповедовать «культ силы», и советовал искать критерий истины не во мнениях людей, а в христианских установлениях[39].

Еще одним аргументом против попыток вторжения в социальную ткань было положение о несовершенстве, греховности человека. В 1909 г. Меньшиков писал:

> «Истина та, что человеческий род, как верно учит церковь, "во зле лежит". Первородные его свойства плохи. Вопреки мнению либеральных философов, религия думает, что человек за редкими исключениями крайне несовершенен, что совершенство, обеспечивающее свободу, равенство и братство *не есть*, а его нужно *достигать*, притом с величайшими усилиями, долговременным обузданием своей природы для окончательного перерождения ее в высший тип. По убеждению столь великого авторитета, как церковь, естественный удел несовершенных людей – гибель, и спасти от гибели может лишь суровая дисциплина так называемой "плоти"»[40].

---

[37]   Русское знамя. 1913. 2 марта.

[38]   «Свет идет с Востока, и не нам учиться у прогнившего разлагающегося Запада», – писал С.К.Глинка-Янчевский. См.: Земщина. 1913. 22 сент.

[39]   См.: Московские ведомости. 1909. 27 мая.

[40]   За полстолетия // Письма к ближним. 1909. № 2. С.153–154.

Из постулата о несовершенстве человека вытекал вывод о том, что индивидуальное менее значимо, чем коллективное. «Общество и государство могут строиться только на принципе общественного блага, а вовсе не свободы. Свобода является лишь привходящим элементом, который нужно санкционировать лишь постольку, поскольку это не мешает общественному благу», – говорилось в одной из редакционных статей «Московских ведомостей»[41].

Проблема соотношения прав и обязанностей была одной из основных в творчестве ведущего российского консервативного политического мыслителя и публициста Л.А.Тихомирова (очевидно, он, как редактор газеты, и являлся автором цитировавшейся ранее статьи). Отправной точкой в рассуждениях Тихомирова было положение о том, что «права даются человеку для выполнения обязанностей»[42]. А так как о равенстве в обязанностях не могло быть и речи, то не стоило домогаться и равенства в правах. Не отвергая идеи равенства в правах в принципе, он считал это равенство неосуществимым практически. «Политические права, в принципе равные и одинаковые, в практическом осуществлении сообразуются с пригодностью гражданина к исполнению возлагаемых на него обязанностей. Поэтому различные политические права даруются под условием того или иного *ценза*, образовательного, нравственного, сословного или имущественного, каковой ценз установляется для различного рода обязанностей в соответственных для того формах»[43].

Приоритет гражданских обязанностей относительно гражданских прав утверждал социальное неравенство как норму. Чаще других высказывался в этом духе Меньшиков. В его интерпретации неравенства отчетливо прослеживались социал-дарвинистские мотивы: естественный отбор выступал в качестве главного фактора социальной жизни.

---

[41] Московские ведомости. 1913. 27 нояб.

[42] Тихомиров Л.А. Самодержавие и народное представительство. М.: Университетская типография, 1907. С. 8. См. также: Пасхалов К.Н. По поводу статьи Л.А.Тихомирова «Самодержавие и народное представительство» // Пасхалов К.Н. Сборник статей, воззваний, записок, речей, писем и проч. М.: Печатня А.И.Снегиревой, 1909. Т. 2. С. 165.

[43] Тихомиров Л.А. Самодержавие и народное представительство. С. 9.

«Истинный прогресс общества возможен лишь тогда, когда действует отбор лучших. Нужно, чтобы в каждой великой области труда жизнь выдвигала на первые места наиболее способных. Нужно, чтобы в священники шли люди наиболее религиозные, в офицеры – наиболее мужественные и склонные к войне, в администраторы – наиболее властные, в земледельцы – наиболее склонные к сельской жизни и т. д. Пока действует этот основной распределяющий инстинкт – инстинкт аристократический, инстинкт неравенства – общество по всем направлениям прогрессирует, накапливает энергию, знание, капитал, материальный и духовный»[44].

Естественным проявлением действия «аристократического инстинкта» для консервативного публициста выступало крепостничество. Принудительный труд становился благом. «Принудительный труд держал народное напряжение на сравнительно высоком уровне и в русле налаженных методов. Принудительный труд поддерживал культуру на достаточной высоте. Освобождение народное уронило количество труда и его качество, растратило привычку к труду и самую работоспособность»[45]. Меньшиков подчеркивал, что принуждение к труду в том или ином виде неизбежно. «Не все ли равно, как будет называться барин: рыцарем ли, директором ли фабрики, суфраганом социалистической общины, лишь бы несчастному человечеству иметь ежедневный хлеб для себя и своих детей и пристанище от непогоды»[46].

Рассуждения на ту же тему можно было встретить не только на страницах политических трактатов и периодических изданий, но и в выступлениях членов Государственной Думы. «Я уже вам говорил, насколько вы не можете обходиться без дворян, – обращался к социал-демократическим депутатам Н.Е.Марков. – Два дворянина ваши, Гегечкори и Чхеидзе, они социалисты, но они ваши... начальники, главари, они вас обучают бунтовать, они дворяне и оба сидят впереди вас... Вы, господа, бунтовать без этих дворян не можете, вы высылаете вперед

44   Из заброшенных бумаг // Письма к ближним. 1912. № 3. С. 187.
45   За полстолетия // Там же. 1911. № 2. С. 153.
46   Там же. С. 155.

дворян, ибо они вас учат уму-разуму, как умнее бунтовать, настолько, господа, вы мозгами слабы»[47].

Консерваторы убеждали в принципиальной несостоятельности демократии. По Меньшикову, вектор общественного развития был направлен не к демократии, а от нее. «Демократия в чистом виде – это слизняк, царство протистов Геккеля, из которых развилась жизнь растений. Если жизнь развилась в сложные формы, расцвела красотой и счастьем, то благодаря лишь могущественному, вложенному в природу началу аристократизма. В чем оно? Оно в том, чтобы от равенства переходить к неравенству, от общего – к специальному, от безразличного – к строго определенному»[48].

Из этого, впрочем, не следовало, что консерваторы отвергали идею свободы как таковую. Обусловливая права обязанностями, Тихомиров объявлял высшим проявлением свободы внутреннюю свободу[49]. Она выступала в качестве первоосновы гражданских прав, которые не могли бы без нее существовать. Зато внутренняя свобода могла обходиться без внешних проявлений: объем гражданских прав не имел принципиального значения, если сохранялась свобода внутренняя.

Встречались у консерваторов иные трактовки свободы личности. Отвергая классическую для консерватора аналогию между социумом и живым организмом, один из идеологов Союза русских людей, А.И.Генц, утверждал, что человеческое общество нельзя считать организмом, ибо физическая связь между отдельными его элементами (людьми) отсутствует. Определяющую роль он, безусловно, отдавал человеческой личности. «Жизнь и развитие общества определяются разумом и волей составляющих его индивидов, а не слепыми инстинктами безличного целого. Личность есть корень и определяющее начало всех общественных отношений: не общество, а лица думают, работают, чувствуют, хотят. От них все исходит и к ним возвращается. В нашей цивилизации все вели-

---

[47] Государственная Дума: Стенографические отчеты. Созыв третий. Сессия IV.Ч. 3. СПб.: Государственная типография, 1911. Стб. 1518 – 1519.
[48] Из заброшенных бумаг // Письма к ближним. 1912. № 3. С. 187.
[49] Тихомиров Л.А. О свободе // Прямой путь. 1914. Кн. 5. С. 119.

кое в науках, искусствах, философии сделано отдельными личностями, а не коллективами»[50].

Подобного рода идеи на рубеже XIX и XX вв. получили широкое распространение среди западноевропейских консерваторов, бравших на вооружение догмы классического либерализма, чтобы противостоять социалистам. В пылу полемики с социалистами западному примеру были готовы последовать и российские консерваторы. Правда, их склонность использовать либеральные установки объяснялась не столько общей эволюцией отечественного консерватизма, сколько необходимостью опровергнуть конкретные аргументы оппонентов. Авторы, которые в полемике с социалистами представляли себя поборниками свободы личности, в спорах с либералами постоянно подчеркивали неадекватность либеральных принципов[51].

При всех расхождениях в оценке роли личностного и коллективного начала в жизни социума, консерваторы были убеждены, что социальные неурядицы возникали не столько из-за институциональных проблем, сколько из-за отсутствия подходящих людей. Принцип «люди, а не меры» горячо поддерживался всеми российскими консервативными идеологами. М.О.Меньшиков убеждал читателей: «Россия поникла от избытка обыкновенных людей на крупных ролях...»[52]. Исправление положения зависело главным образом от того, как будут действовать люди, а не от того, каковы будут учреждения. «Не перемена строя уничтожает злоупотребления, а строгая ответственность, возможная и необходимая при всяком режиме», – писал в «Московских ведомостях» К.Н.Пасхалов[53].

---

[50]   Генц А. Социализм: популярный критический очерк. 2-е изд. М.: Типография Московского университета, 1908 (1-е изд. 1906). С. 37. Тем самым он прямо полемизировал с Меньшиковым, который примерно в то же время писал: «Человеческое общество есть такой же продукт природы, как лес, как флора и фауна. Человеческое общество, раз оно существует, *уже имеет* свои законы, непререкаемые и вечные, как законы строения растительного или животного царства» (Кто законодатель? // Письма к ближним. 1908. № 11. С. 701).

[51]   Негативное отношение к либеральным принципам социально-экономической и политической организации не мешало С.Ф.Шарапову осуждать социализм за то, что он покушается на человеческую индивидуальность. См.: Шарапов С.Ф. Социализм как религия ненависти. М.: Типолитография И.М.Машистова, 1907.

[52]   Люди понимания // Письма к ближним. 1907. № 10. С. 640.

[53]   Московские ведомости. 1910. 18 июня.

Этот тезис поддерживали и В.А.Грингмут – глава московской Русской монархической партии, не признававший никаких представительных институтов[54], и убежденный сторонник представительства, один из руководителей киевского Клуба русских националистов А.И.Савенко[55].

Мировоззренческие посылки российских консерваторов были в целом тождественны мировоззренческим посылкам западного консерватизма. Указывая на политические расхождения с западноевропейскими консерваторами, консерваторы российские, охотно апеллировали к «отцам» западной консервативной традиции.

Сторонники различных версий российского консерватизма демонстрировали весьма почтительное отношение к Э.Берку. В его творчестве обнаруживали созвучные своим настроениям мотивы и бескомпромиссный противник либеральных реформ Б.В.Никольский, и отмечавший важность примирения консерваторов и либералов И.Г.Турцевич[56].

Не менее уважаемой российскими консерваторами фигурой был Ж. де Местр. А.С.Вязигин, доказывая тщетность политических мечтаний либеральной интеллигенции, утверждал, что она стремится «переделать русского человека в общечеловека». Он сравнивал такого интеллигента с садовником, который старается из дуба сделать «общедерево». В эти рассуждениях обнаруживается неявное цитирование де Местра: «...в мире отнюдь нет *общечеловека*. В своей жизни мне довелось видеть Французов, Итальянцев, Русских и т. д.; я знаю даже, благодаря Монтескьё, что *можно быть Персиянином*; но касательно *общечеловека* я заявляю, что не встречал такового в своей жизни; если они и существуют, то мне об этом неведомо»[57]. На Ж.де Местра ссылались

---

[54]   См.: Грингмут В.А. История народовластия. М.: Верность, 1908. С. 75.

[55]   См.: Киевлянин. 1907. 4 июня.

[56]   См.: Дневник Б.В.Никольского. Запись 31 декабря 1913 г. // РГИА. Ф. 1006, оп. 1, д. 4б, л. 330 об.; Турцевич И.Г. Борк и Бокль. Нежин: Типолитография М.В.Глезера, 1912. С.42 – 43. Берк был авторитетом и для Н.Д.Облеухова. См.: Ухтубужский П. [Облеухов Н.Д.] Промышленность и законодатели // Прямой путь. 1912. Апрель. С. 607.

[57]   Государственная Дума: Стенографические отчеты. Созыв третий. Сессия II. Ч.3. СПб.: Государственная типография, 1909. Стб. 2597; Maistre J. Considérations sur la France. Paris: Imprimerie nationale, 1994. P. 96 (1er éd. 1797); Местр Ж. де Рассуждения о Франции. М.: РОССПЭН, 1997. С. 88.

С.Ф.Шарапов и П.Ф.Булацель[58], а в «Отчете по Русскому собранию за 1909 г.» сообщалось о том, что 16 января Д.Д.Бизюкиным был прочитан доклад на тему «Один из пророков русской революции (гр. Ж.де-Местр)»[59].

Высказывания консервативных идеологов по поводу глобальных проблем человеческой природы, взаимоотношений индивида и общества и т. п., скорее дополняли друг друга, чем друг другу противоречили. Куда более конфликтный характер носило обсуждение проблемы реформы, сознательного изменения общественной организации, занявшей центральное место в консервативном политическом дискурсе в рассматриваемый период.

Часть консерваторов в принципе отвергали любые попытки реформирования общества, видя в них проявление самонадеянного и обреченного на неудачу вмешательства человека в заданный свыше порядок вещей. «Какое же может быть сомнение в том, что неожиданная гибель "Титаника" показывает, сколь ничтожен человеческий гений перед Божественным промыслом, и что также должно погибнуть всякое человеческое устройство, о котором люди мнят, что оно навеки прочно, будь то океанский будто бы совершенный по технике пароход или общественный строй государства, основанный на началах исключительно человеческой воли и на выводах исключительно человеческого умишка...», – такой философский вывод сделало из знаменитой катастрофы «Русское знамя»[60].

При этом подходе понятия «революция» и «реформа» становились синонимами, ибо означали покушение на исторически сложившиеся формы социальной организации.

«...Петр поставил Россию на путь революционный... Революция далеко не всегда сопровождается выстрелами, буйствами толпы, пожарами, кровью; чаще она совершается в уютных кабинетах, и производят ее самые благоразумные люди. Революция есть насильственная замена естественного исторически сложившегося уклада жизни строем искусственным. А насиловать можно не только топорами, кольями,

---

58   Мелочи // Свидетель. 1907. № 1. С. 94 – 95; Булацель П.Ф. Российские жирондисты // Прямой путь. 1910. Ноябрь. С. 352.

59   Кирьянов Ю.И. Русское собрание. 1900 – 1917. М.: РОССПЭН, 2003. С. 310.

60   Русское знамя. 1912. 12 апр.

но и пером законодательским, предписаниями, распоряжениями, циркулярами за №№»[61].

А если «насильственная замена естественного исторически сложившегося уклада жизни строем искусственным» состоялась? В этом случае следовало стремиться к возвращению к прежним порядкам. Понятие же «консерватор» становилось равнозначным понятию «реакционер».

«Реакция – это разочарование в заблуждениях и возвращение к старым жизненным идеям и формам... Но реакцию нельзя сделать искусственно, как искусственно можно сделать смуту. Реакция – это выздоровление от горячечного бреда, и она приходит сама в общественное сознание как инстинкт... Реакция тем и спасительна, что она видит все вокруг здравыми глазами, что она мыслит сообразно со здравым смыслом, поступает согласно с дедовскими испытанными заветами»[62].

Настоящую оду реакции опубликовал в апреле 1912 г. в «Московских ведомостях» провинциальный консервативный публицист Н.И.Черняев, объявивший консерватизм «антитезом понятия либерализма». С его точки зрения мнению, российский консерватор по определению не мог примириться с порядком, созданным после 17 октября 1905 г. «...Всем нам необходимо свою деятельность направить к воссозданию идей, лежащих по ту сторону обновленного строя. Мы должны трудом всей своей жизни способствовать приближению их к нашей современности»[63].

Сохранение общественных институтов и норм в неизменном виде выступало важнейшей предпосылкой социальной стабильности. Лидер Правой группы в Государственном Совете П.Н.Дурново, критикуя реформу местного суда, указывал, что частые перемены в законодательстве подрывают веру в закон[64].

Консерваторы – противники реформы крайне негативно относились к политическим компромиссам. «Мы слишком горды, чтобы считать для

---

[61] Бартенев Ю. Оказененная правда // Мирный труд. 1908. № 1. С.43 – 44.

[62] Русское знамя. 1914. 8 марта.

[63] Кстати, в подтверждение своей позиции Черняев ссылался на Л.де Бональда. См.: Московские ведомости. 1912. 8 апр.

[64] Государственный Совет: Стенографические отчеты. Сессия VII. СПб.: Государственная типография, 1912. Стб. 1926.

себя возможным уговариваться с принципиальным врагом и выторговывать себе право на лучшее; мы слишком сильны, чтобы робко ожидать исхода торгов и ставить наше несомненное право в зависимость от уступок и компромиссов», – писал ведущий журналист «Русского знамени» Н.И.Еремченко (Н.Полтавец)[65]. Компромисс отождествлялся с предательством: «...само собой разумеется, что мы считаем изменой даже *мысль* о подходе к кому-нибудь с компромиссом»[66].

Ту же нехитрую идею можно было встретить и в выступлениях более респектабельных фигур. Рассуждая о национальной политике, П.Н.Дурново говорил:

«Содержание и смысл национальной политики есть движение, настойчивое и осторожное, к строго определенной, обдуманной и намеченной заранее цели по наиболее прямому пути... Отклоняться от этого пути можно только ради требований осторожности, но и требованиям осторожности есть пределы и границы, которые заключаются в том, что нужно всегда помнить, что чем дальше уклоняться от прямого пути, тем хуже, чем скорее возвращаться на прямой путь, тем лучше»[67].

Для обоснования опасности уступок использовалась и историческая аргументация. О судьбе «слабосильного и безгранично-уступчивого» Людовика XVI напоминал летом 1907 г. лидер Русской монархической партии, редактор «Московских ведомостей» В.А.Грингмут[68]. Извлечь надлежащие уроки из событий Великой французской революции призывал правящую элиту П.Ф.Булацель: «...мы можем сказать современным министрам: "Не развращайте общественную совесть". Устремите все ваши усилия на то, чтобы не допустить в России повторения французской революции. Помните, что потворство низменным инстинктам толпы никогда не служило основанием государственного благополучия...»[69]. А известный консервативный публицист К.Н.Пасхалов делал такой вывод из недавнего прошлого России: «...чем более старалось оно (прави-

---

[65] Русское знамя. 1911. 9 янв.
[66] Там же.
[67] Государственный Совет: Стенографические отчеты. Сессия V. СПб.: Государственная типография, 1910. Стб. 667.
[68] Грингмут В.А. История народовластия. С. 11.
[69] Булацель П.Ф. Российские жирондисты // Прямой путь. 1910. Ноябрь. С. 352.

тельство. – *М.Л.*) подладиться под требования так называемого общественного мнения, тем сильнее разгорались страсти, тем неистовее действовала крамола, наисильнейшее проявление которой совпало с последней гранью уступчивости власти, выразившейся в акте 17 октября 1905 года»[70].

Только сильная власть могла служить гарантией сохранения порядка. «Народные волнения не страшны сильной и твердой власти, как не страшны морские волны гранитному утесу, как бы они не были яростны. Они рассыплются пеной у его подножия. Но для этого нужно, чтобы власть была тверда, как утес, непоколебима, как он. Только такая власть в силах овладеть стихией разнузданных человеческих страстей. Только такая власть пользуется любовью и сознательным послушанием», – подчеркивал лидер крайних правых А.И.Дубровин[71].

Первоочередной политической задачей провозглашалась ликвидация «крамолы». «Нужно вырвать зло с корнем, не стесняясь средствами, иначе его не одолеть; пока же сего не будет, Россия и русский народ будут обречены на разорение, разрушение, погибель», – писал накануне открытия III Думы консервативный журналист Д.М.Бодиско[72]. На недопустимость каких-либо реформ до тех пор, пока не устранена революционная угроза, указывал В.А.Грингмут. «...Прежде, чем русско-еврейская крамола будет прекращена, нельзя серьезно и думать о новых выборах, да и вообще о новых реформах... Точно так же, как нельзя одновременно тушить и перестраивать горящий дом, точно так же нельзя одновременно бороться с крамолой и предоставлять гражданам разные выборные и другие свободы или вводить в государстве новые либеральные реформы»[73].

---

[70] Пасхалов К.П. Погрешности обновленного 17 октября 1905 года Государственного строя и попытка их устранения. М.: Печатня А.И.Снегиревой, 1910. С. 5.

[71] Дубровин И.И. Тайна судьбы (Фантазия – действительность). СПб.: Отечественная типография, 1907. С. 17.

[72] Бодиско Д. Челобитная русского человека первой русской Думе // Гражданин. 1907. № 85. С. 5.

[73] Грингмут В.А. Что теперь делать? // Грингмут В.А. Собрание статей. М.: Университетская типография, 1910. Вып. 4. С. 356.

Осмысливая опыт революции, некоторые консерваторы уже не рассчитывали на то, что государство будет в состоянии оказать противодействие политическим радикалам. Они призывали вступить на путь вооруженного сопротивления левым, не особенно полагаясь на государственные силовые структуры. В проекте устава Союза русского народа, принятом его ярославским съездом уже после разгона II Думы, говорилось: «Союз Русского Народа есть организация, безусловно, мирная и стремится к достижению своих целей исключительно законными путями. Но это, однако, вовсе не означает, что члены Союза лишены права самозащиты. Во всех цивилизованных странах гражданам предоставляется законом право защищать свою жизнь и жизнь близких с оружием в руках, и члены Союза никоим образом не могут быть лишены этого права»[74].

Насилие в принципе казалось наиболее эффективным средством управления. Один из провинциальных консервативных лидеров, Б.М.Юзефович, выражался в частном письме без обиняков: «...разве не правда, что русский человек тогда только понимает что-нибудь, когда ему дать в морду. Единственная база для внутренней политики – это мордобитие»[75].

Впрочем, подобные мнения разделяли далеко не все российские консерваторы. «Слово "консерватор" отнюдь не должно рассматриваться как синоним сохранения всего существующего", – писал в программной статье «Что такое "независимые консерваторы"?» М.М.Перовский-Петрово-Соловово. Он полагал, что к кровавым потрясениям привело и может вновь привести не стремление умиротворить недовольных, а негибкость властей, их неумение вовремя уступить.

> «...Как часто своевременная уступка по насущному, назревшему вопросу может предотвратить взрыв недовольства, негодования и, наоборот, вызвать чувство не только признательности, но даже восторженной преданности! И как часто уступка не по доброй воле, а так сказать "из-под палки", является совершенно не достигающей цели и лишь влечет за собой новые требования!.. Как часто бестактностью,

---

74   [Союз русского народа] Проект нового устава Союза Русского Народа. Ярославль: Типолитография Ф.П.Дуряева, 1907. С. 3.

75   Б.М.Юзефович – Б.В.Никольскому 7 авг. 1907 г. // ГАРФ. Ф. 588, оп. 1, д. 910а, л. 92.

придирками непозволительно крутыми, необходимостью не вызывае-
мыми мерами у нас действительно гонят в ряды "революции" людей,
ничего общего с ней не имеющих ни по складу ума, ни по происхождению, ни по связям!»[76].

Для А.И.Савенко сохранение являлось предпосылкой прогрессивного развития. Важнейшей характеристикой аутентичного консерватизма
он называл «стремление бережно охранить то, что уже есть, что страной
и народом уже приобретено, с тем чтобы дальнейшее поступательное
движение вперед совершалось на началах эволюции»[77].

Для тех, кто полагал, что уступки, компромиссы, реформы должны
занять достойное место в политическом арсенале консерваторов, идея
восстановления прежних порядков представлялась чрезвычайно опас-
ной, чреватой повторением революционных потрясений. «Если наша
реакция, как и полагается всякой реакции, начнет превращаться в "реставрацию" того, что начало разрушаться само собой даже до революции
и что могло капитулировать даже перед такой жалкой (а потому бес-
сильной) революцией, – если у нас начнется воссоздание именно этого
прежнего строя, то наша "реакция" будет только мимолетным отдыхом
между двумя революциями», – утверждал Л.А.Тихомиров[78]. Он постоянно подчеркивал необходимость политических реформ и использовал понятие «реформа» для характеристики своего плана преобразования
политического строя России.

В официозной «России» А.Н.Гурьев (Idem), осуждая твердолобых
консерваторов, ставил их на одну доску с левыми радикалами: «Мы
имеем здесь дело в полном смысле слова с "консервативными нигили-
стами", которые столь же безумно отрицают прогресс, сколь безумно отрицают всякую историю нигилисты левого фланга». Для него, как и для
Л.А.Тихомирова, реакция была неприемлема принципиально. «Консерватизм в своих крайних формах представляет собой политическое реак-
ционерство, нередко диктуемое лишь сословно-классовым эгоизмом

---

[76]   Санкт-Петербургские ведомости. 1912. 18 февр.
[77]   Государственная Дума: Стенографические отчеты. Созыв четвертый. Сессия
       II. Ч. 3. СПб.: Государственная типография, 1914. Стб. 1445.
[78]   Тихомиров Л.А. К реформе обновленной России (Статьи 1909, 1910, 1911 гг.)
       М.: Типография В.М.Саблина, 1912. 1912. С. 37.

привилегированных общественных слоев. Типичным представителем такого консерватизма является прусское юнкерство со своей знаменитой формулой "Und der König absolut, wenn er unsern Willen thut" ("Король абсолютен, если он исполняет нашу волю"). Такие консерваторы нередко создают правительству культурной страны еще большие затруднения, нежели либералы и радикалы»[79].

Сторонники консервативных реформ отдавали себе отчет в том, что в русской консервативной традиции доминировала охранительная тенденция. Об этом с горечью писал «Киевлянин»:

«Нельзя отрицать, что теория и практика нашего консерватизма, за исключением немногих и скоро погасших вспышек творческого одушевления и эволюционной мысли, до сих пор остается на уровне то узко-охранительных, задерживающих всякое движение воззрений, то реставрационных и реакционных химер. Кроме безвременно увядших юношески наивных попыток старого славянофильства найти путь к эволюционному философскому разумению нашей самобытности и кроме неопределенных мечтаний Гоголя и Достоевского о великом предназначении народа в судьбах культурного человечества, едва ли можно указать в истории наших консервативных умствований чтолибо, возвышающееся над общим уровнем охранительно-реставрационной практики»[80].

Естественно те, кто признавал необходимость реформ, считали описанный тип консерватизма неприемлемым. Они полагали, что России необходима иная версия консервативной политики и идеологии. Среди ее характеристик чаще всего фигурировала готовность к эволюционным изменениям. «Эволюционным консерватизмом» именовался искомый идеал в «Киевлянине»[81].

---

[79] Россия. 1907. 17 окт.

[80] Киевлянин. 1912. 18 марта. Аналогичные признания звучали из уст ведущего публициста «Киевлянина» А.И. Савенко с трибуны Государственной Думы. Весной 1914 г. он утверждал, что есть люди, для которых консерватизм означает реставрацию. «Они его (консерватизм. - М.Л.) понимают в том смысле, чтобы разрушить и уничтожить все то, что уже есть, и возвратиться к давно прошедшему, к порядкам старого режима, осужденного историей, опрокинутого и жизнью и неодолимым ходом вещей» (Государственная Дума: Стенографические отчеты. Созыв четвертый. Сессия II. Ч. 3. СПб.: Государственная типография, 1914. Стб. 1445).

[81] См.: Киевлянин. 1912. 6, 20 мая.

Задачей консерватора становилась не бескомпромиссная защита существующих порядков и, тем более, не реставрация порядков, уже ликвидированных, но сохранение жизнеспособных элементов прошлого. М.О.Меньшиков писал по этому поводу: «Национальная партия не отвергает прошлого и вовсе не считает его чужим. Она лишь думает, что в прошлом для нас имеет жизненное значение только то, что перешло в настоящее»[82]. «Киевлянин» предлагал всем сторонникам «национального консерватизма» взять на вооружение формулу «на легком тормозе вперед»[83].

Надо стремиться, говорилось в другом номере газеты, чтобы консерваторы «определяли свои политические задачи не взглядом назад, а взглядом вперед и научились находить в консервативных принципах то именно значение их, которое должно прокладывать путь от настоящего неустроения к будущему устроению»[84].

Большое значение придавалось организации общественной поддержки консервативного курса. Консерваторы должны были выступать как самостоятельная политическая сила, а не как угодливые подручные исполнительной власти. Член Правой группы Государственного Совета Д.А.Олсуфьев полагал, что, только будучи независимым от правительства, консервативное политическое движение имеет шансы на успех. В противном случае место «истинного консерватизма» займет «чиновничий сервилизм». Поэтому, проталкивая нужные решения всеми доступными средствами (в данном случае имелось в виду использование статьи 87 Основных Законов, чтобы ввести земство в Западном крае), правительство дискредитировало консервативную идею. Между тем цивилизованные формы консерватизма были жизненно необходимы стране как фактор политической стабильности. «Я держусь того убеждения, что одной из важнейших задач нашего обновленного строя должно быть постепенное созидание в России консервативной партии, консервативной в английском смысле этого слова, то есть созидание консерватизма просвещенного, прогрессивного, а главное – независимого. Если нет по-

---

[82]   Националисты 4-й Думы // Письма к ближним. 1912. № 10. С. 618.

[83]   Киевлянин. 1912. 1 марта.

[84]   Там же. 28 марта.

следнего качества у политической партии, то нет и самой партии», – заявлял Олсуфьев[85].

«Просвещенный», «прогрессивный», «эволюционный», «независимый», «культурный» – все эти эпитеты должны были позволить разграничить подлинный консерватизм и те его версии, которые доминировали в России. Говоря о консерватизме, защитники более гибкой политической стратегии описывали не действительное, а желаемое, фигуры будущего, а не настоящего. Отечественный консерватизм следовало обогатить либеральными ценностями. Предлагаемый М.М.Перовский-Петрово-Соловово проект платформы нового политического формирования, имел в основе не только на традиционные для российского консерватизма положения о «преданности монархической идее», «приверженности идее порядка», «борьбе с революцией», но и о «свободе совести» и «свободе критики», в которых справедливо он усматривал выражение либеральной доктрины[86].

Необходимость постоянного сотрудничества консерваторов и либералов, их объективную взаимозависимость подчеркивала «Россия». «В реальной государственной практике отношения между консерватизмом и либерализмом, в сущности, напоминают собой отношения между мужским и женским полом: вечные ссоры и постоянная любовь», – писал А.Н.Гурьев[87]. При этом он имел в виду не идейный синтез консерватизма и либерализма, а их взаимодействие по схеме: либеральные идеи реализуются консервативным путем. «Либерализм идей и консерватизм действий – вот два принципа государственной архитектоники, взаимодействием которых создается прочная работа государственного строи-

---

[85] Государственный Совет: Стенографические отчеты. Сессия VI. СПб.: Государственная типография, 1911. Стб.1452. Большое значение придавал сохранению консерваторами собственного политического лица и М.О.Меньшиков. «Нам нет нужды ждать, откуда подует ветер и как поведет себя новое правительство, – рассуждал он по поводу назначения премьером В.Н.Коковцова. – Мы должны решительно заявить наше понимание вещей и предоставить кому угодно сообразовываться с ним. «Новое правительство» – факт преходящий. Сегодня у власти В.Н.Коковцов, завтра, может быть, г.X, послезавтра – г.Y – партия же национальная, конечно, переживет их» (Меньшиков М.О. Пауза ожидания // Прямой путь. 1911. Октябрь. С. 15.

[86] См.: Санкт-Петербургские ведомости. 1912. 18 февр.

[87] Россия. 1907. 20 окт.

тельства»[88]. Автор подчеркивал некорректность противопоставления консерватизма прогрессу. «Консерватизм в правильном его понимании есть понятие чисто методологическое. Консерватизм не противен прогрессу – он требует лишь иного метода его осуществления»[89]. Консерваторам и либералам следовало считаться друг с другом: «Либералы должны помнить, что не всегда пора претворять идею в жизнь, и консерваторы должны помнить, что всегда пора выслушать плодотворную идею»[90].

В перечне требований, которые консерваторы предъявляли к социальным преобразованиям, на первом месте чаще всего фигурировало требование эволюционного, естественного характера перемен. «...Радикальная ломка государственного и бытового строя не есть прогресс. Все живое растет очень медленно, никакие органы не создаются по команде преобразователей... Эволюция в природе вообще идет стихийным, а не катастрофическим путем: чрезвычайно осторожным нащупыванием условий и медленным их синтезом», – рассуждал Меньшиков[91].

Отвергая курс на преобразование местного управления, IV съезд Объединенного дворянства обосновывал свою позицию тем, что правительственная политика означала «коренное переустройство всей системы местного управления на совершенно новых началах». Альтернативой «коренному переустройству» должно было стать постепенное совершенствование существующей системы. «Гораздо правильнее и осторожнее было бы идти путем частичных исправлений и постепенного усовершенствования существующих учреждений»[92].

В своих рассуждениях на ту же тему славянофил Ф.Д.Самарин убеждал, что серьезные перемены требуют серьезной подготовки. «...Чем глубже тот переворот, который предполагают произвести, чем серьезнее изменения, которые требуются в наших учреждениях, тем осторожнее следует приступать к реформам и тем большей постепенности требует-

---

88 Там же. 17 окт.
89 Там же. 20 окт.
90 Там же.
91 Народное возрождение // Письма к ближним. 1912. № 2. С. 124.

ся в их осуществлении. В этом отношении поучителен классический пример Англии»[93].

На английский образец ссылался и Д.А.Олсуфьев. Он прямо противопоставлял два способа реформирования, «английский» и «французский». Первый позволял «сделать реформу в силу практических требований, нисколько не заботясь об общей правильности характера реформы». В соответствии со вторым, «исходя из общих положений, делают общие приемы, больше всего заботясь о сохранении внешней стройности проводимой реформы». Первый способ ассоциировался с мудрым консерватизмом, второй – с доктринерским радикализмом, чреватым самыми тяжкими последствиями[94].

Что касается приоритетной сферы деятельности реформаторов, то в качестве таковой чаще всего выступала экономика. Влиятельный консервативный политический деятель В.И.Гурко убеждал:

«...Русская общественная мысль ищет за последние полвека в политических перестроениях, в изменении внешних форм нашей государственности способы устроения светлого будущего страны. Пора нам ... постигнуть, что политический строй, что степень свободы отдельной личности, что ее неприкосновенность от произвола власти находится в тесной зависимости от экономического уклада страны, от степени зажиточности и культурности ее населения»[95].

Мнение о полезности экономических реформ разделяли и многие из тех, кто с крайней настороженностью относился к реформам в иных областях[96]. Следует оговориться, что разделение российских консерваторов на сторонников конфронтационной политики, жесткого противодействия левым, и сторонников компромиссов, уступок и реформ весьма условно. Во-первых, многие последовательные противники правительственных реформ настаивали на том, что они отнюдь не против рефор-

---

[92] Труды IV съезда уполномоченных дворянских обществ 32 губерний. СПб.: Мирный труд, 1909. С. 68.

[93] Там же. С. 61.

[94] Там же. С. 147.

[95] Гурко В.И. Наше государственное и народное хозяйство: доклад, представленный V съезду уполномоченных Объединенных дворянских обществ. СПб.: Лештуковская паровая скоропечатня, 1909 С. 239.

[96] См., например: Труды V съезда уполномоченных дворянских обществ 32 губерний. С. 113 – 114, 186 – 187.

мы как таковой. Даже П.Н.Дурново, ключевая фигура в оппозиции правительственным и думским начинаниям в Государственном Совете, объявлял себя сторонником постепенных улучшений[97]. «Реформы необходимы», – признавал «Прямой путь»[98].

Во-вторых, распинавшиеся в своей готовности к серьезным преобразованиям националисты часто высказывались в пользу самых решительных действий для наведения порядка. Савенко писал 1 июня 1907 г. в «Киевлянине», что ситуация в стране требует переступить через действовавший закон и соглашался на превращение Думы в законосовещательный орган. Член Государственной Думы, националист А.А.Мотовилов, настаивая на крутых мерах против либеральной профессуры, обосновывал свой подход следующими соображениями: «…чем решительнее будут эти меры, тем короче будет зло. Лучше пусть несколько человек пострадает, чем это будет явлением длящимся, и мы не сможем тогда портить ту массу молодежи, которая не успела еще испортиться»[99]. А в высказываниях М.О.Меньшикова встречались такие характеристики либерализма: «Либерализм есть презрение к природе, к ее органическому промыслу, к естественному сложению жизни. Либерализм желает предписать более умные, чем она имеет, законы, а при нежелании принять их он готов орудовать насилием до бомб включительно»[100].

Таким образом, границы между вариантами консервативной политики и идеологии в России накануне первой мировой войны были весьма размытыми. Во многом это объяснялось неразработанностью российской консервативной политической философии. Консервативные поли-

---

[97] См.: Государственный Совет: Стенографические отчеты. Сессия VIII. СПб.: Государственная типография, 1913. Стб. 1449.

[98] За признанием следовало уточнение, согласно которому необходимые стране реформы должны быть «не того характера, не той закваски, не того пошиба, который унаследован еще от Виттовских времен». См.: Сосчитаемся! // Прямой путь. 1910. 31 дек. С. 412.

[99] Государственная Дума: Стенографические отчеты. Созыв третий. Сессия IV. Ч. 3. СПб.: Государственная типография, 1911. Стб. 440.

[100] Зараза сверху // Письма к ближним. 1910. № 1. С. 4. Столь пренебрежительная оценка не мешала Меньшикову считать свое политическое детище – Всероссийский национальный союз – «стоящим на почве либерал-национализма» (См.: Умеренно-правые // Там же. 1909. № 4. С. 290).

тики и идеологи вообще с настороженностью относились к теоретическим исканиям. Показательно в этом отношении письмо Г.А.Шечкова, автора многочисленных статей и брошюр по различным вопросам консервативной политики, к крупнейшему теоретику российского консерватизма Л.А.Тихомирову. Оценивая только что вышедший из печати труд П.Е.Казанского «Власть Всероссийского Императора», он увидел в сосредоточенности автора на вопросах теории существенный недостаток: «Труд Казанского – целый клад, подобный тому, какой, по сказанию, свалился с неба диким скифам. Тут все, что скифам нужно: плуг и секира, и ярмо, и чаша. Но человеку все мало: хорош труд Казанского, да только труд его исключительно догматический»[101].

Недооценка российскими консерваторами мировоззренческих вопросов приводила к тому, что консервативная мысль оставалась слабо систематизированной, бедной концептуальными построениями. В этом отношении консерваторы явно уступали своим либеральным и социалистическим оппонентам, сумевшим выстроить куда более изощренные идеологические конструкции.

---

[101] Г.А. Шечков – Л.А. Тихомирову, 23 августа 1913 г. // ГАРФ. Ф. 102, оп. 265, д. 927, л. 1198.

II Реформа власти и консерваторы

Человеческая личность воспринималась консерваторами как инструмент в руках могущественных сил, бороться с которыми не имело смысла. Применительно к политической практике это означало необходимость безусловного подчинения существующим властным институтам. Однако в эпоху трансформации политической системы вполне легитимным образом создавались учреждения, которые не были освящены традицией, и уже в силу этого многие действия власти консерваторов явно не устраивали.

II. 1 Монархия и монарх глазами консерваторов

Оценивая политический порядок в стране, консерваторы исходили из того, что несмотря на все реформы существо государственного строя не изменилось и Россию по-прежнему возглавлял царь-самодержец. Самодержавие для них выступало как важнейший элемент национальной политической традиции, без которого российскую государственность было невозможно себе представить[102]. «Русская государственная власть осталась такой же, какой она была встарь – властью Всероссийского

---

[102] При всех расхождениях между ними из этой посылки исходили и правые, и националисты. См.: Кирьянов Ю.И. Правые партии в России. 1911 – 1917. М.: РОССПЭН, 2001. С. 302, Коцюбинский Д.А. Русский национализм в начале XX столетия: Рождение и гибель идеологии Всероссийского национального союза. М.: РОССПЭН, 2001. С. 149. По справедливому заключению А.Н.Боханова, «пиететное отношение к самодержавию является единственно надежным критерием, позволяющим установить принадлежность определенных лиц и конкретных групп к консервативному сегменту» (Русский консерватизм: проблемы, подходы, мнения // Отечественная история. 2001. № 3. С. 113).

Императора. Никакого изменения по существу реформы 1905 – 1906 гг. не произвели», – утверждал П.Е.Казанский[103].

Мнения о сохранении самодержавия в России придерживались сторонники разных версий российского консерватизма. Консерваторы уверяли, что никакие законодательные новации не предусматривали ограничения императорской власти: просто изменился порядок ее действия. «...И при новом строе... существо Верховной Самодержавной власти не было изменено, и об этом в действующих законах нет ни малейшего упоминания», – заявлял в Думе Н.Е.Марков[104]. Речь могла идти лишь о «новом пути» осуществления самодержавной царской власти, когда «Самодержец Всероссийский лишил свое Правительство права подносить на Его утверждение законы, не прошедшие через Государственную Думу»[105].

Аналогичным образом интерпретировал законодательство о власти член русской национальной фракции Л.В.Половцов: «Самодержавная Власть, никогда, ни в каком акте не отказываясь от самодержавных прав, установила нормальный порядок, при котором все законы должны обсуждаться предварительно в Государственной Думе и Государственном Совете и затем представляться на Высочайшее усмотрение»[106].

Царь остался носителем высшей власти в стране. «Царская Власть, как Власть Верховная, не знает ни над собой, ни рядом с собой никакой равной власти», – полагал П.Е.Казанский[107]. Занимавшие левый фланг российского консерватизма «национал-демократы» тоже подчеркивали, что в России «Верховная власть принадлежит Императору»[108]. Как счи-

---

[103] Казанский П.Е. Власть Всероссийского Императора: очерки действующего русского права. Одесса: Техник, 1913. С. 135.

[104] Государственная Дума: Стенографические отчеты. Созыв третий. Сессия II. Ч. 2. СПб.: Государственная типография, 1909. Стб. 2355.

[105] Там же. Стб. 2353 – 2354. Аналогичным образом Марков высказывался и в IV Думе. См.: Там же. Созыв четвертый. Сессия II. Ч.3. СПб.: Государственная типография, 1914. Стб. 1798.

[106] См.: Там же. Созыв третий. Сессия III. Ч. 3. СПб.: Государственная типография, 1910. Стб. 2496.

[107] Казанский П.Е. Указ. соч. С. 637.

[108] Как мы понимаем задачи народной партии в России // Новая Россия: Основы и задачи Имперской Народной Партии. СПб.: Дым Отечества, 1914. С. 112.

тал славянофильский публицист С.Ф.Шарапов, монарх сохранил свою власть, несмотря реформы.

«Государь остался Самодержцем не по имени только, но и в действительности. Он может, если пожелает, повинуясь велению своей совести, не только изменить избирательный закон, но завтра же отменить неудачно редактированные Основные Законы и дать новые, упразднить, если понадобится, "народное представительство", дать совершенно новую организацию и законодательству, и управлению»[109].

На принципиальную обратимость произведенных преобразований указывал и националист Н.О.Куплеваский: «В Манифесте 17 октября 1905 г. заключается только мудрое намерение Государя установить новый порядок государственных дел, но нет никакого обязательства. Если эта цель не достигается, то Государь, опираясь на свои исторические права и лежащие перед страной обязательства, может в этот строй вносить необходимые изменения». Это обстоятельство наряду с сохранением за монархом титула «Самодержавный» не позволяло Куплеваскому считать русскую монархию конституционной или хотя бы дуалистической[110].

Поскольку законопроект становился законом только после одобрения его царем, Государственная Дума и реформированный Государственный Совет являлись не конкурентами, но помощниками самодержавного государя. Соглашаясь с тем, что в 1905-1906 гг. царь пошел на определенное ограничение своей законодательной власти, редактор-издатель «Гражданина» В.П.Мещерский отказывался рассматривать это ограничение как ликвидацию самодержавия. Он заявлял, что определенное ограничение власти царя в законодательной области не уничтожает самодержавия и не учреждает конституционного режима, подобно тому как не ликвидируют самодержавия чрезвычайные полномочия и

---

[109] Шарапов С.Ф. Самодержавие или конституция? (Первые шаги 3-й «Думы солидной бестолочи»). М.: Свидетель, 1908. С. 16.

[110] Куплеваский Н.О. Исторический очерк преобразования государственного строя в царствование императора Николая II: Вып. 1: Преобразование высших государственных учреждений (1904 – 1907 гг.) СПб.: Всероссийский национальный клуб, 1912. С. 67. При этом Куплеваский полагал, что государь не станет злоупотреблять своими правами и не «найдет возможным во всякий любой момент и по всякому поводу видоизменять данные им Основные Законы» (Там же. С.68 – 69).

права, передаваемые монархом отдельным лицам. Дума и Государственный Совет будучи наделены «широкой доверенностью» самодержца, оставались инструментами царской власти[111]. Тезис о сохранении за царем особой роли в законодательстве поддерживал и один из лидеров умеренно-правых в III Думе, создавший в IV – особую группу Центра, П.Н.Крупенский: «...мы (члены Государственной Думы. – *М.Л.*) призваны для того, чтобы открыто говорить, а окончательно решать судьбы России – это дело Верховного Вождя»[112].

Наконец, доказывая, что самодержавие сохранилось, ссылались на события 3 июня 1907 г. По словам Л.В.Половцева, «только силой самодержавной власти может быть объяснено такое явление, как манифест 3 июня»[113]. Лидер Русской монархической партии, редактор «Московских ведомостей» В.А.Грингмут писал по этому поводу: «Что касается мнимой *ограниченности* Самодержавной Власти, не могущей будто бы издавать законы без одобрения Государственной Думы, Царь ясно доказал ее полную *неограниченность*, издав Собственной Властью новый избирательный закон»[114]. События 3 июня создавали прецедент, дополнительное основание для аналогичных действий в будущем: право шло рука об руку с политической практикой.

Такого рода представления о монаршей власти возлагали на самодержца всю ответственность за положение в стране. И коль скоро многое в российской политической действительности консерваторов не устраивало, виновным в этом оказывался монарх.

Некоторые консервативные политики прямо ставили вопрос об адекватности решений царя и своем праве с ним не соглашаться. «Мы подчиняемся во всем воле Самодержавного Государя, мы признаем все, что от нее исходит... Но мы верноподданные, а не рабы. Никакое верноподданничество не обязывает нас восторгаться мероприятиями, которые мы считаем ошибочными. Как ни велико наше почтение к царскому сану, но все-таки Царь не Бог и может ошибаться...», – говорил в Мос-

---

[111] Дневники // Гражданин. 1907. № 83. С. 12.

[112] Государственная Дума: Стенографические отчеты. Созыв третий. Сессия II. Ч. 3. СПб.: Государственная типография, 1909. Стб. 1251.

[113] Там же. Сессия III. Ч. 3. СПб.: Государственная типография, 1910. Стб. 2497.

ковском дворянском собрании К.Н.Пасхалов[115]. Н.Е.Марков прозрачно намекал на то, что обещания царя не заслуживают особого доверия: «...даже Его Императорское Величество есть человек и может изменить свое мнение, поэтому нам необходимо не успокаиваться на тех обещаниях, на рискованных надеждах, которые мы имеем»[116].

Невозможность положиться на слово царя смущала многих. «Вообще про царя нашего можно сказать, что он – загадка, сегодня он правый, а что завтра будет, покрыто мраком неизвестности. На приемах он обворожительный, но это впечатление скоро изглаживается, так как всякий чувствует, что все, что обещано царем, непрочно, что на него надеяться нельзя», – передавала эти ощущения хозяйка влиятельного консервативного салона А.В.Богданович[117]. О том же писал и близко знавший Николая II А.А.Киреев: «Государь... до такой степени шаток, что на него нельзя рассчитывать. На себе я это испытывал не раз... Убеждаешь, кажется, совсем человек убедился, все отлично понял... и результаты = 0»[118]. Аналогичные упреки исходили и от более умеренных консерваторов. «"Я подумаю" – если он (царь. – М.Н.) сказал это о чем-нибудь, значит, он с этим не согласен и нечего об этом разговаривать», – утверждал издатель «Нового времени» А.С.Суворин[119].

Поведение царя давали повод не только для упреков, но и для саркастических замечаний. «Его величество под влиянием императора Вильгельма соизволил вернуться в Россию с довольно правым настроением», – записывал в свой дневник 24 ноября 1910 г. председатель Постоянного совета Объединенного дворянства, член думской

---

[114] Грингмут В.А. С нами Бог! С нами Царь! // Грингмут В.А. Собрание статей. М.: Университетская типография, 1910. Вып. 4. С. 360.

[115] Свидетель. 1907. № 8. С.77 – 78.

[116] Труды V съезда уполномоченных дворянских обществ 32 губерний. СПб.: Типография М.А.Александрова, 1909. С. 116.

[117] Дневник А.В.Богданович, запись 3 октября 1907 г. // Богданович А.В. Три последних самодержца: Дневник. М.; Л.: Френкель, 1924. С. 429.

[118] Дневник А.А. Киреева, запись 22 декабря 1908 г. // ОР РГБ. Ф. 126, к. 14, л. 343 об. – 344. «Слабость воли» Николая II была очевидна и для гораздо более далекого от двора Л.А.Тихомирова. См.: Из дневника Л.А. Тихомирова, запись 20 июля 1908 г. // Красный архив. 1935. Т. 5(72). С. 156.

[119] Дневник А.С. Суворина, запись 23 июля 1907 г. // Дневник Алексея Сергеевича Суворина. 2-е изд. London: The Garnett Press; М.: Независимая газета, 2000. (1-е изд. 1923). С. 527.

фракции правых (позднее член Правой группы Государственного Совета) А.А.Бобринский[120]. «Я боюсь только нашего обожаемого полковника. В нем главная опасность», – заметил за несколько дней до начала войны Б.В.Никольский[121].

Царь откровенно разочаровывал монархистов. «Боже, боже мой, какой ужас жить в царствование Николая II и знать столько, сколько я знаю, и понимать безнадежность будущего еще лет на 12 – 15!» – писал Никольский[122]. По свидетельствам современников, весьма влиятельные правые деятели не стеснялись резко отзываться об императоре в приватных беседах[123]. Иногда им начинало казаться, что поведение Николая II сделало процесс ликвидации самодержавия необратимым. Именно так рассуждал Л.А.Тихомиров. «Россия медленно, но неуклонно выходит на банальный общегражданский, конституционный путь. Царство русское кончено при Николае II. А с концом царства русского кончается и союзно церковно-государственный строй. Все это, по-видимому, уже непреложно, бесповоротно», – писал он в своем дневнике 21 января 1908 г.[124] Похожие мысли время от времени посещали и А.А.Киреева[125]. Историками неоднократно отмечалось, что недовольство государем было широко распространено среди консерваторов[126].

---

[120] Красный архив. 1928. Т. 1(26). С. 139. Несколько раньше он замечал, что «государь по-прежнему проживает невидимкою в Царском Селе». См.: Запись 17 ноября 1910 г. // Там же. С. 138.

[121] Дневник Б.В. Никольского, запись 14 июля 1914 г. // РГИА. Ф. 1006, оп. 1, д. 4б, л. 342 об.

[122] Запись 1 июля 1912 г. // Там же. Л. 254.

[123] См.: Дневник А.С.Суворина, записи 5 июня и 23 июля 1907 г. // Дневник Алексея Сергеевича Суворина. С. 488 – 489, 527. См. также: Дневник А.В. Богданович, запись 8 июня 1908 г. // Богданович А.В. Указ соч. С. 447; Наумов А.Н. Из уцелевших воспоминаний, 1868 – 1917. Нью-Йорк: Издание А.К.Наумовой и О.А.Кусевицкой, 1955. Кн. 2. С. 216.

[124] Красный архив. 1935. Т. 5(72). С. 134.

[125] Дневник А.А.Киреева, запись 4 ноября 1908 г. // ОР РГБ. Ф. 126, оп. 1, к. 14, л. 328 об.).

[126] См., например: Lieven D. C. B. Nicholas II: Emperor of all the Russias. London: Pimlico, 1993. P. 178; Бородин А.П. П.Н.Дурново: портрет царского сановника // Отечественная история. 2000. № 3. С. 56; Репников А.В. Парадоксы русского консерватизма // Россия XXI. 2003. № 1. С.175, 181.

Притчей во языцех стала супруга императора Александра Федоровна[127]. Б.В.Никольский писал об «эротоманстве» императрицы и всей императорской фамилии[128] и констатировал «гниение» династии[129]. Многие консерваторы возмущались царским фаворитом Г.Е.Распутиным. Его убийство Б.В.Никольский считал необходимым условием реализации своих политических планов: «Положительно необходимо хирургическое устранение Распутина. Другого исхода нет»[130]. Компрометировавшие императорскую семью слухи распространялись и за пределами столицы. «Ныне присоединились династические осложнения, о которых в провинции рассказывают, Бог знает, какие мерзости», – сообщал в частном письме А.С.Вязигин[131].

Недовольство монархом иногда рождало весьма причудливые идеи. По воспоминаниям А.Н.Наумова, «среди столичных государственных деятелей не раз возникал вопрос о том, как обезопасить трон от случайных закулисных влияний и образовать вокруг него особый Верховный Совет (наподобие японского) или учредить при особе Государя Николая II должность личного секретаря». Впрочем, планы эти так и остались планами, отчасти из-за того, что препятствием на пути их реализации стала неопределенная позиция самого самодержца[132].

---

[127] См.: Дневник А.В. Богданович, записи 10 июня 1908 г., 21 ноября 1908г., 31 августа 1909 г. // Богданович А.В. Указ. соч. С. 447, 454, 466; Дневник А.А.Бобринского, запись 15 января 1911 г. // Красный архив. 1928. Т. 1(26). С. 144.

[128] Дневник Б.В. Никольского. Запись 1 июля 1912 г. // РГИА. Ф. 1006, оп. 1, д. 4б, л. 254.

[129] Дневник Б.В. Никольского. Запись 28 октября 1913 г. // Там же. Л. 325 об.

[130] Там же. По свидетельству В.Ф.Джунковского, «в самых консервативных кругах... находили, что было бы великим счастьем, если бы Распутина не стало» (Джунковский В.Ф. Воспоминания. М.: Издательство им. Сабашниковых, 1997. Т. 2. С. 335).

[131] А.С.Вязигин – М.М.Бородкину, 11 января 1913 г. // ГАРФ. Ф. 102, оп. 265, д. 916, л. 68. Мотивы беспокойства консерваторов представляются вполне очевидными: распространение компрометирующих царственную черту слухов воспринималось как угроза монархическим идеалам. О роли подобного рода слухов в десакрализации монархии см.: Figes O., Kolonitskii B. Interpreting the Russian Revolution: The Language and Symbols of 1917. New Haven, CT; London: Yale University Press, 1999. P.9 – 29.

[132] Источником информации в данном случае выступал председатель Государственного Совета М.Г.Акимов. См.: Наумов А.Н. Указ. соч. С. 217.

Предлагались и более радикальные средства борьбы с «закулисными влияниями». В.М.Пуришкевич угрожал покончить с самим царем[133]. Трудно выяснить, насколько достоверной была эта информация и насколько серьезными были намерения импульсивного Пуришкевича[134]. Но разговоры о необходимости самых решительных действий вели многие консерваторы[135]. По словам М.М.Андронникова, среди них встречались и те, кто во имя идеи самодержавия был готов пожертвовать самодержцем. «...В то время как революционеры "слева" кричат "долой Самодержавие", не касаясь личности монарха, господа революционеры "справа" стремятся спасти и укрепить самодержавие, хотя бы пришлось принести для этого в жертву личность царствующего Государя»[136].

При этом о серьезных идейных разногласиях консерваторов с Николаем II не было и речи. Его политические взгляды полностью вписывались в рамки консервативных представлений о русской государственности[137]. Дело было в другом: не устраивали конкретные шаги и личные качества самодержца, не отвечавшие требованиям, которые ревнители самодержавия предъявляли к монарху. На это указывал А.Н.Наумов:

> «Болезнь наследника, нервность императрицы, бесхарактерность государя, появление Распутина, бессистемность общей политики – все это заставляло честных и серьезных государственных людей не без волнения задумываться о положении вещей и не без опаски смотреть

---

[133] Современное правосудие // Дым Отечества. 1914. № 22. С. 1 – 2.

[134] Внимательно наблюдавший за ним Б.Пэйрс считал его «совершеннейшим невротиком». См.: PRO FO 371. Vol. 326. P. 3. Pares to Foreign Office. Memorandum on the Dissolution of the Duma and the Electoral Law of June 3(16), 1907. July 9, 1907.

[135] Эти настроения получили широкое распространение среди русских правых еще в период революции 1905–1907 гг. См., например: Материалы для характеристики контрреволюции в 1905 г.: Из переписки Бориса Никольского с Антонием Волынским // Былое. 1923. № 21. С. 156 – 186; Игнатьев А.А. Пятьдесят лет в строю. М.: Художественная литература, 1953. Т. 1. С. 22.

[136] М.М.Андронников – А.А.Орлову, 12 сентября 1907 г. // РГИА. Ф. 1617, оп. 1, д. 75, л.3.

[137] О политических взглядах Николая II см.: Steinberg M. Nicholas and Alexandra: An Intellectual Portrait // M.Steinberg, V.Khrustalev (Eds). The Fall of the Romanovs: Political Dreams and Personal Struggles in a Time of Revolution. New Haven, CT: Yale University Press, 1995. P. 1 – 37; Подболотов С. Царь и народ: популистский национализм императора Николая II // Ab Imperio. 2003. № 3. С. 199 – 223.

на неопределенное будущее... Настроения эти, главным образом, нарастали среди лиц консервативного направления, не видевших предела неопределенности политики, вызываемой болезненной неустойчивостью характера государя»[138].

В результате монархическая идея обращалась в оторванную от реальности абстракцию, а Николай II становился «ненастоящим царем», недостойным поддержки и защиты[139]. Представляется возможным уточнить мнение Р.Уортмана, о том, что «символическое отречение Николая II от престола состоялось задолго до того, как он оставил трон в феврале 1917 г.»[140]. Очевидно, «символическое отречение» инициировали как раз те, кто больше других ратовал за сохранение самодержавия.

II. 2   Консерваторы и правительство

Отношение консерваторов к правительству было также весьма противоречивым. Теоретически все выглядело предельно просто: правительство назначается императором из числа наиболее компетентных и преданных людей, действующих ради реализации монарших помыслов. «Правительство русское – это Его (государя. – *М.Л.)* присяжный доверенный, призванный заботиться о том, чтобы всем в Империи чувствовалось и жилось хорошо...», – доказывалось в брошюре Русского монархического союза[141].

Естественно, что при таком подходе решающая роль в определении политического курса отводилась не правительству, а государю. Вы-

---

[138]   Наумов А.Н. Указ. соч. С. 214.

[139]   «Неужели государь-таки уничтожил монархию?» – вопрошал 28 июня 1908 г. в своем дневнике Л.А.Тихомиров и тут же, оговорившись, что «вся деятельная роль принадлежит Столыпину», давал на этот вопрос утвердительный ответ. См.: Красный архив. 1935. Т. 5(72). С. 154. «В данное время всякое уважение к царю пропало», – утверждала 18 февраля 1912 г. А.В. Богданович. См.: Богданович А.В. Указ соч. С. 493.

[140]   См.: Уортман Р. Николай II и образ самодержавия // История СССР. 1991. № 2. С. 127.

ражая недоумение по поводу толков в печати о том, будет ли В.Н.Коковцов продолжать политику предшественника, «Московские ведомости» объясняли, что председатель правительства будет осуществлять не «политику Столыпина», а курс, который император указывал и Столыпину, и Коковцову[142]. Та же тема возникла и при назначении И.Л.Горемыкина: «У нас ли на Руси говорить о колебаниях правительственного курса?.. "Что же будет впереди?" - раздаются вокруг нас тревожные вопросы. Будет то, что укажет нам Господь и повелит нам Государь неограниченный Самодержец»[143].

Преданность монарху предполагала поддержку правительства и не допускала оппозиции ему. «Мы будем помогать министрам, потому что они облечены доверием нашего Государя...», – говорил в самом начале работы III Думы умеренно-правый В.А.Бобринский. Он подчеркивал, что речь шла о безусловной поддержке, «помимо всяких соображений о нашем доверии или недоверии тому или иному министру или же всему министерству в совокупности»[144]. «На Западе, где правительство выборное, понятие "оппозиция" имеет смысл; там оно обозначает "оппозицию правительства"; это и понятно, и логично. Но у нас – правительство, назначенное Монархом, облеченное его доверием, и потому именуется: Императорское Правительство. Быть в оппозиции с Императорским Правительством, это значит – быть в оппозиции с Монархом», – рассуждал редактор петербургского правого еженедельника «Объединение» С.К.Кузмин[145].

Критика правительства истолковывалась Н.Д.Облеуховым как нечто аналогичное деятельности революционеров: «Патриотическая деятель-

141 Русский монархический союз и расширение его деятельности по основам Высочайшего рескрипта 30 января 1914 г. М.: Русская печатня, 1914. С. 1.
142 Московские ведомости. 1911. 27 сент. Тремя днями раньше с аналогичными рассуждениями выступила официозная «Россия». См.: Россия. 1911. 24 сент.
143 Московские ведомости. 1914. 31 янв.
144 Государственная Дума: Стенографические отчеты. Созыв третий. Сессия I. Ч. 1. СПб.: Государственная типография, 1908. Стб. 314.
145 Кузмин С. Под гнетом свобод (Записки националиста). СПб.: Типография М.А.Аленевой, 1910. Т. 1. С. 170. См. также: Русский монархический союз и расширение его деятельности по основам Высочайшего рескрипта 30 января 1914 г. С.1.

ность, направленная исключительно в сторону критики деятельности правительства, родит своего рода черносотенный революционизм»[146].

Еще одной причиной ориентации на министерство консерваторы называли сходство своих установок с правительственными. «...Мы идем не за правительством, мы идем с правительством, потому что правительство и мы идем за единым знаменем, общим нам и им, это знамя – русское национальное знамя, и пока правительство идет за этим знаменем, мы будем с правительством»[147].

Наконец, сторонники лояльного отношения к правительству могли объяснять свою позицию исключительно соображениями политической тактики, выбором меньшего из зол. «Его (правительство. – М.Л.) придется бросить только тогда, когда у нас объявлена будет самим правительством конституция, а до тех пор нужно спасать наше никуда не годное правительство, его нужно спасать, несмотря на то, что оно, само не понимая, что оно делает, мешает своему спасению, отталкивает спасающих», – разъяснял А.А.Киреев[148].

Сторонники правительства концентрировались на левом фланге российского политического консерватизма. Это было следствием сочетания принципиальной поддержки умеренными политиками консервативных реформ и сугубо конъюнктурных обстоятельств. За Столыпиным прочно утвердилась репутация вдохновителя и создателя думских и внедумских умеренно-консервативных формирований[149]. Он открыто поддержал требование националистов распространить на Западный край земское самоуправление на условиях, гарантировавших преобладающую роль в нем представителям русского населения. Наконец, представители власти активно вмешивались в политические распри в

---

[146]   Облеухов Н.Д. Правительство, Дума и монархизм // Прямой путь. 1910. 31 декабря. С. 421.

[147]   Государственная Дума: Стенографические отчеты. Созыв третий. Сессия IV. Ч. 3. СПб.: Государственная типография, 1911. Стб. 2997. Заслуживает внимания то, что эту формулировку предложил В.А.Бобринский, в начале I сессии настаивавший на *безусловной* поддержке правительства.

[148]   А.А. Киреев – Ф.Д.Самарину, 8 октября 1907 г. // ОР РГБ. Ф. 265, к. 156, д. 10, л. 106 об.

[149]   См., например: PRO FO 371. Vol. 1217. P. 439 (July 24, 1911).

среде консерваторов, стесняя действия радикальных элементов и помогая более умеренным[150].

Однако в целом в консервативном лагере преобладало негативное отношение к правительству. Многие консерваторы не стеснялись демонстрировать враждебность официальному курсу, заявляя о принципиальном несходстве своих целей с целями министров. «...Было бы более чем странно предполагать, чтобы г. Столыпин в сотрудничестве с Коковцовыми, Кауфманами-Герасимовыми, Щегловитыми и иными, вдохновляемые своими еврейско-польскими канцеляриями, стали проводить в жизнь государственные идеалы гг. Дубровина, Грингмута, Пуришкевича, Пихно, Самарина и других истинно-русских людей», – замечал К.Н.Пасхалов[151].

В частной переписке консервативные оппоненты правительства выражались еще резче. Показательно в этом отношении письмо Б.М.Юзефовича Б.В.Никольскому, датированное 7 августа 1907 г.

> «...Как теперь суетятся около думских выборов..., а по мне и Дума, и революция, и террор, и прочая вся дрянь выеденного яйца не стоит, и вся эта мразь... снялась бы "как дым от лица огня", если бы в России было правительство. ...на мой взгляд, единственная серьезная задача черносотенцев пока может заключаться только в борьбе против правительства или вернее, против тех манекенов, которые правительство изображают. Эти манекены должны быть изведены, их надо сбросить и выкинуть, во что бы то ни стало, надо их обличать и выставлять наружу все их глупости и мерзости, дискредитировать их, (т.е. их личности, а не принципы), и добиться замены людьми, а не новыми обезьянами в облике человеческом»[152].

С Юзефовичем были солидарны и другие консервативные деятели. В июне 1907 г. видный консервативный сановник, ярославский губернатор А.А.Римский-Корсаков писал, что у столыпинского правительства «все идет, как бы по системе окончательно подрывать всякое уважение

---

[150] О тактике правительства в отношении консервативных политических организаций см. подробнее: Степанов С.А. Черная сотня в России (1905 – 1914 гг.) М.: ВЗПИ / Росвузнаука, 1992. С. 162 – 213; Кирьянов Ю.И. Правые партии в России. 1911 – 1917. М.: РОССПЭН, 2001. С. 388 – 396.

[151] Пасхалов К.Н. Слова и дела // Пасхалов К.Н. Сборник статей, воззваний, записок, речей, писем и проч. М.: Печатня А.И.Снегиревой, 1909. Т. 2. С. 358.

[152] ГАРФ. Ф. 588, оп. 1, д. 910а, л. 90 – 90 об.

к правительству, и русские интересы, видимо, приносятся в жертву жидам»[153].

Определенные сомнения в правительственном курсе существовали и в националистических кругах. Правда, поводом для их беспокойства служила не реформаторская направленность столыпинской политики, а отсутствие у нее прочной основы. «Не приходится ли поневоле раскачиваться, когда не оказывается под ногами ни старого, ни нового фундамента, и царствуют недоверие и неуверенность, официальная ложь и "государственная" чепуха… Столыповщина – опора едва ли надежная», – выражал свои опасения один из наиболее влиятельных политиков националистического толка Д.И.Пихно[154].

Третьеиюньский избирательный закон казался недостаточным, чтобы обеспечить преобладание консерваторов в палате. Ф.Д.Самарин размышлял:

> «…Трудно понять, на что надеются, созывая новую Думу через 5 месяцев после роспуска этой и созывая на основании избирательного закона, который сократит число крайних, но обеспечит господство тем элементам, которые, стоя нередко принципиально на одной почве с крайними или близко к ним, не хотят только доводить свою мысль до конца или объявлять ее во всеуслышание. Это более опасные противники. При таких условиях Манифест 3 июня даст России передышку, не более того»[155].

Претензии «к русскому Бисмарку» были связаны прежде всего с реформаторской деятельностью Столыпина и его ориентацией на умеренных либералов. Весной 1909 г. оппоненты Столыпина справа предприняли решительную попытку избавиться от премьера, обвинив его в покушении на императорскую прерогативу при обсуждении в Государственном Совете вопроса о штатах Морского генерального штаба. Начиная атаку на премьера, Пуришкевич с думской трибуны упрекнул П.А.Столыпина в намерении «ввести у нас конституционный строй» и

---

[153] А.А. Римский-Корсаков – А.П. Роговичу, 8 июня 1907 г. // ГАРФ. Ф. 102, оп. 265. д. 213. л. 56.

[154] Д.И.Пихно – С.Ю.Витте, 27 августа 1907 г. // Письма Д.И.Пихно С.Ю.Витте (1906 – 1907 гг.) // Английская набережная, 4. СПб.: Лики России, 2000. С. 401.

[155] Ф.Д.Самарин – С.Д.Шереметеву, 15 июня 1907 г. // РГАДА. Ф. 1287, оп. 1, д. 5079, л. 262 – 262 об.

назвал главу Совета Министров «политическим противником»[156]. Мобилизовав все свое влияние и использовав голоса министров, Столыпин добился утверждения сметы Морского генерального штаба, но законопроект так и не стал законом, ибо царь отказался его утвердить.

Определенная роль в создании соответствующей общественной атмосферы, очевидно, отводилась публикации в русской консервативной прессе перевода статьи из «Дейли телеграф» британского консервативного журналиста Э. Диллона. Автор, известный своей близостью к С.Ю.Витте, подчеркивал, что политика Столыпина «вполне либеральная, идет против сильного консервативного течения, возникшего за последние два года», т. е. после 3 июня 1907 г.[157] По мнению «Русского знамени» правительство действовало в согласии с антигосударственными элементами, поэтому «вся консервативная часть граждан» оказалась враждебно настроенной по отношению к министерству[158].

Ответом Столыпина на атаку справа стало новое, националистическое обоснование реформ. Реформы представлялись важнейшим условием обеспечения господствующего положения русской народности, что было невозможным без усовершенствования системы управления на местном и имперском уровне. Составляющими этого курса являлись введение выборного земства в западных губерниях, определение порядка принятия законов относительно Финляндии, выделение Холмской губернии.

Перенос центра тяжести в правительственной риторике на защиту интересов этноконфессионального большинства, хотя и вызвал одобрение справа, но не примирил премьера с оппонентами. Развязка наступила в марте 1911 г., когда в ответ на провал Госсоветом законопроекта о выборном земстве в Западном крае Столыпин добился приостановки работы Думы и Совета и введения его в порядке статьи 87 Основных законов. Одновременно глава правительства вынудил государя отстра-

---

[156] Государственная Дума: Стенографические отчеты. Созыв третий. Сессия II. Ч. 2. СПб.: Государственная типография, 1909. Стб. 1499.

[157] Объединение. 1909. 9 апр. Приложение.

[158] Русское знамя. 1909. 31 мая.

нить от работы в Государственном Совете П.Н.Дурново и В.Ф.Трепова, сыгравших ключевую роль в провале законопроекта[159].

В столыпинских маневрах оппоненты увидели кульминацию его политического курса. Член правой группы Государственного Совета С.Д.Шереметев, называя Столыпина диктатором, писал 23 марта 1911 г. о «неизгладимой скорби» от обязанности «присутствовать при разгроме всех основ, поддерживавших нас в течение жизни». И добавлял: «Теперь ясно, что свобода рук была нужна современному министерству, чтобы подкопать те основания, которые послужили славе и могуществу России»[160].

После того как Дума и Совет возобновили свою работу, Столыпину были предъявлены обвинения в незакономерных действиях, поддержанные рядом правых[161]. Как покушение на «консерватизм независимый и стойкий» с целью заменить его «чиновничьим сервилизмом» оценил действия Столыпина Д.А.Олсуфьев[162]. Пуришкевич, не оспаривая самого права верховной власти прибегнуть к 87-й статье, обвинил Председателя Совета Министров в намерении подчинить законодательные учреждения бюрократическому контролю[163].

В защиту Столыпина выступили националисты и поддерживавшие их органы печати. Действия премьера они оправдывали стремлением сломить сопротивление реакционеров и продемонстрировать сочувствие реформам со стороны монарха. «Правительству необходимо было

---

[159] Подробнее об этих событиях см.: Аврех А.Я. Столыпин и третья Дума. М.: Наука, 1968. С. 318 – 366; Дякин В.С. Самодержавие, буржуазия и дворянство в 1907 – 1911 гг. Л.: Наука, 1978. С. 212 – 241.

[160] С.Д.Шереметев – Марии Федоровне Романовой, 23 марта 1911 г. // РГАДА. Ф. 1287, оп. 1, д. 5056, л. 55 об. Не исключено, что этим письмом автор хотел укорить вдову Александра III, которая, по слухам, выступила на стороне П.А.Столыпина в разгар мартовского кризиса 1911 г. См., например: Витте С.Ю. Воспоминания. М.: Соцэкгиз, 1960. Т. 3. С. 544.

[161] Под запросом в Государственном Совете поставили подпись 17 членов Правой группы. См.: Korros A.S. A Reluctant Parliament: Stolypin, Nationalism and the Politics of the Russian Imperial State Council, 1906 – 1911. Lanham, MD: Rowman and Littlefield, 2002. P. 211.

[162] Государственный Совет. Стенографические отчеты. Сессия VI. СПб.: Государственная типография, 1911. Стб. 1452.

[163] Государственная Дума: Стенографические отчеты. Созыв третий. Сессия IV. Ч. 3. СПб.: Государственная типография, 1911.. Стб. 786 – 789.

открыто разбить и уничтожить тот тормоз, который парализовал всякие начинания на поприще постепенного развития обновленного строя и национальной политики. Ему нужно было показать населению, что Верховная власть стоит за обновленный строй», – объясняло мотивы действий главы правительства «Новое время»[164].

Как бы то ни было, история с земством в Западном крае наглядно продемонстрировала враждебность Столыпину правых. Трагическая смерть премьер-министра ничего в этом отношении не изменила. Вскоре после гибели Столыпина «Прямой путь» перепечатал чрезвычайно резкую редакционную статью о нем в «Русском знамени». Покойный описывался как «заурядный человек на первейшем государственном посту, при огромных полномочиях не сумевший стать государственным человеком и принести Родине хоть какую-нибудь пользу»[165]. А «Гражданин» В.П.Мещерского прямо утверждал, что деятельность Столыпина нанесла стране «огромный вред»[166].

В личных письмах встречались и более резкие характеристики. «Когда подумаешь, кому мы обязаны законом 9 ноября, волостным земством, реформой волостного суда и т.п., то невольно соглашаешься, что большего врага для России со времен Петра I не было, как безвременно погибший в Киеве Петр Столыпин», – писал К.Н.Пасхалову славянофильский публицист Д.А.Хомяков[167]. В глазах последователя А.И.Дубровина А.И.Соболевского смерть от руки убийцы была для Столыпина «законным возмездием»[168].

Назначение Председателем Совета Министров В.Н.Коковцова не улучшило отношения к правительственным «сферам». Особое беспокойство думской и внедумской правой вызывала позиция нового пре-

---

[164] Новое время. 1911. 18 марта.

[165] Русское знамя. 1911. 8 сент.; Прямой путь. 1911. Октябрь. С. 7. Перепечатка статьи в «Прямом пути» сопровождалась важной оговоркой: «Не соглашаясь с резкостью приводимой ниже статьи, напечатанной в газ. "Рус. Зн.", вполне присоединяемся к оценке личности и деятельности покойного П.А.Столыпина».

[166] Икс. Речи консерватора. Довольно! // Гражданин. 1911. № 41. С. 2.

[167] Д.А. Хомяков – К.Н. Пасхалову, 10 февраля 1912 г. // ГАРФ. Ф. 102, оп. 265, д. 560, л. 483.

[168] См.: А.И. Соболевский – Ю.А. Кулаковскому, 9 сентября 1911 г. // ГАРФ. Ф. 102, оп. 265, д. 507, л. 38.

мьера в национальном вопросе. Показательно в этом отношении письмо, направленное А.И.Соболевскому. «Не дай бог нам Коковцова, жидолюба и финнолюба!», – писал его автор 7 сентября 1911 г.[169] Один из самых ярых ненавистников Столыпина, К.П.Пасхалов, отмечал, что «при всем губительном значении для России Столыпина, он все-таки был более русским, чем Коковцов», от которого «ждать укрощения инородцев кажется совершенно безнадежно»[170]. Очевидно, именно этой репутацией нового руководителя правительства объяснялось, что правые организации первым объектом своего обращения к Коковцову избрали именно национальный вопрос[171].

Однако в достаточной мере повлиять на Коковцова не удалось. В начале 1912 г., за полгода до выборов в новую Думу, А.С.Вязигин подозревал Председателя Совета Министров в самых враждебных намерениях: «Уверяют, будто Коковцов решил, что в IV Государственной Думе не будет никого правее националистов»[172]. Несмотря на то что в результате выборов думская фракция правых даже несколько увеличилась, подозрений в адрес премьера меньше не стало. В самом начале работы новой Думы В.М.Пуришкевич, отвечая на программную речь премьера, заявил: «Правительственная власть систематически отшибает от себя правые фракции Государственной Думы, считая нас пережитками времени, неспособными осуществлять те задачи, которыми руководствуется правительственная власть... Правительственная власть от этих партий отшатнулась, передавши свои симпатии, исполнение своих задач

---

[169]   ГАРФ. Ф. 102, оп. 265, д. 507, л. 15. «Жидофилом» именовал Коковцова и Д.А. Хомяков. См.: Д.А. Хомяков – Т.М. Аверину, 4 января 1913 г. // Там же. Д. 916, л. 27.

[170]   Там же. Л. 91.

[171]   Представленная В.Н.Коковцову «Докладная записка» от «Национальных Монархических Организаций», в сущности, сводилась к перечню требований по национальным вопросам («еврейскому», «финляндскому», «польскому»). См.: Прямой путь. 1911. Октябрь. С. 8 – 18. Лидер националистов П.Н.Балашов прямо заявил Коковцову, что националисты поддержат его лишь при условии продолжения столыпинского курса в области национальных отношений. См.: Коковцов В.Н. Из моего прошлого: Воспоминания: 1903 – 1919. М.: Наука, 1992 (1-е изд. 1933). Кн. 1. С. 413.

[172]   А.С. Вязигин – Т.И. Вязигиной, 21 февраля 1912 г. // ГАРФ. Ф. 102, оп. 265, д. 562, л. 610.

подозрительному неуравновешенному центру и кадетам»[173]. Обозреватель «Прямого пути» выразился еще определеннее:

> «Ныне правые составляют в Г. Думе оппозицию, обменявшись местами с кадэками разных разборов, вошедшими в состав правительства. Россия, как известно, страна всевозможных и даже невозможных случайностей, а потому нечего удивляться, что в самодержавной монархии защитники самодержавия – монархисты и националисты – вынуждены быть в Г. Думе меньшинством и состоять в оппозиции правительству»[174].

Н.Е.Марков, довольно сдержанный в отношении П.А.Столыпина[175], стал вызывающе вести себя в отношении его преемника, а в мае 1913 г. дошел до личных оскорблений в адрес премьера. Марков заявил, что министерство финансов (глава правительства сохранил за собой пост министра финансов) объединило всю Думу вокруг лозунга «Красть нельзя!»[176]. Ответом на это высказывание стала так называемая «министерская забастовка», и пока Н.Е.Марков не извинился, министры в Думе не появлялись[177].

Смена главы Совета Министров не улучшила отношения между правительством и дубровинцами, которые не обнаружили никаких изменений в намерениях власть имущих. Б.В.Никольский жаловался, что А.А.Макаров, занявший после смерти Столыпина пост министра внутренних дел, «открыто и явно под видом борьбы с хулиганством союзни-

---

[173] Государственная Дума: Стенографические отчеты. Созыв четвертый. Сессия I. Ч. 1. СПб.: Государственная типография, 1913. Стб. 302.

[174] Л.Ч. Декларационная декада // Прямой путь. 1913. Вып. 1. С. 228.

[175] К примеру, в марте 1911 г. он дистанцировался от правых критиков премьера, сославшись на то, что указ о роспуске палат и введении в действие закона о западном земстве был санкционирован самим императором (см.: Государственная Дума: Стенографический отчет. Созыв третий. Сессия IV. Ч. 3. СПб.: Государственная типография, 1911. Стб. 799).

[176] Там же. Сессия I. Ч. 3. СПб.: 3. СПб.: Государственная типография, 1908. Стб. 66.

[177] Современники высказывали противоположные суждения относительно адекватности «министерской забастовки» словам Маркова. См., например: Коковцов В.Н. Указ. соч. Кн. 2. С. 136–140; Гурко В.И. Черты и силуэты прошлого: Правительство и общественность в царствование Николая II в изображении современника. М.: Новое литературное обозрение, 2000. С. 633 – 634.

ков топчет, душит и парализует правое движение»[178]. Аналогичные претензии предъявлял Макарову А.И.Соболевский. Он опасался, что активное участие министерства в распрях правых, в конце концов, лишит их какой бы то ни было самостоятельности[179].

После смерти Столыпина резко усилился критический тон в настроениях националистов[180]. Особенно заметным это стало с началом работы IV Думы. Уже при обсуждении правительственной декларации ведущие ораторы националистов, А.И.Савенко и В.В.Шульгин, предъявили серьезные претензии и правительству, и самому премьеру. Савенко упрекнул Коковцова в том, что «ни в декларации..., ни в действиях правительства нет определенности, нет никакого движения ни вперед, ни назад, есть топтание на месте»[181]. Сравнив Коковцова с его предшественником, оратор заявил, что если Столыпин выигрывал время для России у революции, то Коковцов «выигрывает время для революции у России»[182]. Шульгин в своем выступлении обратил внимание на недовольство правительством со стороны различных фракций и заключил: «Русская земля не желает поддержать Председателя Совета Министров»[183].

О настроениях националистов свидетельствуют донесения Л.К.Куманина, сообщавшего 29 января 1913 г., что их лидеры и лидеры правых пришли к выводу: «...раз глава правительства не с ними, то он против них, и они против него»[184]. В мае 1913 г. М.О.Меньшиков отмечал: «...самые верные Престолу, самые преданные государству, наиболее патриотические и национальные элементы выступили с беспощад-

---

[178] Дневник Б.В. Никольского. Запись 4 июля 1912 г. // РГИА. Ф. 1006, оп. 1, д. 4б, л. 255.

[179] А.И. Соболевский – Т.Д. Флоринскому, 25 февраля 1912 г. // ГАРФ. Ф. 102, оп. 265, д. 562, л. 654 об.

[180] Период с сентября 1911 г., по словам Д.А.Коцюбинского, «отличался неуклонным усилением «критической» и ослаблением «лояльной» составляющей взглядов русских националистов на принципы взаимоотношений с Советом министров» (Коцюбинский Д.А. Указ. соч. С. 490 – 491).

[181] Государственная Дума: Стенографические отчеты. Созыв четвертый. Сессия I. Ч. 1. СПб., 1913. Стб. 407 – 420.

[182] Там же. Стб. 408.

[183] Там же. Стб. 552 – 553.

[184] Донесения Л.К. Куманина из министерского павильона Государственной Думы, декабрь 1911 – февраль 1917 гг. // Вопросы истории. 1999. № 2. С. 28.

ным протестом против государственной политики В.Н.Коковцова»[185]. Возвратившись к этой теме сразу же после отставки главы правительства, публицист утверждал, что Коковцову пришлось столкнуться не только с «революционной оппозицией», «реакционной оппозицией крайних правых» и «умеренной оппозицией октябристов», но и с «несочувственным нейтралитетом» со стороны националистов[186].

Негативное отношение к правительству особенно бросается в глаза при изучении материалов перлюстрации. «…Отныне я революции не боюсь – она, даже она, гораздо патриотичнее, чем наше гнусное правительство, чем вся эта паршивая бюрократия, совершенно равнодушная к России», - писал А.И.Савенко[187].

Исполнительная власть не могла более рассчитывать на безусловное содействие националистов. Судя по резолюции, единогласно принятой на заседании думской фракции 1 декабря 1913 г., министрам обещали помогать лишь «в тех случаях, когда действия правительства являются закономерными и поскольку политика правительства соответствует программе национальной партии»[188]. Лишь группа Центра выступила в поддержку коковцовского министерства. Председатель группы В.Н.Львов, отвечая на правительственную декларацию, объявил, что Центр приветствует курс правительства, которое, «раз вступивши на путь реформ, с этого пути не сойдет»[189]. Впрочем, группа Центра была

---

[185] Упадок доверия // Письма к ближним. 1913. № 5. С. 337. В этой статье автор намекал на то, что выступления против Коковцова справа являются скоординированной акцией националистов и правых. Он назвал «блестящей» майскую речь Н.Е. Маркова, ответом на которую со стороны премьера стала «министерская забастовка». См.: Там же. С. 338.

[186] Новая эра // Письма к ближним. 1914. № 2. С. 79.

[187] А.И. Савенко – Н.К. Савенко, 26 марта 1913 г. // ГАРФ. Ф. 102, оп. 265, д. 922, л. 621. Чуть ранее тот же автор утверждал: «Коковцов губит Россию». См.: А.И. Савенко – Н.К. Савенко, 6 марта 1913 г. // Там же. Д. 920, л. 469.

[188] См.: Государственная Дума: Стенографические отчеты. Созыв четвертый. Сессия II. Ч. 3. СПб.: Государственная типография, 1914. Стб. 1446. См. также: Донесения Л.К. Куманина из министерского павильона Государственной Думы // Вопросы истории. 1999. № 10. С. 16.

[189] Государственная Дума: Стенографические отчеты. Созыв четвертый. Сессия I. Ч. 1. СПб.: Государственная типография, 1913. Стб. 356. Создатель фракции П.Н. Крупенский заявил о готовности поддержать правительство еще до принятия фракционной программы и думской декларации В.Н. Коковцова. См.: Речь. 1912. 4 нояб.

довольно немногочисленна (к началу работы IV Думы в нее входило 33 человека), и не пользовалась авторитетом среди консерваторов. Об этом, в частности, свидетельствовало обилие и популярность неблагозвучных кличек, которые использовали для обозначения Центра в консервативной прессе[190]. Но даже в этой фракции обсуждение деятельности Коковцова порой вызывало негативные эмоции. Так, П.В.Синадино называл финансовую политику премьера «политикой финансового омерзения»[191].

Казалось, замена непопулярного главы правительства на более привлекательную (для реально существовавших консервативных политических группировок) фигуру могла дать шанс наладить отношения правительства с консерваторами и обеспечить стабильную поддержку правительственным начинаниям. Во всяком случае, позитивные отклики на замену В.Н.Коковцова И.Л.Горемыкиным прозвучали даже в «Новом времени»[192], хотя престарелый бюрократ едва ли мог вызвать восторги консервативных реформаторов – националистов.

Среди поборников консервативных политических ценностей лишь «национал-демократы» отнеслись к отставке Коковцова негативно. «Дыму Отечества» Коковцов представлялся «последней ставкой за обновление, за новые формы жизни». Его уход, по мнению еженедельника, означал победу «черных революционеров», после которой «России остается только одно – утешаться старым двустишием: "Горе мыкали мы прежде, / Горе мыкаем теперь"»[193].

---

[190]   «Кокоты, кокодеки, кокодессы». Изобретатели подобного рода кличек, очевидно, стремились сыграть на созвучии сокращения «ко-ко» («консерваторы-конституционалисты» – так называли себя сторонники Центра) и фамилии главы министерства.

[191]   Донесения Л.К.Куманина из министерского павильона Государственной Думы // Вопросы истории. 1999. № 6. С. 30–31. В другой ситуации тот же депутат, собираясь голосовать за правительственное предложение, оговаривался, что не является сторонником правительства. См.: Государственная Дума: Стенографические отчеты. Созыв четвертый. Сессия II. Ч. 1. СПб.: Государственная типография, 1914. Стб. 1179.

[192]   «Хуже не будет, а лучше может быть», - писало «Новое время» 1 февраля 1914 г. по поводу перемен в правительстве.

[193]   Последний удар // Дым Отечества. 1914. № 5. С. 2.

Но даже те, кто приветствовал новое назначение, выражали сомнения в возможности серьезных перемен. Д.А.Хомяков, писавший К.Н.Пасхалову о «наступлении некой политической весны», признавался, что «остается еще вопросом, последует ли за весной лето». Он полагал, что в исполнительной власти требуются значительно более серьезные персональные перемены: «Деятели что-то плохи, а нам, увы, было сказано, что перемен не будет. Не знаю, зачем было это объявлять и отшибать таким образом надежду... С теперешними деятелями мы никуда не дойдем, разве что до провалов»[194]. Пасхалов также не испытывал оптимизма по поводу возможностей новых министров: «...по-моему идет глупость за глупостью, промах за промахом. И Горемыкин, и Маклаков, понимая положение и его потребности совершенно правильно, делают все, чтобы еще более и более запутаться в расставленных какой-то вражеской рукой тенетах»[195].

Горемыкин, как и его предшественники на должности премьер-министра, не сумел добиться взаимопонимания с правыми в Государственном Совете. «Законодательная обструкция» продолжалась. Никакие увещевания главы правительства не помогли провести через Государственный Совет положение об официальном использовании польского языка в польском городском самоуправлении[196]. Неадекватность правительства раздражала и противников реформ, и их сторонников. Резкой критике подверг правительственный курс в Думе в апреле 1914 г. один из лидеров левых националистов – В.Я.Демченко[197]. Когда же А.А.Мотовилов попытался от имени фракции дезавуировать это выступление и на фракционном заседании добиться осуждения речи Демченко, подавляющее большинство националистов Мотовилова не поддержало[198]. «Все надоело, а непроходимая глупость правительства окончательно охлаждает, – писал А.И.Савенко. – Против правительства мы,

---

[194] Д.А. Хомяков – К.Н. Пасхалову, 18 марта 1914 г. // ГАРФ. Ф. 102, оп. 265, д. 985, л. 404.
[195] К.Н. Пасхалов – Д.А. Хомякову, 10 мая 1914 г. // Там же. Д. 987, л. 668.
[196] См.: Государственный Совет: Стенографические отчеты. Сессия IX. СПб.: Государственная типография, 1914. Стб. 2081 – 2082, 2027, 2131.
[197] Государственная Дума: Стенографические отчеты. Созыв четвертый. Сессия II. Ч. 3. СПб.: Государственная типография, 1914. Стб. 1006 – 1021.
[198] См.: Там же. Стб. 1218; Киевлянин. 1914. 4 мая.

люди лояльные, идти не можем, но и поддерживать нынешнее правительство не можем. Приходится отойти в сторону и молчать. В этом трагедия русской жизни...»[199].

Такое отношение к правительству часто выступало как производное от отношения к российской бюрократии в целом. Консерваторы были склонны к подчеркнуто негативным характеристикам бюрократического аппарата. В лучшем случае речь шла о его «бессилии»[200], в худшем – о сознательных выступлениях высших должностных лиц против самодержавия. Сама революция 1905 г. часто трактовалась как результат бюрократического заговора. «...В России никогда не было бы революции, если бы ее искусственно не вызвали князь Святополк-Мирский и граф Витте», - настаивал в июне 1907 г. В.А.Грингмут[201]. Через полтора года В.М.Пуришкевич с трибуны Государственной думы обвинял С.Ю.Витте (в тот момент – члена Государственного Совета) в связях с революционным подпольем и руководстве революционными событиями. «...Граф Витте создал еврейскую революцию,... граф Витте стоял во главе этой революции и направлял ее»[202].

Поражение революции ситуацию не изменило. Председатель Русского собрания М.Л.Шаховской писал в декабре 1908 г.: «...на верхах все, что только хотя мало-мальски проявляет стремление к укреплению самодержавия, выживается из среды правителей и заменяется властью Крыжановского и компании»[203]. Главу правительства обвиняли в узурпации власти. «Государь все еще царствует или отрекся от престола и своим заместителем сделал Столыпина?» – иронизировал осенью 1910 г. С.Ф.Шарапов[204].

---

[199] А.И. Савенко – Н.К. Савенко, 28 апреля 1914 г. // Там же. Ф. 102, оп. 265, д. 987, л. 608.

[200] Предвыборная тревога // Письма к ближним. 1912. № 9. С. 496.

[201] Грингмут В.А. Когда можно будет признать крамолу прекращенной? // Собрание статей. Вып. 4. С. 366.

[202] Государственная Дума: Стенографические отчеты. Созыв третий. Сессия II. Ч. 2. СПб.: Государственная типография, 1909. Стб. 1501.

[203] М.Л. Шаховской – Б.М. Юзефовичу, 21 декабря 1908 г. // ГАРФ. Ф. 102, оп. 265, д. 361, л. 13.

[204] С.Ф. Шарапов – М.М. Андронникову, 6 октября 1910 г. // РГИА. Ф. 1617, оп. 1, д. 682, л. 20.

Н.Е.Марков прямо объявил бюрократа главным врагом: «...и большего врага у нас, правых, как бюрократия, не было, нет и не будет»[205]. О том же говорил и Н.Д.Облеухов: «Всего, чего требует чиновничество от революционного общества, так это умеренности. Идея полной ликвидации православия и самодержавного строя охотно приемлется бюрократией, но при условии, чтобы эта ликвидация происходила постепенно»[206]. А для А.И.Дубровина бюрократ был даже опаснее революционера. «...Как вылощенный октябрист опаснее несуразного, бестолкового эсера или эсдека, так благовоспитанный, законопорядочный бюрократ вдесятеро опаснее Союзу и святому русскому делу, чем заправский бомбист-революционер»[207].

Аргументируя свои построения, консервативные публицисты самое пристальное внимание уделяли социальным интересам бюрократии. Г.А.Шечков указывал на сближение профессиональных бюрократов с профессиональными политиками. «Между старой сановной бюрократией и новой нарождающейся бюрократией выборной водворяется альянс; влиятельные думцы обольщаются выгодами на получение видных должностей, властные бюрократы заручаются содействием господ - подтасовщиков палатного большинства»[208]. Высших сановников обвиняли в сговоре с противниками самодержавия. С.Ф.Шарапов подчеркивал, что власть — главное достояние чиновника, и он готов на все лишь бы эту власть сохранить. «Бюрократия на все согласна: и на конституцию, и на революцию, лишь бы распоряжалась, составляла правила и законы и руководила всем она»[209].

Предлагались и иные варианты интерпретации социальных интересов чиновничества. Если у Шарапова интересы бюрократа определялись тем, что тот выступал в качестве собственника капитала – власти,

---

[205]   Государственная Дума: Стенографические отчеты. Созыв четвертый. Сессия I. Ч. 1. СПб.: Государственная типография, 1913. Стб. 404.

[206]   Ухтубужский П. [Облеухов Н.Д.] Наши идеалы и современность // Прямой путь. 1912. Вып. 1. С. 18.

[207]   Куда временщики ведут Союз Русского Народа. СПб.: Отечественная типография, 1910. С. 1.

[208]   Шечков Г.А. Несостоятельность Государственной Думы ныне действующего закона // Мирный труд. 1913. № 3. С. 38.

то для деятеля Объединенного дворянства В.Н.Ознобишина чиновник был обыкновенным наемным работником. «Я не вижу принципиальной разницы между тем флагом, под которым идет бюрократия, и другим, общеизвестным: "Пролетарии, т.е. наемники всех стран, соединяйтесь"», – говорил В.Н.Ознобишин в марте 1908 г.[210]. А Н.Д.Облеухов подчеркивал социальную близость бюрократа и интеллигента.

«Тон идейной жизни правящих классов дает левая интеллигенция... Из этой же среды вербуется бюрократия, состоящая поэтому в близком духовном родстве с революционной интеллигенцией. Конечно, заведомых революционеров среди чиновников сравнительно немного, но важно то, что принципиальная общность взглядов, основанная на единстве общественной среды и воспитания, между этими двумя общественными силами существует»[211].

Такого рода интерпретация политического поведения бюрократии дополнялась ссылками на ее космополитизм. Особенно этот мотив был характерен для националистов, которые обвиняли бюрократов в органической неспособности отстоять господство русской нации в империи. «Сторонники безнационального бюрократизма, сдавшего Россию инородцам, переродиться не могут», – утверждал А.И.Савенко[212]. На антирусские настроения в бюрократической среде жаловался в Думе Д.С.Чихачев[213].

В консервативной критике бюрократии присутствовал классический славянофильский мотив противопоставления разлагающегося, безнравственного, разрушающего национальную традицию Петербурга аутентичной России, «Земщине». «Петербург, очевидно, захлебывается в такой нравственной грязи и в таких чудовищных преступлениях против Родины, что достойно соперничает с Содомом, но, к сожалению, не разде-

209   Шарапов С.Ф. Самодержавие или конституция? (Первые шаги 3-ей «Думы солидной бестолочи»). М.: Свидетель, 1908. С. 43.

210   Труды IV съезда уполномоченных дворянских обществ 32 губерний. СПб.: Мирный труд, 1909. С. 80.

211   Ухтубужский П. [Облеухов Н.Д.] Наши идеалы и современность // Прямой путь. 1912. Вып. 1. С.17.

212   Сборник Клуба русских националистов. Киев, 1911. Вып. 3. С. 71.

213   См.: Государственная Дума: Стенографические отчеты. Созыв третий. Сессия V. Ч. 1. СПб.: Государственная типография, 1912. Стб. 2608. На ту же тему

ляет его участи, а это единственный способ спасения для русского народа», – писал К.Н.Пасхалов[214].

II. 3 Консерваторы и представительные институты

Деятельность представительных учреждений вызывала серьезные разногласия среди консерваторов. Сами полномочия этих органов были предметом острых споров. По мнению крайних правых, Дума являлась органом законосовещательным. «В России, согласно Основным Законам и Государевым манифестам, гос. дума учреждена не для законодательной, а для законосовещательной работы», – утверждало в декабре 1912 г. «Русское знамя»[215]. Это положение стало лейтмотивом статей ведущего журналиста газеты Н.И.Еремченко, позднее опубликованных отдельным изданием[216].

Мысль о законосовещательном характере Думы казалась весьма привлекательной и более умеренным политикам. Так, 1 января 1908 г. А.А.Киреев выражал удовлетворение по поводу того, что «мы все же вступаем в новый год с совещательной Думой, с самодержавием, усиленным голосом народа»[217]. А В.М.Пуришкевич заговорил о законосо-

---

высказывался и В.А.Бобринский. См.: Там же. Сессия IV. СПб.: Государственная типография, 1911. Ч. 3. Стб. 2988 – 2991.

[214] К.Н. Пасхалов – епископу Евлогию, 31 января 1909 г. // ГАРФ. Ф. 102, оп. 265, д. 367, л. 65. В публицистике эту тему активнее других разрабатывал С.Ф.Шарапов. См., например: Шарапов С.Ф. Русские исторические начала и их современное приложение. М.: Свидетель, 1908.

[215] Русское знамя. 1912. 6 дек.

[216] См. Полтавец Н. [Еремченко Н.И.] Дума и Народ. СПб.: Отечественная типография, 1912. Положение о том, что «роль Г. думы законосовещательная, а не законодательная», автор отстаивал и в других публикациях. См., например: Русское знамя. 1913. 16 апр.

[217] ОР РГБ. Ф. 126, к. 14, л. 263. Справедливости ради, стоит отметить, что Киреев иногда начинал сомневаться в законосовещательном характере Думы. См., например: Дневник А.А.Киреева, запись 29 апреля 1909 г. // Там же. К. 15, л. 32 об.–33.

вещательной Думе в разгар мартовского кризиса 1911 г. прямо на заседании нижней палаты[218].

Среди коллег Пуришкевича по фракции была распространена и иная точка зрения – представительные институты имеют законодательные полномочия. «...Мы хотим, чтобы Дума имела те права, которые ей благоугодно было дать Самодержцем Всероссийским. Он призвал Думу к законодательным трудам, и посему мы поддерживаем всецело и работаем в Думе законодательную работу», – подчеркивал Н.Е.Марков[219].

О законодательном характере представительства в России говорили националисты[220]. Оригинальное толкование вопроса предложил сотрудник харьковского «Мирного труда». Думу он именовал «законоодобрительным» учреждением: ни один законопроект не мог стать законом без одобрения Думы, но одного его было недостаточно; требовалось еще одобрение Государственного Совета и императора[221].

Общую трактовку соотношения полномочий различных органов власти, которая, по крайней мере теоретически, могла бы устроить всех консерваторов, предложил весной 1912 г. «Киевлянин». По мнению газеты, для самодержца монарха и назначенные им министры, и избираемые депутаты представительных учреждений являлись «служебными органами», необходимыми для того, чтобы самодержавная власть «могла с безусловной полнотой и всесторонностью ведения обстоятельств дела и всех точек зрения на него сказать для блага России: "Быть посему!"»[222].

---

[218]   См.: Государственная Дума: Стенографические отчеты. Созыв третий. Сессия IV. Ч. 3. СПб., 1911. Стб. 1022. Коллеги не оставили заявление Пуришкевича без внимания: в стенограмме заседания после его слов «в законосовещательном учреждении» стоит ремарка «смех». Несмотря на такую реакцию поправляться оратор не стал. Неудивительно, что правых обвиняли в нежелании признавать законодательный характер представительных институтов. См., например: Новое время. 1912. 7 окт.

[219]   Государственная Дума: Стенографические отчеты. Созыв третий. Сессия I. Ч. 1. СПб.: Государственная типография, 1908. Стб. 186.

[220]   См., например: Националисты в III Государственной Думе. СПб.: Типография А.С.Суворина, 1912. С. 153.

[221]   Черников Н. Внутреннее обозрение // Мирный труд. 1908. № 8. С. 161.

[222]   Киевлянин. 1912. 18 апр.

В выступлениях консерваторов можно было встретить как позитивные, так и негативные суждения о роли в жизни страны Думы и Государственного Совета. К заслугам Государственной Думы редактор «России» С.Н.Сыромятников относил привлечение населения к управлению[223]. На исключительную важность думской трибуны для реализации свободы слова указывал депутат-националист отец Маньковский[224].

Из четырех Дум наиболее близкой к идеалу представительного учреждения консерваторам казалась III Дума. Накануне открытия очередной сессии «Новое время» посвятило ей восторженную редакционную статью. «Если вспомнить, что всего пять лет отделяют нас от того времени, когда Дума, руководимая кадетами, шумно хотела объявить себя русской "конституантой" и наполнила страну тревогой и неуверенностью в завтрашнем дне, то нельзя не преклониться перед тактом и политической мудростью третьей Думы: она заставила забыть эту тревогу и верить в прочную будущность нашего нового законодательного строя»[225]. «Думой патриотизма и честного труда» называл III Думу А.И.Савенко[226]. «Она была лучше первых двух своих предшественниц», – признавал в предвыборном воззвании Союз Михаила Архангела[227].

Впрочем, перечень недостатков представительных институтов выглядел намного внушительнее, чем перечень ее достоинств. Даже поклонники представительства признавали существование серьезных изъянов в российской парламентской культуре. «...Учредить парламент гораздо легче, чем выработать парламентские нравы, сдержанную терпимость, культурное уважение к чужому мнению и прочие добродетели, которыми держится парламентская жизнь Запада. Отсутствие их резко сказывается на всей работе нашей четырехлетней малышки-Думы, – писало 2 июня 1910 г. «Новое время». – Дума почти наполовину состоит из

---

[223] Россия. 1912. 10 июня.
[224] Государственная Дума: Стенографические отчеты. Созыв третий. Сессия II. Ч. 2. СПб.: Государственная типография, 1909. Стб. 1354.
[225] Новое время. 1910. 15 окт.
[226] Киевлянин. 1912.14 июня.
[227] Прямой путь. 1912. Май. С. 776.

абсолютистов личного убеждения и беспощадно нетерпимых к противнику самодержавцев правого или левого крыла»[228].

Говоря о недостаточной эффективности законодательной деятельности, газета обращала внимание на жесткое противодействие реформаторским инициативам справа[229]. «Новое время» так характеризовало П.Н.Дурново: «Маг и волшебник в деле созидания различных препон и преткновений, он ведет борьбу не против враждебных течений государственной мысли, а против поставленных на определенное место лиц, все использует как орудие канцелярски оппозиционного спорта и сводит консерватизм, долженствующий охранять прочную и неразрывную связь законодательства с историей, к непрерывной законодательной обструкции»[230].

Однако бóльшая опасность, по мнению «нововременских» публицистов, угрожала представительным институтам слева. М.О.Меньшиков относил главные неудачи на счет недостаточно «надежного» в национальном и политическом отношении депутатского корпуса. «Чернь, революционеры, инородцы присутствуют и в третьей Думе, и именно производимому ими брожению нужно приписать неуспех нашего парламента»[231]. Ту же мысль в разных вариантах на протяжении всего рассматриваемого периода высказывали многие консервативные публицисты и политики[232]. Некоторым из них не только Государственная Дума, но и

---

[228] «...Озверелость, грубость нравов, которая под конец уже, действительно, вошла как бы в обиход», - отмечали думские правые. См.: Юрский Г. [Замысловский Г.Г.] Правые в Третьей Государственной думе. Харьков: Издание Центрального предвыборного комитета объединенных русских людей, 1912. С.243 – 244.

[229] Правое крыло Государственного Совета «все чаще выступает в роли оппозиции правительству», – говорилось в редакционной статье «Нового времени» незадолго до отклонения Советом законопроекта о земстве в Западном крае (Новое время. 1911. 23 февр.)

[230] Новое время. 1912. 26 апр.

[231] Именины «центра» // Письма к ближним. 1909. № 9. С. 725.

[232] См., например: Тихомиров Л.А. К реформе обновленной России (Статьи 1909, 1910, 1911 гг.). М.: Типография В.М.Саблина, 1912. С. 107; А.К.Варженевский – С.Д.Шереметеву, 18 ноября 1912 г. // РГАДА. Ф. 1287, оп. 1, д. 5112, л. 59 об. – 60. А.И.Савенко же беспокоило то обстоятельство, что при примерном равенстве левой и правой частей Думы ей грозит своего рода паралич, когда левые стали бы проваливать предложения правых и наоборот. См.:

Государственный Совет казался недостаточно консервативным учреждением[233].

Еще один повод для беспокойства давал недостаточный интеллектуальный уровень членов Думы. На это обстоятельство указывали и те, кто видел насущную необходимость в расширении участия населения в управлении[234], и те, кого демократизация политической жизни в принципе не устраивала. К.Н.Пасхалова, например, возмущало присутствие в Думе «всякой инородчины, жидов, русских пройдох, рабочих да мужиков от сохи»[235]. «Соломенными умами» именовались депутаты III Думы в «Гражданине»[236].

По парадоксальной логике К.Н.Пасхалова, более умеренная III Дума была гораздо опаснее первых двух. «Если I и II Думы состояли из исполнителей велений революционных главарей, из рядовых деятелей мятежа против существующего государственного строя, то в III Думу проникли все полководцы революционных армий со своими главными штабами»[237]. Той же логике следовали и другие консерваторы, видевшие в III Думе пристанище «подрывного элемента»[238]. «...Медленно, но неуклонно ведет свою разрушительную работу третья Дума, подкапываясь под коренные устои русской государственности и подготовляя торжество конституции», – суммировало подобные мнения «Русское знамя»[239].

В вину Думе ставилось содействие утверждению в России обычаев и норм политического поведения, характерных для парламентских институтов. В качестве главной негативной черты парламентского быта обычно фигурировал политический плюрализм: наличие множества пар-

---

А.И.Савенко – Ф.Н.Никифорову, 20 января 1914 // ГАРФ. Ф. 102, оп. 265, д. 981, л. 73.

[233] См.: Труды IV съезда уполномоченных дворянских обществ 32 губерний. С. 29 – 31.

[234] См., например: Дума о Думе // Письма к ближним. 1912. № 6. С. 407 – 408.

[235] К.Н.Пасхалов – Д.А.Хомякову, 3 октября 1911г. // ГАРФ. Ф. 102, оп. 265, д. 507, л. 91.

[236] Речи консерватора // Гражданин. 1910. № 4. С. 1.

[237] Пасхалов К.Н. Государственная Дума третьего сбора // Сборник статей, воззваний, записок, речей, писем и проч. Т. 2. С. 151.

[238] См., например: Краткий отчет секретной части за 1908 г. // ГАРФ. Ф. 102, оп. 265, д. 347, л. 14; Ф.Д.Самарин – С.Д.Шереметеву, 15 июня 1907 г. // РГАДА. Ф. 1287, оп. 1, д. 5079, л. 262 – 262 об.

[239] Русское знамя. 1911. 1 апр.

тий и группировок, что делало неизбежными конфликты и компромиссы между ними. Такого рода упреки в адрес Думы исходили не только от постоянно подчеркивавшего свой антипарламентаризм К.Н. Пасхалова[240], но и от представителей думской правой, которые по необходимости следовали парламентским нормам.

С точки зрения некоторых консерваторов, руководствоваться этими нормами означало идти вразрез с государственными интересами, делать Думу совершенно безнадежной. «Партийность и усобничество сводят Думу с высоты истинного государственного учреждения; но таково уж свойство всякого учреждения парламентарного типа, – говорил весной 1913 г. в Русском собрании Г.А.Шечков. – Парламентарность и ничто иное низводит Думу до простой партийности, и этого подрыва ее значения не устранить никакими переменами или перетасовками в личном составе учреждения»[241]. Автор официозного труда «Правые в III Думе» упрекал Думу в «вилянии, неустойчивости, неискренности, лицемерии» и выражал свое презрение к разного рода парламентским комбинациям. «Здесь поприжать, "сосчитаться", там выторговать, тут устроить парламентскую комбинацию на взаимном компромиссе – плохой, неверный путь и для законодательства, и для государственного строительства вообще»[242].

Консерваторов смущал действовавший в Думе и Совете принцип принятия решений по большинству голосов. В мае 1914 г. известный правый деятель К.Н.Пасхалов сокрушался по поводу того, что решение провалить законопроект о волостном земстве было принято в Государственном Совете большинством всего в пять голосов. «Как не приходить в ужас, когда судьба государства отдана в зависимость от случайного подсчета голосов, а Верховная Власть лишена возможности разумного

---

[240]   См., например: Пасхалов К.Н. Погрешности обновленного 17 октября 1905 года Государственного строя и попытка их устранения. М.: Печатня А.И.Снегиревой, 1910.

[241]   Шечков Г.А. Несостоятельность Государственной Думы ныне действующего закона // Мирный труд. 1913. № 3. С. 65.

[242]   Юрский Г.[Замысловский Г.Г.] Указ. соч. С. 252, 254.

критериума и может только изречь "да" или "нет" решению большей цифры»[243].

Весьма широко противники представительных учреждений использовали тезис о том, что облик этих учреждений не соответствовал национальному характеру и традициям. «Делайте с нами, что хотите, выворачивайте, как хотите, выборный закон, выбирайте лучших из лучших, спокойнейших из спокойных, умнейших из умных – в эти рамки вы нас не затиснете, и из русского парламента ничего, кроме нынешней чепухи и безобразия, не будет», – писал под впечатлением первых заседаний III Думы С.Ф.Шарапов[244]. По мнению Д.А.Хомякова, Дума противоречила русским традициям, ибо сковывала свободу воли самодержца, втягивала народ в «политику», вносила разлад в отношения между людьми[245].

Консервативные критики Думы считали ее бюрократическим творением, далеким от чаяний народа. Вот что сообщал Хомякову Ф.Д.Самарин: «Из Петербурга я вынес самые неотрадные впечатления. Настоящей жизни нет ни в старых "бюрократических сферах", ни в новых представительных учреждениях. И здесь, и там идет усиленная работа, но она не отличается от той, которая проводилась раньше в высших государственных учреждениях... Дума – сама канцелярия по духу, и не новая»[246]. В.П.Мещерский объяснял близость Думы к «бюрократическим сферам», используя библейские аллюзии: «Печальная кончина Столыпина родила Коковцова, Коковцов родил Макарова, Макаров родил Харузина, Харузин родил 4-ую Думу»[247]. Реформа законодательных учреждений лишь увеличила разрыв между верховной властью и народом. «Законодательная работа ухудшилась до неузнаваемости: все новые учреждения – Государственная Дума, обновленный Государственный

---

243 К.Н.Пасхалов – Д.А.Хомякову, 22 мая 1914 // ГАРФ. Ф. 102, оп. 265, д. 988, л. 732. Применительно к Государственной Думе аналогичные соображения высказывал Г.А.Шечков. См.: Шечков Г.А. Государственная Дума и несостоятельность начала большинства, как принципа государственно-общественного строительства. Харьков: Мирный труд, 1911.

244 Шарапов С.Ф. Самодержавие или конституция? С. 46.

245 См., например: Д.Х. [Хомяков Д.А.] Клир и Государственная Дума. Тула: Типография Е.И.Дружининой, 1908. С. 22.

246 Краткий отчет секретной части за 1908 г. // ГАРФ. Ф. 102, оп. 265, л. 347, л. 19 об. – 20.

247 Дневники // Гражданин. 1913. № 49. С. 15.

Совет, новый Совет Министров – все вместе увеличили средостение между Царем и народом до размеров небывалых в продолжение 200 лет новой истории России...»[248]

В конце концов, реальная деятельность представительных институтов разочаровала даже тех, кто в принципе их поддерживал. О своем отвращении к «квазизаконодательной деятельности» сообщал осенью 1912 г. В.В.Шульгин[249]. «...Из Думы ничего не выходит», – жаловался в разгар последней «мирной» думской сессии А.И.Савенко[250].

II. 4 Политические идеалы консерваторов

Консерваторы не просто указывали на глубокие изъяны в структуре и практической деятельности органов власти накануне первой мировой войны, но и активно предлагали альтернативные политические проекты. Их обилие свидетельствовало о широком распространении в консервативной среде недовольства сложившейся политической ситуацией.

В основе этих проектов при всем их многообразии лежал традиционный для российского консерватизма принцип – верховная власть должна находиться в руках монарха. Разделение власти на законодательную, исполнительную, судебную интерпретировалось как распределение функций единой царской власти. М.О.Меньшиков писал по этому поводу: «...Верховная Власть должна почитаться не третьим только членом республиканской троицы, не "исполнительной" лишь дробью, а основной единицей, от которой должны идти непрерывные ступени власти»[251].

Таким образом, источником верховной власти неизменно выступал царь, и различие моделей государства, предлагавшихся консерватора-

---

[248]   Там же. 1912. № 32. С. 11.

[249]   В.В.Шульгин – Г.Е.Рейку, 21 сентября 1912 г. // ГАРФ. Ф. 102, оп. 265, д. 576, л. 2044.

[250]   А.И.Савенко – Е.А.Лебедевой, 16 января 1914 г. // Там же. Д. 981, л. 45.

[251]   Государственный скандал // Письма к ближним. 1909. № 3. С. 214.

ми, выражалось преимущественно в разной трактовке вопроса о представительстве.

Наиболее радикальное его решение сформулировал В.А.Грингмут. Среди консервативных теоретиков и публицистов он был самым последовательным противником парламентаризма. По словам Л.А.Тихомирова, Грингмут ставил П.А.Столыпину «в непроницаемую вину, что он ограничился 3 июня лишь легким изменением выборного закона, а не поставил вопроса о полном упразднении Думы»[252]. Лидер Русской монархической партии создал довольно стройную концепцию монархии, в которой для представительных институтов не оставалось места.

Монархия, по мнению Грингмута, была наиболее рациональной формой организации власти: монарх естественным образом озабочен будущим своей страны (неразрывно связанным с будущим его семьи), всегда сохраняется преемственность в управлении, монарх не зависит от партий, он беспристрастен, а народ полон уважения к власти, которая не может попасть в руки авантюристов[253]. Грингмут исходил из того, что необходимыми элементами каждого государства являются верховная власть и народ, которые друг без друга существовать не могут[254].

В России верховную власть олицетворял царь.

«Ни *выше* Царя, ни *рядом* с Царем никакое лицо и никакое учреждение стоять не может. Вся Верховная Власть сосредоточивается в Его руках. Он – Верховный Правитель, Он – Верховный Законодатель, Он и Верховный Судья. Но Он так же и единственный *Представитель Своего народа* не только по отношению к иностранным государям, народам, но и по отношению к Богу… Он повелевает не только от своего имени, но и от имени олицетворенного в нем Русского народа. Других народных «представителей» кроме Государя Императора в России быть не может, ибо никто кроме Него не может сочетать в себе *всю* совокупность *всех* государственных, сословных и классовых интересов Русского народа во всей преемственной связи настоящего, прошедшего и будущего России»[255].

---

[252] Московские ведомости. 1912. 28 сент.

[253] Там же. С. 10 – 11.

[254] Грингмут В.А. История народовластия. М.: Верность, 1908. С. 4.

[255] Там же. С. 68.

Критикуя либеральный принцип представительного правления, Грингмут указывал на некомпетентность основной массы населения в государственных делах[256]. К тому же выборы народных представителей способствовали бы разжиганию политической розни и нанесли бы колоссальный ущерб государству. «Там, где существуют политические выборы, там, по необходимости, возникают и политические партии; там, где существуют партии, всегда происходит партийная борьба из-за власти; а там, где существует эта борьба, интересы государства приносятся в жертву партиям»[257].

Не находя серьезных различий между социал-демократами, кадетами и октябристами, автор видел свою задачу в том, чтобы обеспечить царю всю полноту власти. «…Мы тем именно и отличаемся от всех этих Алексинских, Гучковых, Кизеветтеров и Абрамсонов, что мы хотим *возвратить* Государю ту Власть, которую они у Него похитили, или, вернее сказать, мы хотим *сохранить* за Царем ту Власть, которую они хотели у Него похитить»[258].

Людей, пригодных к государственной деятельности, можно было разглядеть только сверху. В законотворчестве надлежало участвовать крайне ограниченному кругу лиц: «Вырабатывать и обсуждать законы должны действительно только лучшие люди государства: 1) лучшие опытные чины правительства; 2) лучшие специалисты из общественных классов (ученые и практики) и 3) лучшие государственные люди, призванные государем проверять законопроекты, выработанные в министерствах правительственными и частными специалистами…». Публицист признавал необходимость обратной связи между объектом и субъектом управления. Однако он не считал представительные учреждения инструментом такой связи. Грингмут полагал, что в этом качестве гораздо более полезными были бы специальные доклады чиновников, личные сношения монарха с населением и печать[259].

---

[256] См.: Там же. С. 15 – 16.
[257] Там же. С. 26.
[258] Грингмут В.А. Разрешение рокового сомнения // Грингмут В.А. Собрание статей. Вып. 4. С. 362.
[259] Грингмут В.А. История народовластия. С. 73, 55.

Эффективный контроль над бюрократией был возможен исключительно сверху. Бюрократическая язва могла поразить и республику, и монархию, но у монарха было гораздо больше возможностей ей противостоять. «... Он одним почерком пера может выгнать негодного чиновника и заставить суд применять законы по всей их строгости к казнокрадам, чего не может сделать какой-нибудь президент республики, который выбирается только на три, на четыре года и никакой власти не имеет, а только подписывает подаваемые ему бумаги»[260].

В дополнение к теоретическим выкладкам автор предложил конкретную практическую программу усовершенствования государственного строя. Ее стержнем являлось усиление реальной власти монарха. Царя предстояло «разгрузить» от мелких, сугубо локальных вопросов, передав их в ведение назначавшихся сверху администраторов территорий. Все жители страны получали право жаловаться на любого чиновника. Результатом разбора жалобы с неизбежностью должно было стать суровое наказание: либо виновного должностного лица, либо недобросовестного жалобщика. Большая роль в схеме Грингмута отводилась консультативным учреждениям разного уровня. Помощь царю в законодательной деятельности призваны были оказать члены законосовещательного Государственного Совета. Министрам предстояло создать при своих ведомствах комитеты по выработке законопроектов, а администраторам территорий – особые советы из числа самых авторитетных граждан[261].

По сути дела, Грингмут стремился укрепить самодержавие, сделав более эффективным бюрократический механизм за счет привлечения к управлению «благонамеренных» граждан и ужесточения контроля над чиновниками сверху. Эти идеи прямо противоречили не только господствовавшим в обществе настроениям, но и Основным Законам. Реализация проекта означала бы изменение правительственного курса на 180 градусов, и едва ли Грингмут мог всерьез рассчитывать на то, чтобы эти идеи были востребованы в постреволюционной России.

---

[260] Грингмут В.А. Что про нас говорят // Грингмут В.А. Собрание статей. Вып.4. С. 391.

[261] См.: Грингмут В.А. История народовластия. С.67 – 73.

Лидер Русской монархической партии, редактор «Московских ведомостей» умер в конце сентября 1907 г., еще до начала работы III Думы. Однако в суждениях ряда консерваторов, сыгравших заметную роль в политических дебатах 1907 – 1914 гг., можно обнаружить много общего с его бескомпромиссной позицией. Дополнительным аргументом против представительства служили изъяны Думы, на которые постоянно указывали ее противники.

В.П.Мещерский предложил свою трактовку знаменитой формулы своего деда Н.М.Карамзина, видевшего в самодержавии «палладиум России». Ссылаясь на моральную деградацию российской верхушки, он отвергал либеральный тезис о том, что Россия должна стремиться к созданию политических институтов, аналогичных западным. «Россия одна в Европе требует своего пути к развитию и к будущему, и этот путь обратный европейскому пути: он требует строгих рамок для представительства и для правительства, ибо уже пахнет духовным растлением во всех высших слоях общества, и полной силы и полной свободы Верховной власти...»[262].

Стремление политической элиты к компромиссам казалось Мещерскому симптомом «морального растления», а политическая умеренность ассоциировалась с моральной нечистоплотностью. «...Партия умеренно-правых по отношению к чести и нравственности политической партии правых все равно, что умеренно-честные люди по отношению к общей честности»[263]. Так важнейшие парламентские добродетели превраща-

---

[262] Дневники // Гражданин. 1911. № 15. С. 15.

[263] Там же. 1910. № 6. С. 14. Следует заметить, что и к собственно правым Мещерский относился настороженно. Он упрекал бывших лидеров Союза русского народа в неумении прийти к согласию, а сам конфликт называл «духовной гангреной». Впрочем, его позицию в этом вопросе нельзя считать равноудаленной от позиций всех его участников. Он определенно симпатизировал А.И.Дубровину, который отвечал старейшине русской консервативной журналистики взаимностью, и дубровинское «Русское знамя» регулярно перепечатывало «Дневники». В то же самое время, Мещерский резко критиковал В.М.Пуришкевича, называя его «клоуном», «шутом-провокатором» и т.п. (См., например: Гражданин. 1912. № 6 – 7. С.20; Там же. № 20. С.16). Можно предположить, что большая симпатия к Дубровину, чем к Пуришкевичу, до известной степени объяснялись последовательным антипарламентаризмом первого и активной думской деятельностью последнего.

лись под пером редактора «Гражданина» в тяжелейшие нравственные пороки.

Мещерский не раз заявлял, что Россия не нуждается ни в каких партиях: они лишь отдаляют народ от трона. Вероятно, подобного рода высказывания во многом объяснялись отвращением к публичной политике, которое испытывал поднаторевший в интригах редактор «Гражданина». Для него эталоном оставалась дореформенная система, когда политика вершилась в тиши кабинетов, а обществу оставалось лишь с большей или меньшей степенью энтузиазма соглашаться с принятыми решениями. Мещерскому претили любые формы общественной самодеятельности, даже на местном уровне. Он считал, что для успешного решения локальных проблем требуется усиление административного начала. Наиболее эффективным инструментом управления на местах признавался давно ставший объектом резкой критики институт земских начальников[264].

Ориентация на дореволюционные порядки роднила Мещерского с Грингмутом, однако между ними имелись и различия. При всей нелюбви к представительству Мещерский все же допускал возможность существования в России представительных институтов и даже мог высказываться против их роспуска[265]. Ход его рассуждений был таков: раз уж Думу ликвидировать не решаются, то ее надо реформировать.

Одно из конкретных предложений Мещерского состояло в том, чтобы Дума имела право высказывать свое мнение по поводу законопроектов и делать запросы министрам, а Государственный Совет был бы возвращен в дореформенное состояние. Рассматривая вопросы законодательства, Совет никоим образом не должен быть связан мнением Думы. В случае разногласий между Думой и Советом или внутри последнего императору представлялось бы мнение Думы, а также большинства и меньшинства Совета[266]. «...Безопасность и порядок в России требуют, безусловно, чтобы за Государем, который... Самодержцем остался, как был, оставалось право утверждать мнение меньшинства в представительных учреждениях, если он признает оное более соответствующим

---

[264] Там же. 1910. № 27. С. 13.
[265] Там же. 1913. № 39. С. 12.
[266] Там же. 1909. № 2. С. 2.

нуждам своего народа»[267]. Таким образом, соглашаясь с Грингмутом в том, что лучше бы никаких представительных институтов вообще не было, Мещерский допускал «на худой конец» возможность существования законосовещательного представительства.

Специфический подход к представительству отстаивал К.Н.Пасхалов. В основе его лежала та же посылка, что и у Грингмута: народное представительство, как выражение конституционного начала, несовместимо с началом самодержавным.

«...Настоящее наше нелепое сидение между двумя стульями – самодержавием и конституцией – держит все государство в нервном состоянии и поглощает всю энергию и без того уродливо составленной Думы на сокрушение слабых остатков номинального самодержавия. Пора же понять, что эти два противоположные и исключающие одно другое начала не могут существовать одновременно. И если у нас действительно существует "народное представительство", то уж убрать самодержавную ветошку, не приносящую никакого удовлетворения исповедникам этой государственной идеи и только раздражающую "правительственные" партии конституционалистов и оппозиционные – социал-разбойников»[268].

Практические предложения К.Н.Пасхалова были гораздо умереннее. Развернутый план преобразования сложившейся системы власти был изложен в записке «Погрешности обновленного 17 октября 1905 года Государственного строя и попытка их устранения»[269]. Пасхалов соглашался с тем, что привлечение населения к законотворчеству может помочь контролировать бюрократию. Поэтому, прочно утвердив власть самодержца, стоило установить принцип, что ни один закон не может поступить на рассмотрение к царю, минуя законосовещательное учреждение. Вопрос о том, сохранится ли Государственная Дума или будет более разумным ограничиться в качестве законосовещательного органа Государственным Советом, оставался открытым. Чтобы обеспечить

---

[267] Там же. 1911. № 30. С. 13.

[268] К.Н.Пасхалов – А.А.Ширинскому-Шихматову, 10 февраля 1913 г. // ГАРФ. Ф.102, оп. 265, д. 919, л. 310.

[269] Брошюра Пасхалова с дарственной надписью была поднесена Николаю II и хранилась в императорской библиотеке. См.: Дякин В.С. Самодержавие, буржуазия и дворянство в 1907 – 1911 гг. С. 206.

связь с населением, в состав такого органа должны были войти лица, избранные уездными земскими собраниями[270].

Планировались существенные изменения в организации работы по подготовке законов: в законосовещательном органе ликвидировались фракции, председатель должен был назначаться, а не избираться, наказ для него составлял Сенат и, самое главное, на рассмотрение царю должны были представляться все мнения, высказанные при обсуждении законопроектов. В результате государь, получая информацию обо всем многообразии мнений по данному вопросу, сохранял полную свободу воли.

Из массовых консервативных политических организаций наиболее настороженно относился к представительным учреждениям Всероссийский Дубровинский союз русского народа, созданный в 1911 г. радикальными элементами из Союза русского народа. Его сторонники доказывали, что жизненные интересы России требуют сохранения самодержавия, а без представительных институтов она всегда сможет просуществовать. «...Без Неограниченного Самодержавного Царя Россия погибнет безвозвратно... жила Россия без Г. думы много сотен лет и еще столько же проживет с Божьею помощью, без Г. думы», – утверждал Н.И.Еремченко[271].

Открытая конфронтация с оппонентами казалась дубровинцам более естественной и привычной, чем дискуссия парламентских рамках. С такой точки зрения относительная стабилизация политической ситуации в стране была опаснее революции, она расхолаживала и дезориентировала защитников самодержавия. «Это "успокоение" хуже смуты! Там борьба грудь с грудью, здесь медленное отравление здорового народного организма конституционным ядом!» В качестве примера негативного

---

[270] Пасхалов придавал большое значение деятельности выборных уездных земств, одновременно выступая против губернского земства и планов создание земства волостного. Подробнее об этом см.: Пасхалов К.Н. Земский вопрос. СПб.: Типография училища глухонемых, 1911. Среди российских консерваторов имели хождение и иные проекты реконструкции российской представительной системы с использованием в качестве ее основы земских учреждений. См., например: М.В.Пуришкевич – А.А.Бобринскому, 10 февраля 1911 г. // РГИА. Ф. 899, оп. 1, л. 3.

[271] Полтавец Н.[Еремченко Н.И.] Указ. соч. С. 17.

воздействия парламентских нравов обычно приводилась эволюция думских правых. «Быть может, они и шли туда (в Государственную Думу. – М.Л.) с искренним желанием работать на пользу русского дела, но среда и условия работы сделали свое дело. Из Таврического дворца они вышли типичными парламентариями...»[272].

Наиболее опасных противников сторонники А.И.Дубровина видели в «политических соседях», в тех, кто был ближе к ним по политическим ориентациям, в думских правых и националистах[273]. Крайне правые полагали: чем левее будет Дума, тем больше будет шансов ее распустить. «На выборах участвовать, конечно, не стоит, и я в этом согласен с Дубр[овиным], – писал по поводу выборов в III Думу Н.Н.Родзевич... – Чем хуже будет Гос. Дума, тем лучше»[274]. Резко отрицательное отношение к действующим представительным учреждениям стало причиной бойкота Всероссийским Дубровинским союзом выборов в IV Думу.

Вскоре после начала работы IV Думы в «Русском знамени» появился призыв: «Революционное учреждение, в 4-й раз доказывающее свою бездельность, опасность и вред для страны, должно быть упразднено навсегда и безвозвратно!»[275]. Этот лозунг напоминал об аналогичной кампании против II Думы, закончившейся ее разгоном[276]. 12 декабря 1912 г. в газета появилась статья под названием «Пора упразднить!». Тем не менее «Русское знамя» не исключало возможности существования в стране законосовещательного учреждения, избираемого населением, и даже называло Думу таковым[277].

---

[272] Русское знамя. 1912. 30 окт.

[273] «Националисты, или проще, кадеты 3-его сорта – скрытые конституционалисты и, как таковые, втрое опаснее кадетов, октябристов, эсеров, трудовиков», - говорилось в «Русском знамени» 6 апреля 1912 г. Двумя днями раньше газета опубликовала статью об А.И.Савенко, озаглавленную «Политический оборотень». См.: Там же. 1912. 4 апр.

[274] Н.Н.Родзевич – Е.И.Родзевич, 20 сентября 1907 г. // ГАРФ. Ф. 102, оп. 265, д. 260, л. 23.

[275] См., например: Русское знамя. 1912. 21 нояб.

[276] Подробнее об этом см.: Степанов С.А. Черная сотня в России. С.139 – 141; Rawson D.C. Russian Rightists and the Revolution of 1905. Cambridge: Cambridge University Press, 1995. P.197 – 199.

[277] См., например: Русское знамя. 1913. 16 апр.

Судя по всему и В.П.Мещерский, и К.Н.Пасхалов, и А.И.Дубровин принимали основные теоретические посылки В.А.Грингмута и считали идеальной ситуацию, когда представительные учреждения вообще отсутствовали бы. Но политическая реальность заставляла признавать необходимость законосовещательного представительства, хотя терминов «представительство», «представительный» они избегали. В этих обстоятельствах данная группа консерваторов подчеркивала отрицательные стороны в деятельности указанных учреждений, и ограничивала свои практические задачи поиском наилучших способов свести зло к минимуму.

Иначе смотрели на эти проблемы консерваторы-славянофилы. Они подчеркивали большое значение законосовещательных институтов для обеспечения связи между монархом и народом. В качестве идеального образца такого учреждения назывался Земский Собор. «Полное осуществление единения Царя с народом должно выразиться в историческом учреждении – Земском Соборе», – утверждал председатель Союза русских людей А.Г.Щербатов[278].

А.А.Киреев подвергал резкой критике позицию В.А.Грингмута и его единомышленников: «Теперь без Думы управлять уже нельзя. Не будет этой Думы, будет 4, 5, 6-ая!..»[279]. Другое дело, что, по мысли Киреева, Дума должна была быть не законодательной, а законосовещательной. Только такой порядок, казалось ему, соответствует русской исторической традиции, «исконному самодержавно-совещательному строю». «...Думу *настоящую*, созванную на исконно-русских началах, свободно и гласно контролирующую действия администрации, русский народ признает совершенно необходимым дополнением Самодержавия», – писал Киреев императору в день роспуска II Думы[280]. Лишь в этом случае мож-

---

[278] Щербатов А.Г. Обновленная Россия. М.: Типография общества распространения полезных книг, 1908. С. 35.

[279] А.А.Киреев – Ф.Д.Самарину, 8 ноября 1907 г. // ОР РГБ. Ф. 265, к. 156, д. 10, л. 113. Киреев писал Л.А.Тихомирову 20 июля 1907 г.: «Умный Грингмут пишет вздор! Ну, можно ли теперь вернуть бюрократический строй; помилуйте!» (ГАРФ. Ф. 634, оп. 1, д. 101, л. 155 об.).

[280] А.А.Киреев – Николаю II, 3 июня 1907 г. // ОР РГБ. Ф. 126, оп. 1. Д. 21/2. л. 9 об.

но было и свободу воли самодержца сохранить, и искомую связь с народом обеспечить.

В какой степени существовавший порядок соответствовал эталону, А.А.Кирееву было не вполне ясно, но не считаться с новой реальностью было нельзя. Киреев спокойно относился к компромиссам и, сознавая необходимость выбирать меньшее из зол, рекомендовал правым сотрудничать с октябристами и сетовал на отказ такое сотрудничество организовать[281].

Другие славянофилы были менее склонны к уступкам. По мнению Д.А.Хомякова, действовавшее законодательство о власти в корне противоречило славянофильской догме: народ не должен был привлекаться к постоянной политической деятельности. Участие в ней являлось не правом, а обязанностью, причем советоваться с народом подобало лишь по наиболее важным делам. «...Царь должен советоваться с народом только по важнейшим делам, а вовсе не привлекать его к постоянному государствованию, так как этим не в меру облегчается дело Царское...»[282]. В лучшем случае, как казалось сыну знаменитого славянофила, Дума смогла бы *открыть путь для чего-нибудь иного, более соответствующего нашим потребностям и складу русского ума*[283].

Но, пожалуй, наиболее непримиримым из славянофильских теоретиков был С.Ф.Шарапов[284]. У него и сама Дума, и наиболее влиятельная ее фракция ассоциировались с предательством вековых идеалов. «"Октябристы"... "октябризм"! Вот новое начало, властно водворившееся в русской истории, призванное открыто к жизни графом Витте и приведен-

---

[281]   См., например: А.А.Киреев – Л.А.Тихомирову, 21 июля 1907 г. // ГАРФ. Ф. 634, оп. 1, д. 101, л. 155 об.; Дневник А.А.Киреева, запись 26 октября 1907 г. // ОР РГБ. Ф. 126. к. 14, л. 246 об.

[282]   Д.Х. [Хомяков Д.А.] Клир и Государственная дума. С. 22.

[283]   Д.А.Хомяков – С.Д.Шереметеву, 30 октября 1907 г. // РГАДА. Ф. 1287, оп. 1, д. 5082, л. 6 об.

[284]   Шарапов по многим вопросам занимал особую позицию и не без оснований утверждал: «Я не принадлежу ни к какой партии и в нашей литературе стою совершенно особняком» (Шарапов С.Ф. Земля и воля... без денег. М.: Свидетель, 1907. С. 3). Это мнение разделяли и окружающие. «Московские ведомости» писали 1 июля 1911 г., что Шарапов «всегда сохранял свою оригинальную физиономию... не принадлежал ни к каким партиям и вечно был самим собой».

ное, наконец, к власти будущим графом Столыпиным. Этому началу до сих пор отводились лучшие помещения в русской душе, столь податливой на всякую подлость и пошлость. Оно властно царило в нашем общественном быту, нами зачастую руководило и направляло, мирило нас со всякой ложью, злом, оправдывало всякую гнусность и предательство»[285].

Понимание Шараповым русской традиции давало ему веские основания отвергнуть «обновленный строй», точно так же, как и дореволюционный порядок. Видя в царе полновластного самодержца, Шарапов подчеркивал не столько юридическую неограниченность власти, сколько внутренние, нравственные ограничители самодержавия. В их существовании состояло принципиальное отличие русского самодержавия и от восточного деспотизма, и от западного абсолютизма[286]. Шарапов считал альтернативой бюрократии не парламентаризм, а децентрализацию управления. Задолго до революции он предложил пересмотреть всю систему управления страной, обеспечив сочетание самодержавия с широким самоуправлением. Краеугольным камнем этой системы должен был стать православный приход, который получил бы функции низшей территориальной единицы. Следующими самоуправляющимися единицами являлись бы уезд и область (объединяющая несколько губерний). Вершину этой системы должно было образовать «самоуправление Всея Руси в лице нашего старого Земского Собора». Задача Собора состояла в том, чтобы объединить «лучшие рабочие силы областей» и выступить в качестве советчика (а не ограничителя) самодержавия[287].

---

[285] Шарапов С.Ф. Самодержавие или конституция? С. 7.

[286] См.: Там же С. 22.

[287] См.: Мой дневник // Свидетель. 1909. № 21. С.63 – 65. Наиболее подробно Шарапов изложил свой план в брошюре «Самодержавие и самоуправление», изданной в 1899 г. в Берлине (ее было разрешено опубликовать в России только в 1905 г.). О шараповской программе переустройства системы управления в империи см.: Лаверычев В.Я. «Беседа» и тенденция к консолидации консервативных сил в России конца XIX – начала XX века // Отечественная история. 1994. № 3. С. 48; Шацилло К.Ф. Консерватизм на рубеже XIX – XX вв. // Русский консерватизм XIX столетия: идеология и практика / под ред. В.Я.Гросула. М., 2000. С. 393 – 394.

Мысль Шарапова о самоуправляющемся приходе получила определенную поддержку среди славянофилов[288], но большинству консервативных теоретиков его программа, очевидно, показалась слишком экстравагантной[289]. В шараповском проекте наиболее четко отразился классический славянофильский подход к взаимоотношениям народа и государственных институтов: государство не вмешивается в социальную жизнь, а народ не претендует на активную роль в политике. Предложения Шарапова противоречили как идее бюрократической централизации, так и идее представительного правления с установкой на контроль населения над органами власти[290].

Консерваторы-славянофилы не прилагали особых усилий для создания себе массовой поддержки. Уже летом 1907 г. из печати исчезли сведения о деятельности Союза русских людей – единственной политической организации, созданной на чисто славянофильской платфор-

---

[288] См., например: Щербатов А.Г. Православный приход – твердыня русской народности. М.: Русская печатня, 1909. С. 4 – 6.

[289] Шарапова часто обвиняли в анархизме, сравнивали с М.А.Бакуниным и т.п. См., например: Антонович А.Я. Бакунин и Шарапов об автономиях // Свидетель. 1907. № 2. С. 61 – 71. К тому же, многим консерваторам казалось более разумным настаивать на сохранении существующей организации местного самоуправления, чем пытаться ее усовершенствовать. Об отношении консерваторов к проектам реформы местного управления и суда подробнее см.: Зырянов П.Н. Третья Дума и вопрос о реформе местного суда и волостного управления // История СССР. 1969. № 6. С. 43 – 62; Дякин В.С. Столыпин и дворянство. Провал местной реформы // Проблемы крестьянского землевладения и внутренней политики в России. Дооктябрьский период / отв. ред. Н.Е.Носов. Л.: Наука, 1972. С. 231 – 274.

[290] Российским бюрократам столыпинского времени шараповские мечты о самоуправляющихся областях казались все же меньшим злом, чем либеральная концепция представительного правления. Во всяком случае, некоторые представители российской бюрократической элиты проявляли интерес к идеям С.Ф.Шарапова. С.Е.Крыжановский, бывший товарищ министра внутренних дел вспоминал, что им в 1907 – 1908 гг. был даже разработан специальный проект о разделении империи на 11 областей. См.: Крыжановский С.Е. Воспоминания: Из бумаг С.Е.Крыжановского, последнего государственного секретаря Российской империи. [Berlin]: Петрополис, [1938]. С. 130 – 133. См. также: Мосолов А.А. При дворе последнего императора: Записки начальника канцелярии министра двора. СПб.: Наука, 1992 (1-е изд. 1937). С. 14. Определенный интерес накануне первой мировой войны вызывала и идея превращения прихода в низовую административно-территориальную единицу. См.:

ме[291]. Едва ли политическая пассивность была обусловлена одной лишь неадекватностью славянофилов как публичных политиков[292]. Неудача славянофилов куда в большей мере объяснялась неприятием новой политической реальности и нежеланием действовать по новым правилам. Тем не менее, теоретические конструкции, разработанные славянофилами, получили широкое распространение среди консерваторов, принимавших активное участие в публичной политике.

Славянофильский образ русского царя-самодержца, который принципиально отличался и от восточного деспота, и от западного абсолютного монарха, был близок многим представителям думской правой. И.И.Балаклеев подчеркивал патриархальный характер самодержавной власти, близость идеи самодержавия к нормам повседневной народной жизни:

«Народ представляет себе Государя отцом большого семейства русского народа, отцом России. Он рисует себе Его именно в образе отца и представляет себе как главу, который не подлежит контролю, так сказать, и давлению со стороны детей: дети беспрекословно повинуются его воле. Но народ никогда не представляет Государя таким абсолютным монархом, который по своему произволу мог бы отдать свой престол, кому захотел, или мог бы отдать Россию, кому Ему вздумается»[293].

Как и для славянофилов, для правых идеальным способом установить прочную связь между царем и народом являлся созыв Земского

Кризис самодержавия в России. 1895 – 1917 / отв. ред. В.С. Дякин. Л.: Наука, 1984. С. 525.

[291] Правые партии. 1905 – 1917: документы и материалы. М.: РОССПЭН, 1998. Т. 1. С. 634.

[292] Хотя сбрасывать со счетов этот момент не следует. Возможно, отвращение С.Ф.Шарапова к октябристам усугубили и некоторые специфические обстоятельства. По его уверениям, именно из-за махинаций октябристов он не попал в III Думу. Подробнее об этом см.: Шарапов С.Ф. «Матрикулированные» октябристы, или Как я не попал в Государственную Думу. М.: Типолитография И.М.Машистова, 1908.

[293] Государственная Дума: Стенографические отчеты. Созыв третий. Сессия II. Ч. 2. СПб.: Государственная типография, 1909. Стб. 461 – 462. Аналогичную трактовку народных представлений о власти царя предлагал и П.Е.Казанский. См.: Казанский П.Е. Власть Всероссийского Императора. С. 735 – 736.

Собора[294]. «Всем нам светлое будущее России рисуется в виде тройст-
венного единства, во главе которого стоит Царь Самодержавный и неограниченный, под ним – Земский Собор и преданное монархическо-
русской идее правительство, а внизу – свободный самодеятельный и
самоуправляющийся народ», – писал в 1910 г. Н.Д.Облеухов[295]. Накануне выборов в IV Думу те же соображения были высказаны в предвыборном воззвании Союза Михаила Архангела[296].

Образ идеальной власти, прокламируемый правыми, несколько отличался от славянофильского эталона. Они делали упор не на различия, а на сходство между совещательными органами Московской Руси и
представительными учреждениями кануна первой мировой войны, старались продемонстрировать лояльность последним. «И да не заподоз-
рят меня ни в этом зале, ни вне стен сего дома в том, что будто бы в моих словах кроется желание посягнуть на самый принцип представительства или на самое учреждение Государственной Думы, – уверял в своем
докладе VI съезду Объединенного дворянства председатель его постоянного совета, член фракции правых Государственной Думы (позднее –
Правой группы Государственного Совета) А.А.Бобринский. – Отнюдь
нет, наоборот. С целью сохранить Думу, соблюсти ее чистоту, поднять
ее престиж, с целью, чтобы Государственная Дума стояла на той высоте, на которую желал ее поставить Российский Самодержец, с такой целью буду я говорить с этой кафедры»[297].

Думская правая активно участвовала в работе законодательного учреждения. Ее представители утверждали, что вошли в Думу, дабы открыто защищать монархические идеалы, а не торговаться с врагами.
«Мы пришли в Государственную Думу не для того, чтобы вступать в какие бы то ни было соглашения, не для того, чтобы договариваться, считаться или даже сосчитаться. Эти приемы могут быть скорее уместны в
банкирской конторе или же в страховом обществе, но в законодатель-

[294] Государственная Дума: Стенографические отчеты. Созыв третий. Сессия I. Ч.
1. СПб.: Государственная типография, 1908. Стб. 186.
[295] Облеухов Н.Д. Правительство, Дума и монархизм // Прямой путь. 1910. 31
дек. С. 423.
[296] Прямой путь. 1912. Май. С. 777.
[297] Труды VI съезда уполномоченных дворянских обществ 33 губерний. СПб.: Типография М.А.Александрова, 1910. С. 189 – 190.

ном учреждении эти приемы неуместны», – говорил в апреле 1910 г. А.С.Вязигин[298]. Правые демонстрировали нетерпимость к иным точкам зрения. Особенно доставалось от них кадетам, которых объявляли единомышленниками террористов. Для Н.Д.Облеухова разница между кадетами и социалистами сводилась к тому, что «интеллигенты, орудующие среди рабочих, называют себя социал-демократами или социал-революционерами (псевдоним вооруженного браунингом или бомбой кадета)»[299].

Объектом суровых обвинений оказывались и более умеренные политические силы: октябристы, националисты, а в IV Думе – еще и группа Центра. Особенно резко высказывался в адрес политических «соседей» В.М.Пуришкевич, называвший членов фракции «Союз 17 октября» «панурговым стадом в загоне бурцевских лохмачей», «кротами русской государственности», «думскими пигмеями»[300]. Доставалось от него и умеренно-правым, которых он именовал «неуверенными»[301]. Это мнение разделяли и другие сторонники правых, указывавшие, что за спиной умеренных элементов к власти крадутся левые радикалы. «"Кокодэки" ("консерваторы-конституционалисты", т.е. группа Центра. – М.Л.) – политические подонки, гибель которых неизбежна, их наследниками мнят себя кадэки (кадеты. – М.Л.), а за этими ловкачами уже виднеются облизывающиеся перед всеобщей экспроприацией "беки" (большевики. – М.Л.) и "меки" (меньшевики. – М.Л.)», – откликнулась на формирование группы Центра «Земщина»[302].

Едва ли стоит абсолютизировать подобного рода высказывания. Во-первых, в них присутствовал некий личный элемент, связанный с конфликтом между В.М.Пуришкевичем и П.Н.Крупенским. Во-вторых, порицая более умеренных консерваторов, правые публицисты признавали

---

[298] Государственная Дума: Стенографические отчеты. Созыв третий. Сессия III. СПб.: Государственная типография, 1910. Ч. 3. Стб. 3128.

[299] Облеухов Н.Д. Рабочий вопрос // Прямой путь. 1909. 8 ноября. С. 18.

[300] Пуришкевич В.М. Пред грозою: Правительство и русская народная школа. М.: Электропечатня К.А.Четверикова, 1914. С. I – II.

[301] См., например, саркастические характеристики легко узнаваемых персонажей в его пьесе «Законодатели»: Пуришкевич В.М. Законодатели (Пьеса в стихах, в 2-х картинах). СПб.: Россия, 1909.

[302] Земщина. 1912. 18 нояб.

свою идейную близость к ним объясняли политические расхождения разницей в темпераменте.

«До сих пор я заметил только одно различие между правыми и националистами: последние имеют температуру пониженную и верят в существование какого-то благодетельного божества, называемого "центром", вечно пребывающего среди октябристов, а правые имеют температуру градуса на два повыше и к суевериям не склонны... В остальном эти партии друг от друга ничем не отличаются, ибо правые в то же время и националисты, а националисты в то же время и правые»[303].

В-третьих, правые не исключали возможности правоцентристских комбинаций с участием октябристов. Именно создание «делового правого большинства» казалось Вязигину в 1909 г. наиболее рациональным вариантом для III Думы. Одна из целей этого маневра состояла в том, чтобы окончательно расколоть октябристов и привлечь на сторону консерваторов их правый фланг. По мысли Вязигина, между правыми, националистами, умеренно-правыми и правыми октябристами было гораздо меньше различий, чем между октябристским центром и левыми октябристами[304]. Даже когда правые голосовали совместно с левыми в надежде провалить или сделать совершенно неприемлемыми для Государственного Совета предложения либералов, они едва ли рассчитывали на создание «черно-красного» блока. Скорее всего, эти действия носили чисто тактический характер и преследовали цель «проучить» октябристов. Отстаивая этот курс, В.М.Пуришкевич утверждал, что при надлежащем его применении «уже после третьего провала октябристский центр перестанет быть Юпитером, а обратится в высеченного щенка и, поняв, чем запахло, пойдет на прочное длительное правофланго-

[303] Л.Ч. В Таврическом дворце // Прямой путь. 1912. Вып. 3. С. 270 – 271. Н.Е.Марков указывал, что только националисты и правые правильно поняли манифест 17 октября, и именовал на этом основании обе группы «истинными октябристами». См.: Государственная Дума: Стенографические отчеты. Созыв четвертый. Сессия II. Ч. 3. СПб.: Государственная типография, 1914. Стб. 1798.

[304] Вязигин А.С. «Гололобовский инцидент» (Страничка из истории политических партий в России). Харьков: Мирный труд, 1909. С. 93.

вое соглашение»[305]. Тем самым борьба *против* думского центра могла обернуться и борьбой *за* него.

Приведенные рассуждения свидетельствуют о том, что правые сумели овладеть парламентскими технологиями. «Обновленный строй» открыл им новые пути, вооружил новыми средствами для давления на власть справа. «Остаться вне партии невозможно практически – придется иметь свою партию», – объяснял депутатам-священникам И.И.Восторгов[306]. «Главная очередная задача – это образование партии правых, действующей по всей России, сплоченной путем партийной дисциплины и объединяющей отдельные монархические течения, группы, кружки», – писал под впечатлением избирательной кампании в IV Думу «Прямой путь» и одновременно предостерегал: «Те, кто не перейдет своевременно от кустарных способов партийной работы к более совершенным, будут обречены на неуспех»[307]. Российский монархический союз собирался строить свою организационную структуру в соответствии с законодательством о выборах в Государственную Думу и Государственный Совет[308].

Благодаря «обновленному строю» консерваторы получили возможность создавать политические организации и через представительные учреждения корректировать правительственный курс[309]. Даже откровенно хамские выходки В.М.Пуришкевича и Е.Н.Маркова, нарушавшие нормальный ход работы в Думе[310], свидетельствовали скорее о специфиче-

---

[305] Пуришкевич В.М. У Рубикона // Прямой путь. 1914. Вып. I. С. 175.

[306] Восторгов И.И. Дума и духовенство // Восторгов И.И. Полное собрание сочинений. М.: Русская печатня , 1916. Т. 4. С. 396.

[307] Правый. Выборы // Прямой путь. 1912. Вып. 2. С. 10.

[308] См.: Русский монархический союз и расширение его деятельности по основам Высочайшего рескрипта 30 января 1914 г. С. 11. Готовность этой монархической организации «подстроиться» к действовавшей в стране избирательной системе особенно показательна с учетом того, что основоположником Союза считался В.А.Грингмут. См.: Там же. С. 8.

[309] Представляется вполне обоснованным мнение А.П.Бородина о том, что именно этим обстоятельством можно объяснить часто выражавшееся ими недовольство по поводу активного использования правительством статьи 87 Основных законов. См.: Бородин А.П. Государственный Совет России (1906–1917). Киров: Вятка, 1999. С. 59.

[310] Оба политика принадлежали к числу самых заметных нарушителей думского регламента, а Пуришкевич в этом отношении оставался бесспорным лидером

ском варианте использования представительного учреждения, чем об отказе от него. По мнению правых, истинные монархисты должны были активно трудиться в законодательных органах, «обличая и порицая все крамольные поползновения врагов Самодержавия, как в Думе, так и в Совете»[311]. «...Мы не покинем боевых мест, доколе Государю Императору не благоугодно будет отпустить нас и призвать к работе новую Думу», – заявлял весной 1913 г. Г.А.Шечков[312].

Формула, предложенная правым думцем, отражала определенное смещение акцентов: если в начале рассматриваемого периода думские правые подчеркивали необходимость работать в существующих институтах, то к концу его усилились голоса в пользу реформирования этих учреждений. Наряду с идеей изменить законодательство о выборах[313], большую популярность приобрела мысль о необходимости сузить полномочия палаты. Не ограничиваясь общими рассуждениями, правые попытались на практике добиться изменения избирательного закона и реформы Думы.

Весной 1913 г. в печать просочились сведения о совещании правых членов Государственной Думы, Государственного Совета и представителей Объединенного дворянства. Судя по опубликованной в прессе повестке дня заседания фракции правых от 3 марта 1913 г., речь на нем шла «1) о необходимости распустить IV Государственную Думу; 2) о необходимости изменить Положение о выборах в Государств. Думу; 3) о необходимости корректива в способе решения вопросов в Государств.

депутатского корпуса. См.: Кирьянов И.К. Российские консерваторы в III Государственной Думе: эволюция парламентского поведения // Исторические метаморфозы консерватизма / под ред. П.Ю.Рахшмира. Пермь: Пермский университет, 1998. С. 145. См. также: Архипов И.Л. Кривое зеркало российского парламентаризма: традиция «политического скандала»: В.М.Пуришкевич // Звезда. 1997. № 10. С. 112 – 124.

[311] Сообщники и пособники Мордки Богрова // Прямой путь. 1911. Ноябрь. С. 84.

[312] Шечков Г.А. Несостоятельность Государственной Думы ныне действующего закона // Мирный труд. 1913. № 3. С. 39.

[313] См., например: Прямой путь. 1909. 9 мая. С. 1 – 2; Юрский Г. [Замысловский Г.Г.] Правые в Третьей Думе. С. 14.

Думе по большинству голосов»[314]. Аналогичные настроения демонстрировали и некоторые представители высшей бюрократии[315].

Взгляды, близкие к тем, которые выражали политики-практики, отстаивали Л.А.Тихомиров и П.Е.Казанский. Поддерживая идею создания представительных органов, они исходили из того, что законодательная власть должна оставаться в руках царя-самодержца. В этой ситуации представительные институты должны были выступать в качестве органов, обеспечивающих «присутствие» народа при императорской власти, а не инструментов выражения народной воли[316].

Поскольку Основные Законы 1906 г. давали возможность различных трактовок принципов организации властного механизма, Тихомиров и Казанский считали, что внести изменения в законодательство сравнительно несложно. По мнению П.Е.Казанского, для этого достаточно было бы расширить право императора принимать решения законодательного характера, сняв ограничения, которые налагала статья 87[317].

Л.А.Тихомиров призывал к более основательному пересмотру Основных Законов. Детали его проекта менялись. Наиболее радикальный вариант Тихомиров изложил в московском Русском монархическом собрании в октябре 1907 г. Он предлагал закрепить за Государственным Советом, переименованным в Законодательный Совет, приоритет в законотворческой деятельности. После рассмотрения законопроектов в Совете они поступали бы к императору[318]. В таком случае Государственная Дума, переименованная в Народную Думу, стала бы прежде всего средством связи между монархом и населением. Она сохранила бы

---

[314] Дым Отечества. 1913. № 10. С. 6 – 7.

[315] В дальнейшем эти планы были развиты министрами, симпатизировавшими правым, и был даже подготовлен проект императорского указа о роспуске Думы. См.: Археографический ежегодник за 1987 год. М.: Наука, 1988. С. 309 – 312. Подробнее о попытках превращения Думы в законосовещательное учреждение в 1913 г. см.: Аврех А.Я. Царизм и IV Дума. 1912 – 1914 гг. М.: Наука, 1981. С. 114 – 117; Кризис самодержавия в России. С. 518 – 520, 526 – 527; Дякин В.С. Буржуазия, дворянство и царизм в 1911–1914 гг.: Разложение третьеиюньской системы. Л.: Наука, 1988. С.158 – 162.

[316] См.: Тихомиров Л.А. Самодержавие и народное представительство. М.: Университетская типография, 1907. С. 6.

[317] См.: Казанский П.Е. Указ соч. С. 446.

[318] Тихомиров Л.А. Самодержавие и народное представительство. С. 11 – 12.

право законодательной инициативы и запросов к администрации, однако порядок ее формирования и работы надлежало основательно изменить. Депутаты должны были избираться от отдельных групп населения, а вместо длительных ежегодных сессий предлагалось проводить всего одну – раз в три года продолжительностью в три – четыре месяца[319]. В чрезвычайных случаях мог созываться Земский Собор, в состав которого вошли бы Законодательный Совет, Народная Дума, министры, носители высшей церковной власти, представители сословий и частные лица с особыми заслугами[320].

Позднее предложения Л.А.Тихомирова стали гораздо умереннее. В новом проекте он сделал упор не на перестройку системы представительства, а на уточнение полномочий верховной власти. В законодательство предстояло внести положение о том, что законодательная власть может осуществляться двумя путями, обычным и чрезвычайным. Первый предполагал участие в законотворческой работе Государственной Думы и Государственного Совета, второй – принятие законов высочайшим повелением[321]. Таким образом, Л.А.Тихомиров рекомендовал наделить императора правом принимать любое законодательное предположение, сняв ограничения, предусмотренные статьей 87.

Тихомировский вариант пересмотра Основных Законов получил самую широкую известность. Сходство со своими предложениями находил в нем В.П.Мещерский[322]. О большом впечатлении от критики Тихомировым Основных Законов писал Д.М.Бодиско[323]. А.А.Голенищев-Кутузов по случаю выхода в свет сборника статей «К реформе обновленной России» специально обратился к Тихомирову: «Говорить о сочувствии моем выраженным вами мыслям не стану: вы знаете, до какой степени я почти

---

[319]   Там же. С. 14 – 16.
[320]   Там же. С. 20.
[321]   Тихомиров Л.А. К реформе обновленной России. С. 258. А П.Е.Казанский доказывал, что оба пути вполне легитимны с точки зрения русского права. См.: Казанский П.Е. Указ соч. С. 442.
[322]   См.: Дневники // Гражданин. 1911. № 30. С. 13.
[323]   Д.М.Бодиско – Л.А.Тихомирову, 23 июня 1912 г. // ГАРФ. Ф. 102, оп. 265, д. 571, л. 1525.

во всех вопросах, вами затронутых, являюсь вашим единомышленником и усердным распространителем ваших убеждений»[324].

Теоретическую основательность редактора-издателя «Московских ведомостей» признали даже те, кто по политическим соображениям считал небезопасным ставить вопрос о пересмотре Основных Законов. К их числу принадлежал и П.А.Столыпин. Он отметил 9 июля 1911 г. «прекрасные теоретические рассуждения» Тихомирова, однако тут же указал, что они «на практике оказались бы злостной провокацией и началом новой революции»[325].

Консерваторы, о которых до сих пор шла речь, призывали либо к ликвидации, либо к радикальной реформе реально существовавшего представительства. Однако некоторых из них действовавшая система государственных институтов в общем-то устраивала. Главной ее особенностью они считали сочетании самодержавия с представительными учреждениями, причем последние рассматривались в качестве такого же необходимого элемента государственного устройства, как и сама монархия. Наиболее четко эту идею выразил Л.В.Половцов:

«...вопрос о господстве у нас Самодержавной власти не подлежит никакому сомнению. По ближайшем знакомстве с законом не подлежит, конечно, никакому сомнению, что у нас господствуют и представительные учреждения, а потому наше заявление, что *строй* (курсив мой. – *М.Л.*) наш должен именоваться самодержавно-представительным, является, с нашей точки зрения, доказанным на основании существующих законов»[326].

Сторонники такого подхода подчеркивали необходимость представительства для нормальной жизни в стране. «Представительный образ правления должен быть незыблемым, – указывалось в официозном издании «Националисты в III Государственной Думе». – Только законода-

---

[324] А.А.Голенищев-Кутузов – Л.А.Тихомирову, 13 января 1912 г. // Там же. Д. 557, л. 121.

[325] Новое время. 1911. 18 сент.; Московские ведомости. 1911. 20 сент. О том, что Столыпин был не одинок в своем мнении, свидетельствуют материалы перлюстрации. См., например: В.Снежков – П.Б.Мансурову, 19 января 1913 г. // ГАРФ. Ф. 102. оп. 265, д. 917, л. 116.

[326] Государственная Дума: Стенографические отчеты. Созыв третий. Сессия III. Ч. 3. СПб.: Государственная типография, 1910. Стб. 2496.

тельная власть представительных учреждений может оградить Россию от осужденных историей приемов бюрократического управления»[327].

Представительные учреждения воспринимались не только как важнейшие инструменты связи монарха с подданными, способные прорвать бюрократическое «средостение», но и как каналы выражения и согласования различных интересов. Наконец, представительные институты могли сыграть роль своеобразного «предохранительного клапана». А.И.Савенко утверждал, что именно народное представительство позволило ввести классовую борьбу в мирные легальные рамки.

> «...Введение народного представительства в России, дарование России этой кафедры с ее свободным депутатским словом было и является в настоящее время тем клапаном, через который выводят пары недовольства известных кругов и классов, пары напряжения, недовольства, злобы, ненависти и т.д. И если вы станете этот клапан закрывать герметически, вы поневоле приведете к тому, что пары, острые пары страстного общественного недовольства будут собираться, сгущаться, и затем, гг., неизбежно последуют взрывы»[328].

При таком подходе политический плюрализм превращался в фактор по преимуществу положительный. Даже оппозиционные политические силы (разумеется, при условии их «патриотической» ориентации) могли сыграть позитивную роль. России нужна «настоящая оппозиция, патриотическая и закономерная, вроде той, которая имеется в британском парламенте», – полагал М.О.Меньшиков[329].

Националисты, поддерживая представительство на общенациональном уровне, выступали за него и на уровне территорий. Один из наиболее влиятельных политиков-националистов, Д.И.Пихно, мотивировал необходимость введения земства в Западном крае плодотворным влиянием самоуправления на развитие отдельных местностей. «...Там, где есть земство, есть и местная жизнь, есть и местная работа; где же его нет, там местное общественное хозяйство мертво и пребывает в от-

---

[327] Националисты в III Государственной Думе. С. 154 – 155.

[328] Государственная Дума: Стенографические отчеты. Созыв четвертый. Сессия II. Ч. 3. СПб.: Государственная типография, 1914. Стб. 1452.

[329] Муштровка левых // Письма к ближним. 1908. № 2. С. 112. А.И.Савенко отмечал в частном письме, «как много патриотов среди левых». См.: А.И.Савенко – Н.К.Савенко, 26 марта 1913 г. // ГАРФ. Ф. 102, оп. 265, д. 922, л. 621.

сталом положении даже в тех губерниях, которые находятся в исключительно благоприятных условиях по богатству и развитию промышленному, как, например, губернии Юго-Западного края»[330]. «Новое время» ратовало за реформу местного управления, считая необходимым расширить компетенцию органов местного самоуправления, ослабить административную опеку, увеличить круг избирателей и т.п.[331], и резко критиковало противников реформы справа[332].

Сторонники такой модернизации государственного строя основными своими союзниками считали октябристов[333]. Сильный центр провозглашался стержнем партийно-политической системы: «Жизнь всегда держится равновесием, крайности же всегда маниакальны», – заметил накануне выборов в IV Думу М.О.Меньшиков[334]. Его мечтой была «перестройка центральных партий и слияние их в одну могущественную – национально-русскую с современным культурным миросозерцанием»[335].

Благодаря этому правые вытеснялись бы на политическую периферию. Не исключалась и возможность того, что сближение с октябристами приведет к уходу некоторых националистов к правым, но это будет лишь на благо создаваемого центра[336]. «Очень вредными людьми» именовал более правые элементы А.И.Савенко подчеркивая необходимость «от-

---

[330] Государственный Совет: Стенографические отчеты. Сессия VI. СПб.: Государственная типография, 1911. Стб. 756 – 757.

[331] Новое время. 1913. 22 нояб. Разумеется, о сколько-нибудь радикальной демократизации земства речи не велось и, например, предполагалось сохранить имущественные цензы.

[332] Например, действия Государственного Совета, решившего в ноябре 1913 г. прекратить рассмотрение законопроекта о волостном земстве до выяснения отношения к нему МВД, газета назвала в редакционной статье «недостойной игрой». См.: Там же. 20 нояб.

[333] При этом левые октябристы как союзники не воспринимались из-за близости к кадетам (см., например: Наши младотурки // Письма к ближним. 1909. № 4. С. 265); обсуждадась и возможность такой политической перегруппировки, при которой часть октябристов уйдет к кадетам (см., например: Честь и место // Там же. 1912. № 6. С. 423).

[334] Кого выбирать в парламент? // Там же. 1912. № 8. С. 567.

[335] Честь и место // Там же. 1912. № 6. С. 423. Интересно, что с течением времени Меньшиков стал демонстрировать более позитивное отношение к лидеру октябристов и по случаю провала А.И.Гучкова на выборах в IV Думу заметил, что для националистов «потеря г. Гучкова – крупный минус в общей складчине» (Новая волна людей // Там же. 1912. № 10. С. 596).

межевать правых от националистов»[337]. Важнейшим мотивом разногласий с правыми выступало их отношение к представительной системе. По словам Меньшикова, если правые и соглашались с ней, то скорее «за страх», а националисты – «за совесть»[338].

Впрочем, даже разногласия по столь принципиальному вопросу не приводили к полному их разрыву. И правые признавали свое родство с более умеренными консерваторами, да и умеренные не были склонны от него отрекаться. «...Националисты – это только разновидность правых, только оттенок, националисты – те же правые, но только умеренные. И пока идет борьба у избирательных урн, все они правые. А в Таврическом дворце эти две родственные и близкие партии дифференцируются и рассядутся на скамьи правого крыла и центра», – объяснял осенью 1912 г. Савенко[339].

Правых и националистов роднили общие ценности и общие противники. К числу последних прежде всего относили кадетов, которых и те и другие считали главными врагами. «...Самыми горячими противниками русского национализма... выступали кадеты, бросая все силы на борьбу с влиянием националистов в Государственной Думе», – утверждалось в сборнике «Националисты в III Государственной Думе»[340].

Также как и в правых, в националистических, кругах, оказалась весьма популярной идея изменения избирательного закона и думского регламента. М.О.Меньшиков постоянно подчеркивал, что нынешний вариант законодательства о представительных органах нуждается в корректировке. Он советовал очистить Думу «от враждебных русским инородческих элементов, неделовых и преступных (каковы партии мятежа)...»[341], сократить продолжительность думских сессий, уменьшить

---

[336]   Честь и место // Там же. 1912. № 6. С. 423.

[337]   А.И.Савенко – Н.К.Савенко, 26 марта 1913 г. // ГАРФ. Ф. 102. оп. 265, д. 922, л. 621; А.И.Савенко – Е.К.Решко, 4 декабря 1913 г. // Там же. Д. 928, л. 1222.

[338]   См.: Совет монархистам // Письма к ближним. 1909. № 9. С.643 – 647.

[339]   Киевлянин. 1912. 4 окт.

[340]   Националисты в III Государственной Думе. С.6.

[341]   Ответ на выстрел // Письма к ближним. 1911. № 10. С. 774.

число депутатов, снизить им плату и т.п.[342] Похожие соображения высказывал в письме к Столыпину И.П.Балашев, влиятельный придворный,
единомышленник и родственник лидера националистов
П.Н.Балашева[343].

Было бы некорректно связывать российский умеренный консерватизм кануна первой мировой войны исключительно с установкой на уже-
сточение законодательства о Думе. Некоторые умеренные консерваторы придерживались иной позиции и полагали, что существующая система не нуждается в изменениях и болезненно реагировали на любую критику в ее адрес. Особенное возмущение проявлениями недовольства
политическим статус-кво справа выражала «Россия». «Закон о Государственной Думе так же обязателен для редактора "Гражданина" или "Русского знамени", как и для редактора "Луча" или "Правды"... Отрицание
существующего закона есть уже покушение на государственный порядок
страны, призыв к революции, обострение общественной вражды... Ибо
что такое консерватизм, как не защита определенного уклада, порядка,
строя, сложившегося исторически. Если революционер может дозволить
себе хулиганство, то правый дозволить себе его не может»[344]. Схожую
позицию занимала группа Центра IV Государственной Думы[345].

Часть консерваторов не исключала и возможности усиления роли
законодательных органов. В феврале – марте 1912 г. М.М.Перовский-
Петрово-Соловово опубликовал в «Санкт-Петербургских ведомостях»
серию статей с изложением программы, проектировавшегося им нового
умеренно-консервативного политического формирования – «Партии независимых консерваторов». Автор доказывал необходимость продолжения реформ, европеизации страны, укоренения в российской политической культуре идей свободы и неотъемлемых прав личности, ставки на
компромисс между различными социальными и национальными интересами.

---

[342] См., например: Дума о Думе // Там же. 1912. № 6. С.407 – 408. Следует заметить, что автор в 1907 – 1914 гг. не раз касался вопроса о реформе Думы.
См.: Пересмотр машины // Там же. 1908. № 7. С. 413 – 416.

[343] См.: Письмо Балашева к Столыпину // Красный архив. 1925. Т. 2(9). С. 291 –
295.

[344] Россия. 1913. 20 янв.

[345] Санкт-Петербургские ведомости. 1912. 6 нояб.

Важнейшая роль в решении этих задач отводилась представительным учреждениям, чьи права «в согласии с правительством» считалось
необходимым несколько расширить[346]. Не вполне устраивал Перовского
и его сторонников и закон о выборах. Если националисты предлагали
обеспечить избирательные преимущества для преобладающей этноконфессиональной группировки, то «независимые» были гораздо больше обеспокоены вопросом о том, как обеспечить интересы образованной и состоятельной части общества. Выражая готовность «времен-
но...стоять на почве, хотя и весьма несовершенной, закона 3-го июня
1907 г.», они хотели бы усовершенствовать действующий выборный закон так, чтобы усилить влияние на процесс принятия решений экономической и интеллектуальной элиты[347].

Несколько иную, подчеркнуто демократическую, направленность
имел политический проект «национал-демократов», пытавшихся прими-
рить либеральные, демократические ценности с монархической идеей и
русским национализмом. Идеалом русского народа они считали «демо-
кратическое царство»[348]. Важнейшая роль в государственной жизни
должен была принадлежать народу: «Одним из главных лозунгов национализма является "все для народа и через народ"»[349]. С тем, что этот
принцип оставался нереализованным, связывались неудачи российских
реформ. «Все неудачи нашего обновительного реформаторства, вся не-
стройность и несогласованность думской работы, губительное влияние
партийных раздоров в большей степени происходит оттого, что на сцене
политической жизни у нас почти совершенно отсутствует сам строитель

---

[346] «ПНК (Партия независимых консерваторов. - М.Л.) желает мирного и постепенного, в согласии с правительством, дальнейшего развития и расширения
прав, предоставленных Совету и Думе Законами 1906 г.», – писал Перовский-
Петрово-Соловово. См.: Санкт-Петербургские ведомости. 1912. 28 февр.

[347] Помочь в решении этой задачи должны были имущественный и образова-
тельный цензы. См.: Там же. 18 февр. Интересно, что Перовский-Петрово-
Соловово не исключал возможности распространения избирательных прав на
женщин, обладавших достаточно высоким уровнем образования и благосостояния. Там же. 13 марта.

[348] См.: Национальный идеал и его противники // Новая Россия. С.75 – 80.

[349] Балясный М. Чего ожидать от русского национализма // Ладо: сборник литературно-общественный, посвященный нарождающейся русской национал-
демократии. 2-е изд. СПб.: Типография журнала «Сатирикон», 1913 (1-е изд.
1911). С. 152.

великого русского государства, его опора и защитник – народ, трудовой слой городов и крестьянство»[350].

«Национал-демократы» доказывали необходимость политических свобод. Правом беспрепятственно высказать свое мнение должны были пользоваться представители всех оттенков общественной мысли. «Пусть беспрепятственно раздаются с кафедры голоса эсеров и эсдеков, так же, как и националистов, и союзников русского народа», – призывал один из наиболее известных «национал-демократических» публицистов, А.Л.Гарязин[351].

Вместе с тем «национал-демократы» продолжали оставаться последовательными монархистами. «Доказывая необходимость гражданской свободы, - писал один из идеологов «национальной демократии», – я ни на одну секунду не допускаю, что у нас может быть иной образ правления, кроме монархического. Монархическая власть нам нужна не только как исторически слившаяся с русской жизнью громадная политическая сила, но и как гарантия нашей свободы»[352].

Признавая особую роль монарха в России, сторонники «национальной демократии» подчеркивали большое значение представительных учреждений. Манифест 17 октября 1905 г. рассматривался как свидетельство того, что близость царя к народу «перестала быть патриархальным общением наивного верования народного и превращалась в выработанную современными культурными потребностями конституционную государственность»[353]. Весьма критически относясь к Думе кануна первой мировой войны, «национал-демократы» признавали, что и в таком виде она является благом[354].

«Дым Отечества» осуждал правых за намерения изменить законодательство о Думе[355] и полагал, что «банда черных революционеров

---

[350] Васильев П.В. Элементы народной партии в России // Новая Россия. С. 23.

[351] Гарязин А. О свободе печати // Вестник Всероссийского национального союза. 1912. № 10. С. 5.

[352] Строганов В. Русский национализм: его сущность, история и задачи. СПб.: Типография А.С.Суворина, 1912. С. 122 – 123.

[353] Национальный идеал и его противники // Новая Россия. С. 77.

[354] См., например: Львов А. Отказ в кредитах // Дым Отечества. 1914. № 17. С. 4.

[355] Попытка всего лишь поставить об этом вопрос на заседании фракции правых вызвала негодование «Дыма Отечества», назвавших его инициаторов «пра-

более опасна, чем левые, ибо прикрывается патриотическими лозунгами»[356]. Левые радикалы также не пользовались симпатиями «национал-демократов», которые считали, что социалистов следует наказывать за призывы к ликвидации существующего государственного строя[357].

«Национал-демократы» были склонны искать союзников среди политиков с «демократическими, национально-прогрессивными стремлениями... от националистов до трудовой группы включительно»[358]. Практические предложения сторонников «национальной демократии» выходили далеко за рамки Основных Законов. Они предусматривали расширение бюджетных прав Думы, подчинение думскому контролю внешней политики, отмену статьи 87[359]. Предлагалось также, чтобы закон о выборах в Думу вырабатывался «законодательными учреждениями на основании возвещенного Манифестом 17 октября 1905 года общего избирательного права»[360].

Следует отметить, что радикальные предложения по части демократизации представительных институтов сочетались с рассуждениями о необходимости жесткой дискриминации евреев[361], предоставлении права работать в печатных изданиях на русском языке только этническим русским[362] и т. п.

*   *   *

Политический порядок, обеспеченный реформами 1905–1906 гг., так и не стал для российских консерваторов «своим». Они не смогли в пол-

---

выми анархистами». См.: Новиков В. Накануне революции? // Там же. 1913. № 10. С. 6 – 7.

[356] См.: Последний удар // Там же. 1914. № 6. С. 2.

[357] Львов А. Думский «Сеньорен-конвент» в роли попустителя // Там же. 1913. № 21. С. 5 – 6.

[358] Савватеев А.П. «Народная партия» // Там же. 1914. № 19. С. 4.

[359] См., например: Строганов В. Указ. соч. С. 112.

[360] Как мы понимаем задачи народной партии в России // Новая Россия. С. 113.

[361] См., например: Локоть Т.В. Оправдание национализма: Рабство русской радикальной интеллигенции. Киев: Петр Барский, 1910. С. 38 – 40; Строганов В. Указ. соч. С.150 – 151.

[362] Гарязин А. О свободе печати // Вестник Всероссийского национального союза. 1912. № 10. С. 3 – 5.

ной мере адаптироваться к новой системе и сохранили весьма архаичные политические установки. Основой государственности для них попрежнему оставалась императорская власть, которая стояла выше власти любого другого института. Даже консерваторы, признававшие необходимость представительных органов, постоянно подчеркивали их меньшую значимость по сравнению с монархией.

Это проявлялось и в политической лексике. Сами понятия «народное представительство», «конституция», «парламент» вызывали заметную настороженность в консервативной среде. Сторонники А.И.Дубровина воспринимали использование этих терминов консерваторами как символический отказ от идеи неограниченного самодержавия. Аналогичным образом рассуждали и критикуемые дубровинцами за увлечение парламентской деятельностью думские правые. «Частые злоупотребления парламентарными выражениями, – говорил Н.Е.Марков на IV съезде Объединенного дворянства, – могут дать повод думать, что дворянство хоть на одну минуту полагает, что у нас существует парламентарный или конституционный образ правления, а не единственное законное всегда существовавшее и существующее Самодержавие»[363]. Дань борьбе за «чистоту» политического языка отдавали националисты и умеренно-правые. К примеру, В.А.Бобринскому в ноябре 1907 г. крайне неуместным показался термин «конституция». «...Пока вы слово "конституция" не очистите от той грязи, лжи и крови, которыми вы его покрыли, оно для нас неприемлемо», – объяснял он своим думским соседям слева[364].

И, хотя такие видные консервативные публицисты, как Л.А.Тихомиров и М.О.Меньшиков, постоянно оперировали «запрещенными» понятиями[365], большинство консервативных публицистов и политиков отказывались следовать этому примеру.

В негативном отношении к использованию новой для России политической лексики проявлялось недовольство консерваторов «обновлен-

---

[363]   Труды IV съезда уполномоченных дворянских обществ 32 губерний. С. 23 – 24.

[364]   Государственная дума: Стенографические отчеты. Созыв третий. Сессия I. Ч. 1. СПб.: Государственная типография, 1908. Стб. 205.

ным строем». Новые институты и новые нормы поведения не успели укорениться, стать для консерваторов, даже умеренных, «своими» в такой же степени, как монархия и православная церковь. Консервативные политические идеалы, важнейшим из которых было самодержавие, плохо вписывались в новые политические реалии.

Усвоение консерваторами новых методов политического действия (массовые организации, печать, митинги, парламентская работа, и т.п.) шло намного быстрее, чем усвоение новых идеологем. Даже сознавая необходимость организации широкой общественной поддержки тех или иных политических инициатив, консерваторы по-прежнему придавали решающее значение действиям монарха. «...Прикажи изменить Положение о Государственной Думе, Основные Законы и закон о выборах...», - обращались к царю астраханские союзники[366]. Журналист-дубровинец убеждал: «Русский народ признает Гос. думу как институт до тех пор, пока Его Императорскому Величеству благоугодно почитать это законосовещательное учреждение - для России необходимым. Завтра Государю Императору будет благоугодно упразднить это собрание... и русский народ с благоговением выслушает новое изъявление Самодержавной Государевой Воли...»[367].

К монаршей инициативе взывали редакторы консервативных «Гражданина»[368] и «Московских ведомостей». «Инициатива пересмотра Свода 1906 г. и содержание исправлений его может определяться единственно учредительной волей Верховной власти. Посему бесполезно было бы выступать с какими-либо по этому поводу проектами законов», – писал Л.А.Тихомиров[369]. В «порядке учредительном», т. е. по воле само-

---

[365] Разумеется, это не мешало им оставаться последовательными монархистами.

[366] Переписка и другие документы правых (1911 – 1913 годы) // Вопросы истории. 1999. № 11 – 12. С. 109.

[367] Полтавец Н.[Еремченко Н.И.] Указ. соч. С. 2.

[368] Подробнее об этом см.: Соловьев Ю.Б. Князь В.П.Мещерский и его роль во внутренней политике в предвоенные годы // Проблемы социально-экономической истории России / отв. ред. А.А.Фурсенко. СПб.: Наука, 1991. С. 249 – 264.

[369] Тихомиров Л.А. К реформе обновленной России. С. 256.

держца, предполагал осуществить пересмотр избирательного закона и М.О.Меньшиков[370].

Таким образом, в глазах российских консерваторов монарх оставался не только основным объектом лояльности, символом консервативного политического кредо, но и главным субъектом политического действия. Идеи неотъемлемых политических прав и свобод, представительного правления как способа выражения воли народа так и не были усвоены российскими консерваторами кануна первой мировой войны.

---

[370] «"Значит опять coup d'état, новое 3 июня?", – спросит читатель. – "Хоть бы и так", - отвечу я», – писал М.О.Меньшиков (Именины «центра» // Письма к ближним. 1909. № 10. С. 725).

III Консерваторы и национальные проблемы

Для российского консерватора самодержавие было не только главной политической ценностью и главным субъектом политического действия, но и главным инструментом сохранения многонациональной российской империи. Эта установка оставалась основой консервативных трактовок национальных проблем на протяжении всего рассматриваемого периода.

Консервативное видение империи во второй половине XIX – начале XX в. претерпело значительную эволюцию. Традиционно в качестве основы имперской государственности выступал союз самодержца с интернациональной аристократией. В течение XVIII и большей части XIX в. в репрезентации самодержавия преобладал так называемый «европейский миф»: монарх являлся носителем власти, скроенной по иностранным образцам, которые заведомо превосходили отечественные. Поэтому вполне логично, что образованный аристократ независимо от этнического происхождения оказывался ближе русскому царю, чем простой русский мужик.

Со второй половины XIX в. в консервативном сознании начинает утверждаться иная парадигма. Согласно ей в ранг имперской элиты возводился весь русский народ, включая белорусов и малороссов (ни те, ни другие не признавались самостоятельными этносами[371]). Укрепление русского господства в империи являлось важнейшим фактором сохранения последней, а самодержец становился главой империи постольку, поскольку возглавлял «державную» нацию. «Европейский миф» отступил перед «национальным». Теперь императорская власть оказывалась олицетворением не европейских, а исконно русских политических цен-

---

[371] Подробнее об этом см.: Миллер А.И. «Украинский вопрос» в политике властей и русском общественном мнении (вторая половина XIX в.). СПб.: Алетейя, 2000; Михутина И.В. Украинский вопрос в России (конец XIX – начало XX века). М.: Институт славяноведения РАН, 2003.

ностей. Это символически приближало к трону русского простолюдина, одновременно отдаляя от него космополита-аристократа[372].

III. 1 Кто виноват? Взгляд справа

В глазах консерватора кануна Первой мировой войны история России XIX – начала XX в. выглядела как период ослабления русского господства. Народы, когда-то силой включенные в состав империи, сумели обратить русское завоевание себе во благо. «Со всех сторон выступают открытые и подчас крайне дерзкие притязания наших инородцев, которые нисколько не желают считаться с господствующей (увы, номинально) Русской народностью или признавать ее хозяйские права в своем государстве», – говорилось в редакционной статье московского «Националиста»[373]. Это мнение полностью разделял А.И.Дубровин: «...большая часть наших государственных и экономических сил находится в плену у инородцев»[374]. Тема угнетения русского населения инородцами стала одной из самых популярных у консерваторов.

Они указывали на исключительную роль национальных меньшинств в экономике. В воззвании совета Всероссийского национального союза говорилось:

> «В торговле, в промышленности, в делах кредита, у всех главнейших рычагов гражданского оборота пропорция инородцев в командующих ролях во много раз превышает пропорцию тех же инородцев в общем составе населения Русской империи. Русские люди дают себя вытеснять с высших, господствующих позиций, довольствуясь тем, что не прельщает инородцев – по преимуществу чернорабочим трудом, низшими ступенями общественной лестницы»[375].

---

[372] См.: Wortman R.S. Scenarios of Power: Myth and Ceremony in Russian Monarchy. 2 vols. Princeton, NJ: Princeton University Press, 1995 – 2000; Уортман Р.С. Сценарии власти: Мифы и церемонии русской монархии: в 2 т. М.: ОГИ, 2004.

[373] Крайняя необходимость русского национализма // Националист. 1910. № 1. С. 5.

[374] Куда временщики ведут Союз Русского Народа. СПб.: Отечественная типография, 1910. С. 533 – 534.

[375] Националист. 1910. № 1. С. 3.

Инородцев упрекали в стремлении подорвать устои русской государственности. Главным орудием этого курса объявлялись левые политические силы, которые тем самым превращались в выразителей интересов антирусских элементов. Националисты и правые, расходившиеся во многих других отношениях, в этом вопросе были едины. «Инородцы представляются тем источником, из которого пополняются кадры и почерпаются главные материальные средства наших левых партий; иначе говоря, левые находятся на иждивении инородцев, от них зависят, у них служат, а потому должны не токмо за совесть, но и за страх творить волю инородцев, т.е. подкапываться под исторические устои России с ее православием», – утверждалось в брошюре, подготовленной Всероссийским национальным клубом к выборам в IV Государственную Думу[376]. Те же рассуждения можно было обнаружить и в предвыборных изданиях правых.

> «...Правым удалось твердо установить тесную связь и взаимную поддержку отдельных инородческих групп между собой в деле, которое они признавали "общим" – в борьбе с существующим в России государственным строем. Было выяснено взаимоотношение этих инородческих групп с русскими революционными и радикальными партиями. Служебное подчиненное положение сих последних перед инородцами, отъевшимися, разбогатевшими за счет русского народа, сделалось несомненным»[377].

Важнейшим проводником враждебных веяний провозглашалась интеллигенция. К традиционному обвинению интеллигенции в космополитизме и излишнем почитании всего иностранного добавлялось обвинение в нежелании отстаивать интересы русского народа внутри империи. «Наша интеллигенция почтительно снимает шляпу перед всем нерусским и готова заискивать, заигрывать, расшаркиваться перед всяким инородцем, как бы ни были наглы требования последнего, только потому что он инородец, и, наоборот, она будет чинить всякое препятствие

---

[376] Остерегайтесь левых!!: выборки из речей и статей левых членов Государственной Думы по главнейшим вопросам русской жизни (К выборам в IV Государственную Думу). СПб.: Всероссийский национальный клуб, 1912. С. 141.

[377] Юрский Г.[Замысловский Г.Г.] Правые в Третьей Государственной думе. Харьков: Издание Центрального предвыборного комитета объединенных русских людей, 1912. С. 129.

делу, как только будет видно, что интерес его есть русский интерес, что дух его есть русский дух», – заявлял с трибуны Государственной Думы националист Н.Н.Ладомирский[378].

Другим носителем антинациональных тенденций объявлялась бюрократия, озабоченная сохранением собственной власти в многонациональной империи. «Для бюрократии несть ни эллин, ни иудей, ибо несть для нее России, а есть одна она собственной всеобъемлющей персоной... Пока русское сознание дремало, а инородческие – пылали, бюрократия еще отдавала некоторое предпочтение русским, как менее опасным, но с пробуждением русского национализма она в виде противовеса покровительствует инородцам»[379]. Противопоставление антинациональной бюрократии и «национально мыслящего» народа было особенно характерно для националистов[380].

Иногда в антирусских настроениях подозревалась вся российская элита. Следуя за классиками славянофильства, исторические корни этих настроений консервативные авторы обнаруживали в XVIII в., когда, по словам М.О.Меньшикова, «Россия перенесла роковое несчастие – она потеряла свой национальный правящий класс». Наиболее подходящим объектом для сравнения казалось завоевание Китая маньчжурами. «С Россией совершилось нечто подобное тому, что было с Китаем: гигантская империя была захвачена ничтожными по численности Маньчжурами, а у нас, безо всякой войны, свободным наплывом, взяли засилье Немцы, Шведы, Поляки, Евреи, Армяне»[381]. О глубокой пропасти между народом и «обществом», которое, «не получая соков из народа, все бо-

---

[378] Государственная Дума: Стенографические отчеты. Созыв третий. Сессия III. Ч. 4. СПб.: Государственная типография, 1910. Стб. 872. О склонности интеллигенции к «самооплевыванию» постоянно говорили и правые. См., например: Володимеров С.А. Евреи и интеллигенция. Интеллигенция и патриотизм. М.: Типография А.С.Суворина, 1909. С. 30.

[379] Булатович Д. П.А.Столыпин и А.И.Дубровин. СПб.: Отечественная типография, 1909. С. 4.

[380] См., например: Государственная Дума: Стенографические отчеты. Созыв третий. Сессия IV. Ч. 3. СПб.: Государственная типография, 1911. Стб. 2986 – 2997; Строганов В. Русский национализм: его сущность, история и задачи. СПб: Типография А.С.Суворина, 1912. С. 134.

[381] Национальный союз // Письма к ближним. 1908. № 6. С. 350. См. также: Сидоров А.А. Инородческий вопрос и идея федерализма в России. М.: Московский отдел ВНС, 1912. С. 8.

лее теряет свой национальный дух», – говорили ораторы-националисты в Государственной Думе[382].

Острые национальные противоречия и «инородческое засилье» становились естественным итогом «петербургского периода», давшего процветание инородческим окраинам за счет русского центра. «...“Верхи” наши чужды национальной идеи и забыли русскую историю, забыли сердце России, и никогда еще Москва, собирательница земли Русской, не переживала унижения и невнимания, подобного нынешнему!» – писал С.Д.Шереметев[383]. Он подчеркивал, что стремление умиротворить окраины лишь разжигало их аппетиты и создавало потенциальную угрозу имперскому единству. «Наша политика на окраинах в XIX в. не отличалась последовательностью. Ныне превозносимый “Благословенный” отдал зря Выборгскую губернию Финнам, а Червонную Русь Полякам... И вот мы дошли до сближения окраин в общем чувстве неудовольствия и даже вражды»[384]. Консервативные политики подчеркивали парадоксальность ситуации: побежденные в лучшем случае при попустительстве, в худшем – при содействии бюрократии, сумели поставить победителей в подчиненное положение.

Власть обвиняли в равнодушии к интересам православной церкви. Объектом особого недовольства стали предложенные правительством реформы в области законодательства о культах. Возмущаясь действиями думских левых и центристов, сделавших законодательные предположения гораздо радикальнее, чем они были в первоначальном варианте, Л.А.Тихомиров подчеркивал, что «левое и иноверческое большинство Думы имело для вышивания своих узоров готовую канву в правительственных законопроектах»[385]. О том же говорили и думские правые, посчитавшие, что выработке Думой весьма радикальных законодательных предположений «чрезвычайно благоприятствовало само правительство, которое, превратно поняв Высочайший Указ 17 апреля 1905 г. о

---

[382]   См., например: Государственная Дума: Стенографические отчеты. Созыв третий. Сессия II. Ч. 2. СПб.: Государственная типография, 1909. Стб. 124.

[383]   С.Д.Шереметев – В.Н.Смольянинову, 17 декабря 1911 г. // РГАДА. Ф. 1287, оп. 1, д. 5106, л. 155.

[384]   Там же.

[385]   Тихомиров Л.А. К реформе обновленной России (Статьи 1909, 1910, 1911 гг.). М.: Типография В.М.Саблина, 1912. С. 305.

веротерпимости, выработало… несколько вероисповедных законопроектов, чрезвычайно вредных для православия»[386].

Многие консерваторы связывали ухудшение положения «первенствующей и господствующей в Российской империи» религии с реформой политических институтов, прежде всего с созданием Государственной Думы. Ее участие в разработке законов, касающихся православной церкви, воспринималось как абсурд. «Какое кошмарное зрелище! Социал-демократы, "кадеты", октябристы, католики, протестанты, магометане и евреи, составившие большинство Думы, предписывают православным нормы религиозного существования…»[387].

Консервативным церковным деятелям казалось, что новая конфигурация власти существенно ухудшила положение православной церкви. «…Раньше Синод знал Прокурора и Государя Императора – две инстанции, из которых вторая всегда дружественная Церкви. Теперь – Прокурора, Председателя Совета Министров, Совет Министров, Думу и Государственный Совет. Пять инстанций между Синодом и Государем, пять, из которых ни одна не дружественная церкви, а некоторые заведомо враждебны!» – замечал один из наиболее влиятельных консервативных православных иерархов Антоний Волынский [388].

Все, что произошло с церковью с началом революции, известный церковный публицист И.Г.Айвазов описывал в трагических тонах. «Россия превратилась в служанку Европы. От этой "барыни" она стала брать моду на все. От этой же "барыни" как милость она взяла, правда, уже сильно поношенный, но с бальным блеском наряд – "правовой строй"…

---

[386] Юрский Г.[Замысловский Г.Г.] Указ. соч. С.42. Более лояльные к правительству националисты и умеренно-правые заняли в этом вопросе особую позицию. Негативно оценивая думские варианты инициированных столыпинским министерством законопроектов, они настаивали на более узкой (и более соответствующей, по их мнению, намерениям правительства) концепции религиозного равноправия. В этих условиях важным инструментом борьбы против вероисповедных законов в думской редакции стало противопоставление правительственных и думских вариантов законодательства о культах. Специальное заявление на этот счет см.: Государственная дума: Стенографические отчеты. Созыв третий. Сессия II. Ч. 4. СПб.: Государственная типография, 1909. Стб. 2997 – 2998.

[387] Тихомиров Л.А. Указ. соч. С. 306.

[388] Антоний Волынский – С.Д.Шереметеву, 4 января 1911 г. // РГАДА. Ф. 1287, оп. 1. д. 5101, л. 21 об.

И пусть на этом балу, как приз, подносят первым плясунам на блюде страдальческую голову Церкви, - они, эти плясуны, еще неистовей понесутся в "правовом вихре", чувствуя уже свободу от всяких уз...»[389].

Похожим образом оценивалось и влияние политических реформ на межнациональные отношения. «Русское знамя» полагало, что создание представительных учреждений разожгло амбиции национальных и конфессиональных меньшинств и способствовало развитию национальной розни. Ранее власть, оставляя в покое обычаи каждого народа, требовала от него лишь одного: подчиняться законам, «клонившимся к укреплению связи отдельных частей империи». «Обновленный строй» навязал народам империи некие универсальные стандарты, которые их явно не устраивали. «Раньше они повиновались Воле Царской как Священной. Ныне им внушили, что вместо нее настала власть народа, которой повиноваться у них нет оснований»[390].

Впрочем, раздавались голоса и в защиту «обновленного строя» и возможности успешно решать национальные и конфессиональные проблемы в его рамках. Представительные учреждения рассматривались в качестве гарантии правильной национальной политики[391]. На то, что революционные события и связанные с ними политические реформы способствовали становлению «русских национальных партий», указывал Н.О.Куплеваский[392]. Особенно энергично новые институты отстаивали сторонники «национал-демократии». Они не просто обвиняли критиков представительных учреждений в намерении вернуться к дореформенному бюрократическому строю, но доказывали, что «истинный» национализм мыслим только при наличии гражданской свободы. «Нельзя держать народ в убеждении своего ничтожества и в то же время требовать от него сознания своего величия... Нужно, прежде всего, укоренить

---

[389] Айвазов И.Г. Православная церковь и высшие государственные учреждения в России. М.: Печатня А.И.Снегиревой, 1912. С. 10.

[390] Русское знамя. 1914. 1 янв.

[391] См.: Государственная Дума: Стенографические отчеты. Созыв третий. Сессия V. Ч. 1. СПб.: Государственная типография, 1912. Стб. 2591 – 2608.

[392] Куплеваский Н.О. Исторический очерк преобразования государственного строя в царствование императора Николая II: Вып.1: Преобразование высших государственных учреждений (1904 – 1907 гг.) СПб.: Всероссийский национальный клуб, 1912. С. 26.

в нем сознание своей собственной личности, а для этого нужна свобода, обеспеченная законом, равным для всех», – полагал В. Строганов[393].

Однако независимо от отношения к демократическим нормам и институтам и национал-демократы, и дубровинцы полностью разделяли мнение о том, что русским, православным предстоит нелегкая борьба за существование среди враждебно настроенных инородцев и иноверцев.

Нужно оговориться, что консерваторов почти не интересовали народы, заметно отстававшие в своем развитии. Как они полагали, такие народы должны были быть без особых проблем поглощены русскими; тем самым «державная нация» реализовала бы свое особое право ассимилировать иные этнические образования[394]. По-другому оценивались перспективы взаимоотношений с народами, имевшими развитую культуру. Они априорно рассматривались как опасные конкуренты, более приспособленные к реалиям XX в., чем их русские сограждане.

При таком взгляде достоинства инородцев автоматически становились недостатками с точки зрения интересов русского народа. Известный дворянский деятель В.Л.Кушелев отмечал, что поляки интеллигентнее русских и это помогает им лучше устраиваться, в том числе на государственной службе[395]. Т.В.Локоть обращал внимание на то, что практически во всех наиболее престижных и доходных профессиях доля поляков выше, чем их доля в общем составе населения страны[396]. Указывали и на богатство польских землевладельцев, которым принадлежали огромные земельные массивы в Западном крае, не говоря уже о Царстве Польском[397]. Все эти обстоятельства, естественно, рассматривались как негативные факторы для русского населения, которое поляки были в состоянии поработить экономически. И вдвойне опаснее они становились,

---

[393] Строганов В. Указ. соч. С. 22.

[394] См., например: Ковалевский П.И. Национализм и национальное воспитание в России. 3-е изд. М.: Типография М.И.Акинфиева, 1912 (1-е изд. 1910). С. 167 – 168.

[395] Труды VI съезда уполномоченных дворянских обществ 33 губерний. СПб.: Типография М.А.Александрова, 1910. С. 277.

[396] Локоть Т.В. Оправдание национализма. Рабство русской радикальной интеллигенции. Национал-демократия. Киев: Петр Барский, 1910. С. 35 – 38.

[397] См. например: Сидоров А.А. Указ. соч. С. 4.

так как несли иную культуру и иную веру, враждебные русской культуре и православию[398].

Поляки подозревались не только в стремлении занять еще более выгодные экономические позиции[399]. Их упрекали в намерении мирным путем добиться того, чего они не смогли взять силой. «Два-три восстания с оружием в руках не привели к желаемому для них результату и убедили поляков, что открытой силой нельзя отодвинуть Россию к Востоку. Потребовались другие средства, и вот началось медленное систематическое завоевание Белоруссии при помощи полонизации костелов...»[400].

В качестве предварительного условия предоставления равноправия от поляков требовали особых доказательств верности России. Обращаясь к депутату Коло Ржонду, Н.Е.Марков заявлял: «...пусть Ржонды послужат русскому государству столько же, сколько служили Марковы, тогда пусть и требует себе равных прав с русскими»[401]. Аналогичную формулу и более умеренный П.И.Ковалевский: «Поляки, как и все инородцы в России, тогда только могут рассчитывать на равноправие в России, когда они на деле докажут, что они, прежде всего, русские...»[402].

Серьезные претензии предъявлялись к финнам. Их обвиняли в том, что, пользуясь экономическими и правовыми льготами, они не хотят нести соответствующую часть общего имперского бремени. Финнов попрекали особыми привилегиями для промышленных предприятий, субсидиями на развитие путей сообщения. При этом финская торговля оставалась ориентированной на Запад, железнодорожные магистрали не соответствовали стандартам российских железных дорог. Финны не призывались на воинскую службу, которая была заменена недостаточно высоким, на взгляд консерваторов, налогом[403]. Исходя из такого рода

---

[398]   «...Польская культура есть лишь осколок латино-немецкой», – говорилось в одной из редакционных статей «Московских ведомостей». См.: Московские ведомости. 1908. 29 окт.

[399]   См., например: Ковалевский П.И. Указ. соч. С.149; Новое время. 1911. 1 янв.

[400]   Московские ведомости. 1908. 8 нояб.

[401]   Государственная дума: Стенографические отчеты. Созыв третий. Сессия II. Ч.3. СПб.: Государственная типография, 1909. Стб.2746.

[402]   Ковалевский П.И. Указ. соч. С.154.

[403]   См., например: Бородкин М.М. Итоги столетия. Харьков: Мирный труд, 1909.

обвинений делался вывод о том, что Финляндия живет за счет России[404]. «...Не конституцию свою они (финны. – *М.Л.*) защищают (ее никто и не трогает), – утверждал М.О.Меньшиков, – они под предлогом конституции отстаивают право своего полупаразитного существования, право сидеть на шее русской и сосать соки России»[405].

Консерваторы жаловались на финскую неблагодарность. Финнов упрекали в нежелание понять благие намерения русских властей. Виновниками русско-финского конфликта провозглашались исключительно финны, причем их вражда к русским подавалась как некая национальная черта этого народа. «Ни русское правительство, ни наша печать озлобления финляндцев не создавали. В финляндском вопросе Россия безупречна. Нерасположение финнов к русским лежит в их крови, оно историческое и потому оказалось сильнее их внешне корректных поступков и речей и всегда сквозило из-под маски их лояльности»[406].

Серьезное беспокойство консерваторов вызывало использование финской территории многочисленными революционными организациями. В сочетании с правовыми привилегиями Финляндии это создавало в ней особый политический климат, существенно отличавшийся от российского. Такого рода ситуация рождала коллизии, вроде привлечения к суду А.И.Дубровина, которые едва ли были мыслимы в других частях России и интерпретировались как покушение на особое положение русских в империи. «Фактическое отношение финляндцев к правам Русской Империи и к отдельным русским людям совершенно возмутительно и так продолжаться долго не может», – заявлял Н.О.Куплеваский на VI съезде Объединенного дворянства[407].

---

[404] Правительственная политика в отношении Финляндии строилась в рассматриваемый период фактически на том же основании. Об эволюции этой политики см. подробнее: Kujula A. The Policy of the Russian Government toward Finland, 1905 – 1917: A Case Study of the Nationalities Question in the Last Years of the Russian Empire // M.S.Conroy (Ed.) Emerging Democracy in Late Imperial Russia. Case Studies on Local Self-Government (the Zemstvos), State Duma Elections, the Tsarist Government, and the State Council before and during World War I. Niwot, CO: University Press of Colorado, 1998. P.143 – 197.

[405] Новое время. 1910. 1 мая; См. также: Бородкин М.М. Указ. соч. С. 4.

[406] Там же. С. 38.

[407] Труды VI съезда уполномоченных дворянских обществ 33 губерний. С. 282.

Правда, при весьма значительном сходстве в отношении консервативных кругов к финнам и полякам были заметны некоторые различия. Во-первых, Финляндия имела особый статус, которого Польша была лишена[408]. Во-вторых, если поляков упрекали в эксплуатации русских на русской же территории, то финнов осуждали за нежелание предоставить русским равные права и возможности на своих[409]. В этих условиях главным объектом критических выступлений справа стало особое положение Финляндии среди других завоеванных Россией земель. На его ликвидацию и были направлены усилия российских консерваторов этого периода.

От подозрительного отношения не были избавлены даже немцы, не замеченные в особой оппозиционной активности. М.О.Меньшиков выражал возмущение тем, что «Немцы, которых 1% в Империи, захватили кое-где уже 75% государственных должностей...», и их засилье «обесцветило нашу дипломатию и военное ведомство»[410]. Он полагал, что ссориться с немцами не стоит, но их нельзя звать, как звали варягов. Не русские должны были демонстрировать свою лояльность немцам, а немцы – русским[411]. Суровые обвинения против немцев выдвигал А.П.Липранди. В специальной работе «Германия в России» он утверждал, что германские колонисты представляли колоссальную потенциальную угрозу для России. Правый публицист объявлял их авангардом германской армии, который уже занял позиции согласно стратегическому плану германского генштаба[412].

---

[408] Согласно статьи 2 Основных Законов, в внутренние дела Финляндия регулировались «особыми установлениями и на основании особого законодательства».

[409] См., например: Сидоров А.А. Указ. соч. С. 4.

[410] Чье государство Россия? // Письма к ближним. 1908. № 3. С. 143. Националисты часто связывали «внутренних немцев» со стремлением реставрировать политический порядок, существовавший до 1905 г. См., например: Новое время. 1908. 20 окт.

[411] Новое время. 1910. 17 июня.

[412] Липранди А.П. Германия в России. Харьков: Мирный труд, 1911. С. 146. С «натиском воинствующего пангерманизма» связывало германскую колонизацию в Западном крае «Новое время». См.: Новое время. 1910. 19 июня. Антигерманские настроения были свойственны и «национал-демократам». См., например: Каменский Г. Захваты немцев // Дым Отечества. 1913. № 5. С. 12 – 14.

Справедливости ради, надо отметить, что у некоторых правых этих подозрений не было, и они даже ставили преданность немцев престолу в пример русским. «В период революции немецкая аристократия оказалась намного честнее и лояльнее, чем русская», – писал П.Ф.Булацель[413]. Впрочем, особой популярностью подобного рода взгляды не пользовались, и к началу Первой мировой войны настороженное отношение к немцам широко распространилось среди консерваторов.

Большее недоверие вызывали армяне. Их экономическое «засилье» на Кавказе, а также связи с революционными политическими течениями отмечали и правые, и националисты[414].

Интересно, что христианские народы – армяне, поляки, финны – вызывали у русских консерваторов гораздо больше подозрений, чем приверженцы ислама. Мусульмане считались более лояльными в силу особенностей социально-политического развития мусульманских народов. «В России среди мусульман решающий голос имеет консервативный элемент», – говорилось в специальной «Памятной записке», хранящейся в фонде Б.В.Никольского в ГАРФ. Автор записки прямо противопоставлял мусульман другим народам. «Нельзя ставить на одну плоскость мусульман с другими культурными нациями. Если евреи, поляки и армяне оппозиционны, то этому имеются весьма веские данные: эти нации минимум на 75 лет идут впереди мусульман; во-вторых, эти нации не пользуются тем доверием правительства, каковое имеют мусульмане»[415].

Тем не менее заигрывание с исламом у некоторых консерваторов вызывало серьезные опасения в связи с распространением пантюркист-

---

[413] Булацель П.Ф. Борьба за правду. СПб.: Отечественная типография, 1908. Т. 1. С. III.

[414] См.: Сидоров А.А. Указ. соч. С. 4; Ковалевский П.И. Указ. соч. С. 155; Юрский Г.[Замысловский Г.Г.] Указ. соч. С. 126.

[415] ГАРФ. Ф. 588, оп. 1, д. 1247, л. 54 об, 55 об. – 56. В материалах того же фонда хранится и «Устав Всероссийского Мусульманского Народного Союза Саратуль-Мустакым (Правый путь)». Самое непосредственное участие в подготовке этого документа принимал Б.В.Никольский. См.: Дневник Б.В.Никольского, запись 5 октября 1913 г. // РГИА. Ф. 1006, оп. 1, д. 4б, л. 319. О лояльном отношении сторонников правых к мусульманам см.: Степанов С.А. Черная сотня в России (1905 – 1914 гг.). М.: ВЗПИ / Росвузнаука, 1992. С. 16 – 17.

ских и панисламистских идей накануне Первой мировой войны. Особенную настороженность в этом отношении проявляли националисты, подчеркивавшие, что приверженность мусульманства российской короне нельзя считать бесспорной. «Новое время» обращало внимание на то, что последователи ислама имеют особую религиозную организацию, а в мусульманских духовных учебных заведениях учат по турецким учебникам и картам. Поэтому, полагала газета, «аттестат признанной "лояльности" русских татар должен быть подвергнут детальному анализу насчет его подлинности и действительной ценности в глазах как правительственной власти, так и всего русского общества»[416].

Особое место среди враждебных национальностей отводилось евреям. В.М.Пуришкевич так обосновывал это обстоятельство: «Магометан мы уважаем, мы боремся с поляками, но мы поляков как нацию, несомненно, уважаем. Целый ряд других национальностей, живущих в России, пользуется нашим уважением. Каждая из этих национальностей может иметь свои стремления, свои desiderata, свои желания, но каждая из этих национальностей не является тем разлагающим элементом, каким являются евреи»[417]. Антисемитские настроения были настолько сильны, что С.Ю.Витте иронизировал: «... не жидоед не может получить аттестацию истинного консерватора»[418].

Экономический фундамент еврейского могущества, по мнению консерваторов, создавался колоссальными финансовыми ресурсами, которые контролировали банкиры-евреи. Они сумели опутать весь мир сетями финансовой зависимости, в результате чего «жид-вампир впился в горло и сосет кровь христианина»[419]. Большая внешняя задолженность превратила Россию в жертву еврейского экономического завоевания. Сравнение положения страны под игом монгольским ханов с ее положе-

---

[416] Новое время. 1911. 4 июля. Расчеты на сотрудничество с Востоком вообще казались «Новому времени» неоправданными. «...Монгол и китайцев мы себе искренними друзьями, все равно, никогда не сделаем», – говорилось в редакционной статье газеты от 24 сентября 1913 г.

[417] Государственная Дума: Стенографические отчеты. Созыв четвертый. Сессия II. Ч. 1. СПб.: Государственная типография, 1914. Стб. 447.

[418] См.: Витте С.Ю. Воспоминания. М.: Наука, 1960. Т. 3. С. 469.

[419] Шипов Н.Н. Власть Самодержавного Царя как основа финансового благополучия России. Петроград [СПб.]: Типолитография «Братья Ревины», 1913. С. 82.

нием в начале XX в. оказывалось далеко не в пользу последнего. «Дань, которую платили удельные князья татарам, была несравненно легче, чем та дань, которую платит ныне Русское Государство в виде процентов по займам международному жидовскому капиталу. Соответственно размеру дани и власть татар над древней удельной Русью была менее чувствительна и менее пагубна, чем власть и влияние, которых достигает в наше время международный жидовский кагал над русским народом и над современной Российской Державою», – заявлял Г.Ф. Бутми, один из наиболее известных консервативных экономистов[420].

Евреев рассматривали как экономических паразитов, высасывающих жизненные силы у всех народов, с которыми они соприкасаются. «...Евреи – народ паразитный. Они не сеют, не жнут, ни пашут, вообще не занимаются никаким производительным трудом, а живут исключительно трудами того христианского населения, среди которого злой рок их поместил», – доказывал Н.Е.Марков[421]. Евреи сосредоточились в наиболее развитых районах и экономических центрах и заставили их работать на свое обогащение[422]. Они взяли под свой контроль прессу, интеллигентные профессии и пытались добиться власти не только над экономикой, но и над душами людей. Рассуждения относительно «жидовского засилья» в прессе, театре, системе образования в России были постоянными элементами консервативной политической риторики того времени[423].

По сути дела, евреям отводилась роль наиболее успешной, наиболее адекватной модернизирующейся России группы населения. Их счи-

---

[420] Бутми Г.Ф. О финансах и денежной системе // Прямой путь. 1910. 13 апреля. С. 795. Как заявлял националист В.П.Эгерт, именно банкиры составляли наиболее деятельную силу в борьбе против России. См.: Эгерт В.П. фон. Надо защищаться. СПб.: Типография Главного управления уделов, 1912. С. 21. О проблеме давления международных финансовых институтов на Россию в контексте еврейского вопроса см. подробнее: Миндлин А. Еврейский вопрос и финансовые отношения России с Западом в конце XIX – начале XX века // Вестник Еврейского университета в Москве. 1996. № 2(12). С. 81 – 103.

[421] Труды VII съезда уполномоченных дворянских обществ 37 губерний. СПб.: Типография Главного управления уделов, 1911. С. 141.

[422] См., например: Новое время. 1910. 22 мая; Земщина. 1913. 4 окт.

[423] См., например: Труды VII съезда уполномоченных дворянских обществ 37 губерний. С. 136 – 168, 175 – 224; Ковалевский П.И. Указ. соч. С. 184 – 193; Сидоров А.А. Указ. соч. С. 4.

тали максимально приспособленными к занятиям в сфере торговли, промышленности и финансов, приносившей большие доходы, чем сельское хозяйство. Разумеется, представления консерваторов совсем не обязательно соответствовали действительности, но именно они определяли контекст антисемитских настроений накануне первой мировой войны[424].

Одновременно с евреями связывались выступления против традиционного порядка. Их провозглашали источником и главной заинтересованной стороной революционных потрясений[425]. Для В.А.Грингмута «еврей» и «революционер» звучали как синонимы. Евреи не просто руководили революцией, не было «ни одного еврея, который не принимал бы участия тем или иным способом в настоящем преступном еврейском походе против Царя и России»[426].

На счет евреев записывались революционные потрясения и в других странах. «Подобно тому, как крысы разносят чуму, а комары распространяют "болотную лихорадку", или малярию, так еврейское племя отравляет поочередно все другие народы ужасной политической болезнью, – описывала в медицинских терминах связь между революцией и евреями в «Русском знамени» Е.А.Шабельская-Борк. – В каких-нибудь 100 лет революция (трижды возобновляемая все теми же носителями политической отравы – жидами) окончательно сломала тысячелетнюю

[424]   О проблеме взаимосвязи антисемитизма и негативного отношения к реалиям индустриального общества см.: Löwe H.-D. The Tsars and the Jews: Reform, Reaction and Anti-Semitism in Imperial Russia, 1772-1917. Chur: Harwood Academic Publishers, 1993; Podbolotov S. «True Russians» against the Jews: Right-Wing Anti-Semitism in the Last Years of the Russian Empire, 1905–1917 // Ab Imperio. 2001. № 3. P. 191 – 220; Narskii I. The Right-Wing Parties: Historiographical Limitations and Perspectives // Kritika: Explorations in Russian and Eurasian History. 2004. Vol. 5. No. 1. P. 179 – 184; Slezkin Y. The Jewish Century. Princeton, NJ; Oxford: Princeton University Press, 2004.

[425]   См., например: Аракин Я. Еврейский вопрос. СПб.: Типография Р.В.Коротаевой, 1912. С. 73; Липранди А.П. Равноправие и еврейский вопрос. Харьков: Мирный труд, 1911. С. 1.

[426]   Грингмут В.А. Евреи и Русский Народ // Грингмут В.А. Собрание статей. М.: Университетская типография, 1910. Вып. 4. С. 403.

мощь могучего государства, подточив богатырскую силу французского народа...»[427].

Часто подобного рода идеи выступали в качестве составной части концепции мирового «жидомасонского заговора». Признанным специалистом в данном вопросе считался А.С.Шмаков. Приняв участие в прениях на съезде Объединенного дворянства в феврале 1911 г.[428], он в 1912 г. выпустил том, объемом свыше 600 страниц под названием «Международное тайное правительство». Шмаков утверждал, что весь ход мировой истории определяется борьбой между арийцами и семитами. Инструментом влияния семитов служит масонство. Через масонов ставленники евреев внедряются в различные институты. Масоны (а за их спиной – евреи) стояли за такими событиями, как Великая французская революция и т.п. Задачу взять весь мир под свой контроль евреи решали не только установлением своего экономического господства, но и организацией революционных выступлений против существующих порядков.

Сомневаясь в возможности победить мировое еврейство и масонство, автор выражал надежду, что на пути еврейского Карфагена все же встанет арийский Рим[429]. Естественно, что этим новым Римом могла быть только Россия, единственная великая держава, где сохранялась дискриминация евреев на государственном уровне.

Вариации концепции всемирного жидомасонского заговора получили чрезвычайно широкое распространение среди российских консерваторов. Ее поддерживали и дубровинцы, и думские правые, и националисты. По мнению авторов многочисленных антисемитских сочинений, в привилегированном положении в России оказались не русские, а евреи. Возникла своего рода «дискриминация наоборот». «"Черта оседлости"

---

[427]   Русское знамя. 1913. 13 марта. См., также: Бутми Г.В. Враги рода человеческого. 5-е изд. СПб.: Типография училища глухонемых, 1907 (1-е изд. 1906). С. I; Образцов В.В. Кто ловец? // Прямой путь. 1910. 5 февр. С. 520.

[428]   См.: Труды VII съезда уполномоченных дворянских обществ 37 губерний. С.154 – 168, 175 – 190. См.: Миндлин А.Б. Проекты Объединенного дворянства России по «еврейскому вопросу» // Вопросы истории. 2002. № 4. С. 13 – 26.

[429]   Шмаков А.С. Международное тайное правительство: дополненное и переработанное исследование по схеме речи, произнесенной на VII съезде Объединенных дворянских обществ. М.: Городская типография, 1912. С. 53.

существует теперь уже не для Евреев, а для самих Русских, вытесняемых из всех первых мест на своей Родине, из промышленности и торговли, из науки и искусства, из всякой области сколько-нибудь выгодного труда», – сетовал осенью 1913 г. М.О.Меньшиков[430].

Аргументы в пользу существования международного заговора евреев черпали из «Протоколов сионских мудрецов», неоднократно публиковавшихся в России[431]. Но даже сомнения в аутентичности «Протоколов сионских мудрецов» совсем не обязательно приводили к принципиально иным оценкам роли евреев. Об этом свидетельствует пример Л.А.Тихомирова. Редактор «Московских ведомостей» в принципе отказывался видеть во всех социальных потрясениях происки «жидомасонов». «...В истории общественности действуют самостоятельно силы социальной природы, которыми может пользоваться каждый в своих целях, но которых никто – ни масонский "патриарх", ни римский папа, ни монархи, ни великие министры – не создают... В несомненных явлениях расстройства нынешних обществ виновато, конечно, больше всего не какое-нибудь преднамеренное злое влияние масонов или каких бы то ни было организаций, а ложное направление наших собственных устроительных действий»[432]. Но, не считая «ясным» вопрос о подлинности «Протоколов»[433], Тихомиров разделял мнение о еврейском засилье и «первенствующей роли» евреев в революции»[434].

---

[430] Еврейская победа // Письма к ближним. 1913. № 10. С. 771. Похожие убеждения разделяли и более радикальные представители консервативного лагеря, на что уже обращал внимание Х.-Д. Лёве. См.: Löwe H. -D. The Tsars and the Jews. P. 284.

[431] Об истории подготовки и публикации «Протоколов» в России см.: Делевский Ю. [Юделевский Я.Л.] Протоколы сионских мудрецов (История одного подлога). Берлин: Эпоха, 1923; Бурцев В.Л. «Протоколы сионских мудрецов»: доказанный подлог. Париж: Б.и., 1938; Cohn N. Warrant for genocide: The Myth of the Jewish World-Conspiracy and the Protocols of the Elders of Zion. London: Eyre and Spottiswoode, 1967; Кон Н. Благословение на геноцид: Миф о всемирном заговоре евреев и «Протоколах сионских мудрецов». М.: Прогресс, 1990; Спиридович А.И. Охрана и антисемитизм в дореволюционной России // Вопросы истории. 2003. № 8. С 3 – 36.

[432] Тихомиров Л.А. К реформе обновленной России. С. 60.

[433] Там же. С. 55, 62.

[434] Там же. С. 65.

В этом контексте чрезвычайно интересно отношение консерваторов к еще одному обвинению, выдвигавшемуся в адрес евреев, – обвинению в ритуальном умерщвлении людей. Согласно В.Л.Бурцеву, «Протоколы» первоначально предназначались не для агитации среди широкой публики, а для интеллектуальной «обработки» политической элиты, прежде всего самого царя. Он допускал, что они получили широкую известность без участия или даже вопреки воле авторов[435] и хотя бы в силу специфического языка едва ли годились для массовой пропаганды. Значительно более эффективным средством мобилизации антисемитских настроений в широких слоев населения, по-видимому, казался «кровавый навет»[436].

Консервативные авторы объявляли вопрос о существовании ритуальных убийств предрешенным, независимо от судебного приговора[437]. «Каков бы ни был его (дела Бейлиса. – М.Л.) исход, существование ритуальных убийств у евреев доказано», – считала «Земщина»[438]. В этой ситуации сам процесс над М. Бейлисом становился лишь очередной иллюстрацией человеконенавистнического существа иудаизма.

Хотя консервативная печать в целом выступила на стороне обвинения, вопрос о вине самого Бейлиса ушел на задний план. Гораздо боль-

[435] Бурцев В.Л. Указ. соч. С. 5–6.

[436] Можно согласиться с Д.А.Эльяшевичем, связывавшим популярность «кровавого навета» в антисемитской пропаганде начала века со стремлением «сделать антисемитскую теорию доступной и понятной широким массам населения, сознательно снизить ее до уровня обыденного сознания» (Эльяшевич Д.А. Идеология антисемитизма в России в конце XIX – начале XX в. // Национальная правая прежде и теперь: историко-социологические очерки / отв. ред. Р.Ш.Ганелин, СПб.: С-Петербургский филиал Института социологии РАН, 1992. Ч. 1. С. 66).

[437] Подробнее о деле Бейлиса см.: Степанов С.А. Указ. соч. С. 265 – 321; Дело Бейлиса: исследования и материалы / сост. Л.Кацис. М.: Еврейский университет в Москве; Иерусалим: Гешарим, 1995; Дело Менделя Бейлиса: Материалы Чрезвычайной следственной комиссии Временного правительства / сост. Р.Ш.Ганелин, В.Е.Кельнер, И.В.Лукоянов. СПб.: Дмитрий Буланин, 1999; Rogger H. The Beilis Case: Anti-Semitism and Politics in the Reign of Nicolas II // Rogger H. Jewish Policies and Right-Wing Politics in Imperial Russia. Berkeley, CA: University of California Press, 1986. P. 40 – 55; Lindemann A.S. The Jew Accused: Three Anti-Semitic Affairs (Dreyfus, Beilis, Frank). Cambridge; New York, NY: Cambridge University Press, 1991. P. 129 – 193.

шее значение для консерваторов имело судебное признание факта ритуального убийства, что давало бы основание говорить о коллективной вине евреев. «...Дело об убийстве Ющинского касается не столько Бейлиса, как всего еврейства», – писали «Московские ведомости» уже в самом начале процесса[439]. Еще более определенно показывало, что не в Бейлисе дело, письмо, направленное 12 октября 1913 г. Г.Г.Замысловскому и А.С.Шмакову от имени «Группы русских дворян, горячо относящихся к вашей работе». «Направьте же дело на прямой путь – ведь убийство явно совершено жидами. Если Бейлис лично не виноват, то, во всяком случае, убийство Ющинского жидами должно быть доказано»[440]. В связи с этим наказанию предлагали придать коллективный характер, а его объектом сделать служителей иудейского культа: «За каждого умученного ребенка должны быть сосланы в каторгу несколько ближайших к месту обнаружения трупа раввинов и резников, без которых ни одно религиозное убийство не обходится»[441].

Сообразно этим настроениям был воспринят и вынесенный приговор. Хотя присяжные признали М.Бейлиса невиновным, они все же решили, что преступление было совершено на ритуальной почве. На последнем обстоятельстве, естественно, и концентрировали свое внимание консерваторы. «Бейлис оправдан, но ведь зато обвинен весь ритуально-зверский Израиль...», – резюмировала приговор «Земщина»[442]. А Б.В.Никольский даже обнаружил достоинства такого судебного решения в сравнении с обвинительным приговором в отношении Бейлиса. «...Лучше и быть не могло: Бейлис оправдан, ритуал признан. Жиды,

---

[438]   Земщина. 1913. 4 окт. Эту позицию газета занимала на протяжении всего дела Бейлиса.

[439]   Московские ведомости. 1913. 28 сент. Исследователи уже обращали внимание на то, что русские антисемиты гораздо больше стремились доказать ритуальный характер убийства, чем вину Бейлиса. См.: Степанов С.А. Указ. соч. С. 307.

[440]   ГАРФ. Ф. 102, оп. 265, д. 911, л. 36.

[441] Земщина. 1913. 13 окт.

[442]   Там же. 31 окт. Эту позицию разделяли и другие ведущие консервативные издания, «Московские ведомости» и «Новое время». См.: Московские ведомости. 1913. 30 окт.; Новое время. 1913. 29 окт. См. также: Гофштеттер И.А. Убийство Ющинского и русская общественная совесть. СПб.: Типография А.С.Суворина. С. 18.

видимо, ликуют, но это ликование плохое. Подумав, они опомнятся. Ведь кассация невозможна. Это даже лучше обвинительного по отношению к Бейлису приговора. Жиды вопили: обвинив Бейлиса, вы обвините всех евреев. Но приговор говорит: нате – Бейлис невиновен, но вы-то виновны»[443].

При всем обилии выступлений в пользу достоверности сведений о практике ритуальных убийств, трудно сказать, насколько выступавшие были искренни. Некоторые из консерваторов предпочитали говорить не о фактах ритуальных убийств, а об их вероятности. В этой связи можно сослаться на рассуждения Л.А.Тихомирова, относящиеся к периоду процесса над Бейлисом: «К сожалению, вопрос о ритуальных убийствах страшно темен. Их *возможность* в высшей степени вероятна...»[444]. Не разрешал сомнения и приговор: «Спор о том, есть ли ритуальные убийства, остался таким же, как был»[445]. М.О.Меньшиков, говоря о наличии серьезных оснований для представлений о ритуальных преступлениях, использовал для их характеристики слово «легенда»[446]. По мнению П.К.Губера, в ритуальное убийство А.Ющинского не верили даже гражданские истцы, и искренне убежденный в ритуальном характере преступления В.В.Розанов был исключением среди тех, кто просто хотел получить от дела Бейлиса политические дивиденды[447].

Кровавый навет устанавливал жесткую связь между иудейской верой и опасностью, исходившей от евреев. Однако некоторые консерва-

---

[443]   Дневник Б.В.Никольского, запись 28 октября 1913 г. // РГИА. Ф. 1006, оп. 1, д. 4б, 325 об.

[444]   Дневник Л.А.Тихомирова, запись 1 октября 1913 г. // ГАРФ. Ф. 634, оп. 1, д. 22, л. 27 об. – 28.

[445]   Там же, запись 29 октября 1913 г. // Там же. Л. 44 об.

[446]   Убийство А.Ющинского он характеризовал так: «Преступление зверское, но характерное, воскресившее *легенду* (курсив мой. - *М.Л.*) о ритуальных убийствах Евреев» (Маленький Зола // Письма к ближним. 1913. № 10. С. 703).

[447]   Губер П.К. Силуэт Розанова // В.В.Розанов: Pro et contra / сост. В.А.Фатеев. СПб.: Русский Христианский гуманитарный институт, 1995. Кн. 2. С. 347. Действительно, что касается В.В.Розанова, то его вера в ритуальные убийства у евреев сомнения не вызывает. «Ющинский убит именно так, как евреи, и *одни они* в Европе, убивают ритуально свой скот и никогда не едят мяса иначе, как от животного с таким "по-Ющинскому" обескровлением... Ющинский был в руках у евреев и умер по их ритуалу», – писал публицист в статье «Испуг и вол-

торы смотрели на эту проблему значительно шире. Они видели источник опасности не в иудейских ритуалах, а в биологических характеристиках евреев.

Сторонником биологического, расового объяснения «вредоносности» евреев выступал М.О.Меньшиков. Он в принципе был поборником расового, биологического подхода к национальным проблемам. «Если изучить историю хотя бы одного рода на протяжении веков, но изучить биологически, с исследованием всех кровей, то можно найти истинную причину возвышения царств – чистоту расы и истинную причину упадка их - смешение рас», – писал Меньшиков[448].

С его точки зрения, порочность евреев была предопределена биологически. Поэтому преодолеть изъяны еврейской нации посредством перехода из иудейства в христианство или любую другую веру было невозможно. Тем более что Талмуд, согласно Меньшикову, разрешал евреям принимать иную веру «притворно», а значит, не существовало принципиальных различий между крещеным евреем и евреем, исповедовавшим иудаизм[449].

Как справедливо указывает Х.-Д.Лёве, расистские взгляды публициста шли вразрез с нормами российского законодательства, в соответствие с которым дискриминационные меры против евреев распространялись лишь на исповедовавших иудаизм. Можно обнаружить заметное сходство меньшиковской стилистики со стилистикой нацистов[450]. Вместе с тем требует уточнения тезис немецкого ученого о том, что расистские взгляды на еврейский вопрос не были широко распространены в России[451].

Действительно, российские правые традиционно исходили из того, что принадлежность к евреям определялась не столько кровью (этнической принадлежностью родителей), сколько   исповедуемой религией. Этого подхода придерживались многие консерваторы и в рассматриваемый период. По мнению А.А.Киреева, принявшего православие ев-

---

нение евреев». См.: Розанов В.В. Обонятельное и осязательное отношение евреев к крови // Собрание сочинений: Сахарна. М.: Республика, 2001. С. 305.
[448] Последняя тайна // Письма к ближним. 1912. № 2. С. 151.
[449] См., например: Они размножились // Там же. 1914. № 2. С. 122.
[450] Löwe H. -D. The Tsars and the Jews. P. 283 – 284.

рея, и уж во всяком случае его детей, надлежало считать русскими[452]. Решающее значение придавали культурным факторам (религии и воспитанию) и некоторые националисты, допускавшие возможность «перевоспитания» евреев. В брошюре «Еврейский вопрос», выпущенной в 1912 г. Всероссийским национальным клубом, специально оговаривалось, что второе и последующие поколения перешедших в православие евреев могли быть освобождены от дискриминационных ограничений при условии, чтобы эти поколения были воспитаны под надзором русского духовенства[453].

Однако многие российские антисемиты не верили в возможность такого решения «еврейского вопроса». «Раса есть основной фактор в социальных и государственных проблемах. Бесплодны попытки закрывать пред этим глаза... На египетских пирамидах нетрудно убедиться, прежде всего, в неискоренимости еврейского типа», – полагал А.С.Шмаков[454]. «Семитическая раса» объявлялась «наиболее нечистоплотной в нравственном отношении»[455]. «Еврейство, господа, прежде всего, не религия, а – раса, племя», – говорилось в приветственной речи представителя русского собрания В.И.Веножинского, обращенной к V съезду Русских людей (май 1912 г.)[456]. Члены специальной комиссии по еврейскому вопросу, созданной Объединенным дворянством, считали нужным подвергнуть ограничениям в правах «выкрестов из евреев»[457]. Дань расистской фразеологии отдавали даже те, кто полагал, что евреев можно «обратить» в русских. Автор уже упоминавшегося «Еврейского вопроса» писал по поводу борьбы с евреями: «...борьба в данном случае ведется не с религией, в выборе которой по существующим уже законоположениям предоставлена свобода, а с расой – и только с ней одной»[458]. Он

[451] Ibid. P. 284.
[452] Дневник А.А.Киреева, запись 28 октября 1909 г. // ОР РГБ. Ф. 126, к. 15, л. 66.
[453] Аракин Я. Еврейский вопрос. С. 77.
[454] Шмаков А.С. Международное тайное правительство. С. 17.
[455] Там же. С 16 – 17.
[456] Правые партии. 1905 – 1917: документы и материалы / сост Ю.И.Кирьянов. М.: РОССПЭН, 1998. Т. 2. С. 190.
[457] См.: Заключение комиссии по еврейскому вопросу, 12 января 1911 г. // РГИА. Ф. 899, оп. 1, л. 1 – 1об.
[458] Аракин Я. Указ. соч. С. 77.

страницами цитировал Х.Чемберлена, приводил мнение Р.Вирхова о том, что у евреев «самый плохой в Европе череп» и т. д.[459].

Евреев, даже крещеных, не принимали в крупнейшие правые организации[460]. Параграф 6 Устава Всероссийского Дубровинского союза русского народа. «Евреи, как по религии, так и по происхождению, даже от смешанных браков, а равно состоящие в браке с евреем или еврейкою, в члены Союза допущены быть не могут»[461].

Итак, в качестве основания неприязни к евреям российские консерваторы указывали как на несовместимость иудаизма и православия (в наиболее грубой форме это проявлялось в ссылках на кровавый ритуал), так и на биологические особенности еврейского народа. Причем с течением времени расистские тенденции в консервативных трактовках национальных конфликтов заметно усиливались.

III. 2 «Россия – для русских!»: от дубровинцев до думской правой

Для подхода российских консерваторов к национальной проблематике в целом был характерен своеобразный «синдром осажденной крепости». Русские, православные воспринимались как объект атаки, теснимый со всех сторон враждебными инородцами и иноверцами.

Консерваторы предлагали различные варианты выхода из ситуации. Но разграничительные линии в подходе к этой проблематике не вполне совпадали с теми, которые существовали в решении вопроса о представительных учреждениях. Так, несмотря на серьезные разногласия по поводу Думы, думские правые и дубровинцы выражали сходные взгляды на межнациональные и межконфессиональные отношения в империи.

---

[459] Там же. С. 24 – 27, 29.

[460] Такого рода положения содержались в документах Союза русского народа и Союза Михаила Архангела. См: Союз русского народа: по материалам Чрезвычайной следственной комиссии Временного правительства / под ред. В.П.Викторова. М.; Л.: Госиздат, 1929. С. 414; Правые партии. Т.1. С. 380.

[461] Там же. Т. 2. С. 242.

По их мнению, полноценную защиту русских национальных интересов могли осуществлять только государственные институты. Государство превращалось в создателя нации. А.Г.Шечкову казалось, что не может быть национальности там, где нет государственности, и поэтому польская национальность, существовавшая до тех пор, пока существовала суверенная Польша, затем превратилась в фикцию[462]. Следовательно, укрепление государства становилось важнейшей национальной задачей русского народа. «Целостность и независимость России, ее достоинство и могущество покоятся на государственном, то есть национальном, единстве, на страже которого должны крепко стоять и русское правительство, и русская Дума, и все русские люди, весь русский народ, отпарируя и беспощадно подавляя окраинно-инородческие притязания», – полагал А.П.Липранди[463].

Русская национальная идентичность была немыслима без самодержавия. «Русский народ не будет называть себя русским, если не будет у него полновластного, могущественного Царя-Самодержца», – объяснял с трибуны Государственной Думы Н.Е.Марков[464]. Другой важнейшей национальной характеристикой выступала принадлежность к православию. Неправославным и противникам монархии отказывали в праве считаться русским[465]. Показательно, что подобного рода формулы фигурировали не только в политической публицистике, но и в организационных решениях[466].

По этой логике истолкование и защиту государственных интересов можно было доверить только русским. «Разве насаждать, укреплять и развивать начала русской государственности возможно нерусскими руками..?» – задавал риторический вопрос один из руководителей Правой

---

[462] См.: Государственная Дума: Стенографические отчеты. Созыв третий. Сессия V. Ч. 2. СПб.: Государственная типография, 1912. Стб. 262.

[463] Липранди А.П. Инородческий вопрос и наши окраины // Мирный труд. 1909. № 7. С. 102.

[464] Государственная Дума: Стенографические отчеты. Созыв четвертый. Сессия I. Ч. 1. СПб.: Государственная типография, 1913. Стб. 405.

[465] См., например: Русское знамя. 1913. 2 апр.

[466] См., например: Протокол № 27 собрания Главного Совета ВДРСН от 29 апреля 1913 г. // ГАРФ. Ф. 116, оп. 1, д. 19, л. 38.

группы Государственного Совета А.С.Стишинский[467]. Поэтому о равенстве прав этнических русских и инородцев не могло быть и речи.

«...Всегда представительство... должно быть умалено в несколько раз для польского элемента, и вообще на всяких окраинах элемент инородческий не должен пользоваться в смысле государственных и гражданских прав равным правом представительства с русским элементом, потому что один элемент является по природе своей, по свойствам своим, строителем русского государства, а другие – нет»[468]. Обращает на себя внимание то, что сомнение в благонадежности возникало и относительно представителей славянских народов. Многие представители русской правой определяли свои воззрения как *русофильские*, противопоставляя их *славянофильским*[469].

Важнейшая роль в защите русских национальных интересов отводилась государственной церкви, которая рассматривалась как важнейший элемент системы управления и одновременно фактор сохранения национально-культурной идентичности, ослабление которой угрожало прочности самодержавия. «Охраняя единство Русского Государства, было бы безумием ослаблять силу, его связующую, то есть Православную церковь», – убеждал членов Государственного Совета П.Н.Дурново[470]. Согласно Л.А.Тихомирову, только привилегированное положение одной из церквей (в данном случае, разумеется, православной церкви) могло обеспечить надлежащий уровень нравственности в обществе. Если закон выступал в качестве «обязательного предписания

---

467   Государственный Совет: Стенографические отчеты. Сессия IV. СПб.: Государственная типография, 1909. Стб. 784.

468   Труды VI съезда уполномоченных дворянских обществ 33 губерний. С. 175.

469   «Не наступила ли минута, когда среди обывателей несчастной, обезумевшей России приходится проповедовать уже не славянофильство, а русофильство...», – убеждал своего адресата деятель Объединенного дворянства В.Н.Снежков (Открытое письмо С.Ф.Шарапову // Свидетель. 1908. № 16–17. С. 9.). См. также.: Веножинский В.И. Славянофилы и юдофилы // Прямой путь. 1912. Вып. 2. С. 218 – 220.

470   Государственный Совет: Стенографические отчеты. Сессия V. СПб., 1910. Стб. 2813. См. также: Айвазов И.Г. Православная церковь и высшие государственные учреждения в России. С. 32.

минимума нравственных начал», то лишь государственная церковь могла обеспечить достаточную высоту этого минимума[471].

Исходя из этих общих посылок, а также из статьи 62 Основных Законов, именовавшей православие «первенствующей и господствующей
в Российской империи верой», решительно отвергались попытки реформировать вероисповедное законодательство.

Сторонников реформы обвиняли в намерении ревизовать высочайший указ 17 апреля 1905 г. «Об укреплении начал веротерпимости». Утверждалось, что этот говорил лишь о «ненаказуемости» перехода православного в иное христианское исповедание, тогда как реформаторы
выступали за предоставление «права переходить во всякое вероиспо-
ведание или вероучение, принадлежность к коему ненаказуема в уго-
ловном порядке»[472]. Г.Г.Замысловский сравнивал отношение государства к неправославным культам с его отношением к порочным явлениям
(пьянству, разврату и т.п.). Эти явления можно терпеть, но разве мыслим закон, содержащий формулу «всем и каждому предоставляется
право пьянствовать, обманывать и предаваться разврату?» – писал
думский политик. И если государство не считало нужным наказывать за
«отпадение» от православия, то считать это «правом» значило такое отпадение поощрять[473]. По тем же основаниям отвергался и законопроект
о равноправии лиц, лишенных духовного сана[474].

По мнению противников вероисповедных реформ, право проповеди,
пропаганды религиозных убеждений, как и прежде, должна была иметь
только православная церковь[475]. Попытки вероисповедных реформ правые оценивали как «поход против православия», затеянный под видом
«свободы совести», и провал думских вероисповедных законопроектов
сочли большим политическим успехом[476].

---

[471] См.: Тихомиров Л.А. К реформк обновленной России. С. 44 – 45.

[472] Юрский Г.[Замысловский Г.Г.] Указ соч. С. 49.

[473] Там же.

[474] См., например: Тихомиров Л.А. К реформе обновленной России. С. 302

[475] Айвазов И.Г. Указ. соч. С. 9. См. также: Восторгов И.И. В защиту православной
церкви. По поводу нового вероисповедного закона // Восторгов И.И. Полное
собрание сочинений. М.: Русская печатня, 1916. Т.4. С.421 – 422.

[476] Юрский Г.[Замысловский Г.Г.]. Указ. соч. С. 53.

Стремление не допустить расширения рамок религиозной терпимости часто сочеталось с попытками повысить общественную роль православной церкви с помощью институциональных реформ в ней самой. Признавая факт глубокого неблагополучия в делах церковных, некоторые консервативные теоретики предлагали преодолеть это неблагополучие, созвав Поместный Собор. На Собор возлагали надежды, связанные с противодействием либеральным реформаторам и активизацией церковной общественности. Решительным сторонником созыва Собора был Л.А.Тихомиров. Он подчеркивал необходимость такого шага на протяжении всего времени пребывания на посту редактора-издателя «Московских ведомостей»[477]. В консервативных кругах получила распространение и идея возвращения к патриаршеству[478].

Сторонники созыва Поместного Собора и восстановления патриаршества рассматривали свои проекты прежде всего с точки зрения противодействия политике реформ. Как фактор сдерживания реформаторов оценивал Поместный Собор Л.А.Тихомиров[479]. Аналогичным образом воспринимал идею восстановления патриаршества И.Г.Айвазов. «Ни автономии, ни "свободы совести" в духе столыпинских законов не должно быть,... – писал он Антонию Волынскому 23 декабря 1908 г. – Возглавить церковь Патриархом – вот задача всей нашей работы на 1909 г. Только тогда мы будем иметь силу в противовес Думе, Гос. Совету и К°»[480]. Эти совпадения особенно показательны, в силу того что Тихомиров и Айвазов придерживались диаметрально противоположных точек зрения на созыв Поместного Собора: первый заявлял о его неотложности, тогда как последний не видел в Соборе никакой необходимости.

Предложения о созыве Поместного Собора и возрождении патриаршества должны были помочь изъять вопросы, касающиеся церкви, из ведения представительных учреждений. Однако многие противники вероисповедного законодательства вообще не видели необходимости ни в Поместном Соборе, ни в восстановлении патриаршества. Выступая про-

---

[477] Его публикации на эту тему составили особый раздел в сборнике «К реформе обновленной России». См.: Тихомиров Л.А. Указ соч. С. 301 – 343.

[478] См., например: Ухтубужский П. [Облеухов Н.Д.] Монархическая идея за последние 300 лет // Прямой путь. 1913. Вып. 2. С. 115.

[479] Тихомиров Л.А. К реформе обновленной России. С. 308.

тив «разрушительного нового думского вероисповедного переворота», они полагали, что предотвратить реформы можно и при сохранении прежней церковной организации во главе с синодом[481]. Одновременно среди консерваторов, особенно среди консервативного духовенства, обнаружилось стремление усилить влияние церкви на государственные дела. Избиравшихся в Думу священников и представителей духовенства в Государственном Совете для этого казалось недостаточно.

Одним из проектов такого рода был проект учреждения Всероссийского православного братства, инициатором которого являлся протоиерей И.И.Восторгов. Братство должно было вовлечь в активную политическую деятельность многочисленных участников православных религиозных общин и фактически заменить собой Союз русского народа. Против Всероссийского православного братства высказался Ю.П.Бартенев, один из создателей и руководителей славянофильского Союза русских людей. По его мнению, любая политическая деятельность (пусть даже консервативного толка) сама по себе являлась злом, от которого по мере сил необходимо было воздерживаться. «Есть люди, которые видят в занятиях политикой венец человеческой деятельности, но нам кажется, что политиканство есть упорная, трудно исцеляемая болезнь, вроде чесотки, а Братства, введенные по Вашим начертаниям, будут вгонять этот тяжкий недуг в самую глубину народного духа... Боюсь, как бы вместо очищения Союза Русского Народа, Ваши Братства политиканством своим не поспособствовали бы загрязнению самого Православия», – обращался Бартенев в декабре 1907 г. к И.И.Восторгову[482].

Другим вариантом решения проблемы было введение в Государственную Думу представителей церкви, примерно на тех же началах, на каких они входили в Государственный Совет. В пользу соответствующего изменения выборного закона высказывался И.Г.Айвазов. Главный изъян действовавшего законодательства Айвазов видел в том, что оно

---

[480]   ГАРФ. Ф. 102, оп. 265, д. 360, л. 100.

[481]   См., например: Воронец Е. Кто первый на Руси должен противодействовать разрушительному думскому вероисповедному перевороту // Мирный труд. 1909. № 10. С. 49; Постановления Монархического съезда русских людей в Москве в 1909 г. // Правые партии. Т. 1. С. 476.

[482]   Ю.П.Бартенев – И.И.Восторгову, 27 декабря 1907 // ОР РГБ. Ф. 265, к. 125, д. 3, л. 1 об. – 2.

не рассматривало православную церковь в качестве «мощного духовного фактора и культурно-зиждущего начала». Он резко критиковал закон, в соответствии с которым священник мог быть избран лишь в связи с имущественным (земельным) цензом, и полагал правильным порядок избрания депутатов от духовенства в Государственный Совет, где они выступали в качестве представителей особой корпорации[483]. Автор отдавал себе отчет в том, что реализация его проекта требовала радикального пересмотра действующего законодательства, который едва ли имел шанс пройти обычным путем. И здесь, как и во многих случаях, возникал соблазн слома существующего законодательного порядка справа. «Нам скажут: но ведь вы желаете перемены выборного в Думу закона?! А если бы и так! Что же здесь невозможного?! Ведь когда пожелали ослабить в Думе революционный элемент и усилить умеренно-конституционный, издали же новый выборный закон 3-го июня!»[484].

Важным фактором защиты русских национальных интересов выступал русский язык, которому должен был всегда оставаться языком господства и власти. На недопустимость использования местных языков даже в местном самоуправлении указывал А.С.Стишинский. «...В России в установлениях государственных, а также в приравниваемых к ним земских и городских учреждениях, как ведающих государственное дело, не может звучать иной язык, кроме языка государственного, кроме языка русского...»[485]. П.Н.Дурново полагал, что и арифметике все дети независимо от национальности должны учиться на русском языке[486]. Подчеркнуто манкируя мнением инородцев, Дурново видел главную цель в том, чтобы не дать никаких оснований оспаривать необходимость сохранения подчиненного положение нерусских народов в Империи. «Мы взяли инородцев не для того, чтобы доставить им удовольствие, а потому что

---

[483] См.: Айвазов И.Г. Указ. соч. С.11 – 12. На это обстоятельство обращал внимание и Г.А.Шечков. См.: Шечков Г. Основной недостаток Государственной Думы // Мирный труд. 1909. № 12. С. 213 – 216.

[484] Айвазов И.Г. Указ. соч. С. 20.

[485] Государственный Совет: Стенографические отчеты. Сессия VIII. СПб.: Государственная типография, 1913. Стб. 1472.

[486] См.: Там же. Сессия III. СПб.: Государственная типография, 1908. Стб. 667.

они нам нужны, и мы их поставим так, как требуют этого интересы нашего отечества»[487].

Проявляя глубокую озабоченность сохранением привилегий для православия и русского языка, сторонники последовательной русификаторской политики значительное внимание уделяли и экономической стороне дела, защите экономических интересов господствующей этноконфессиональной группы. «...Русскому государству, русскому народу вовсе не важно существование какой-то торговли, какой-то промышленности абстрактной, нам нужно процветание русской промышленности... русскому народу торговля нужна, русская промышленность нужна, а всякая иная, она служит кому-то иному, но не русскому народу...», – доказывал Н.Е.Марков[488].

Серьезным средством такой защиты правые считали «национализацию кредита», иначе говоря, обеспечение преимуществ русским заемщикам в доступе к кредитным ресурсам. Накануне выборов в IV Думу Центральный предвыборный комитет правых обещал провести законы об ограничении права инородцев пользоваться средствами Государственного банка и об удешевлении и расширении кредита для русских купцов[489]. «Русское знамя», утверждало, что Государственный банк не должен выдавать займы частным банкам (последние считались «еврейскими»), а должен непосредственно заниматься кредитованием под низкий процент исключительно русских предприятий[490]. Стоит заметить, что «национализация кредита» представлялась как некая альтернатива финансовой политике Коковцова, и активные выступления в пользу такого курса сыграли определенную роль в его отставке[491].

Дискриминацию инородцев предполагалось осуществлять и при операциях по купле-продаже земли и сдаче ее в аренду. Центральный предвыборный комитет правых партий обещал, что правые депутаты IV Думы будут добиваться запрета покупки и аренды земли евреями и ино-

---

[487] Там же. Сессия VII. СПб.: Государственная типография, 1912. Стб. 2955.
[488] Государственная дума: Стенографические отчеты. Созыв четвертый. Сессия II. Ч. 4. СПб.: Государственная типография, 1914. Стб. 249, 251.
[489] См.: Правые партии. Т. 2. С. 260.
[490] См.: Русское знамя. 1914. 23 февр.
[491] См.: Кризис самодержавия в России. 1895 – 1917 / отв. ред. В.С.Дякин. Л.: Наука, 1984. С. 528 – 529.

странными подданными[492]. К «существенным ограничениям» инородцев в праве владеть землей призывал К.Н.Пасхалов[493]. Как сферу чисто русской колонизации предлагалось рассматривать земли Сибири и Дальнего Востока[494]. В пропаганде крайних правых появлялись и предложения принудительного отчуждения частной земельной собственности у инородцев. В пропагандистской брошюре, изданной типографией Почаевской лавры, обосновывался такой вариант решения аграрного вопроса: земля инородцев (с выплатой компенсации) отбирается в казну, а потом продается русским людям[495]. Материалы перлюстрации свидетельствуют, что такого рода идеи получили значительный резонанс среди крестьян и не на шутку напугали польских помещиков Западного края[496].

Еще одним вариантом борьбы с инородцами было создание при правых организациях объединений представителей торговли и промышленности, которым предстояло содействовать «освобождению русских фабрикантов, торговцев и ремесленников от инородческого засилья»[497].

Преимущества для русских оборачивались дискриминацией в отношении инородцев, прежде всего евреев. В качестве самого действенного варианта решения еврейского вопроса рассматривалась их депортация из России. Как полагал Н.Е.Марков, «либо необходимо совершенно устранить евреев от какого бы то ни было участия в государственной жизни России, либо вовсе не поднимать еврейского вопроса»[498]. Побуждением к массовой эмиграции евреев из России должно было стать усиление их дискриминации. «Необходимо путем законодательным создать для евреев такое положение, что их пребывание в России сделается невоз-

---

[492] Правые партии. Т. 2. С. 267.

[493] Московские ведомости. 1910. 21 июля.

[494] См., например, соответствующие постановления на этот счет Монархического Съезда русских людей в Москве в 1909 г. // Правые партии. Т.1. С. 491 – 494 .

[495] См.: Мария из-за Буга. [Мариуца-Гринева М.Н.] Отчего в русском государстве земля в руках нерусских людей. Почаев: Типография Почаево-Успенской лавры, 1911. С. 27 – 28.

[496] См.: М.Тышкевич – В.П.Мещерскому, 19 сентября 1911 г. // ГАРФ. Ф. 102, оп. 265, д. 498, л. 15 – 15 об.

[497] [Информационное сообщение] от Главной Палаты Русского Народного Союза имени Михаила Архангела // Правые партии. Т.1. С. 429.

[498] Протокол заседания комиссии по еврейскому вопросу 30 декабря 1910 г. // РГИА. Ф. 899, оп. 1, д. 120, л. 3.

можным»[499]. «Земщина» ставила вопрос шире: речь должна была идти о полном выселении евреев из Европы[500].

Дубровинское «Русское знамя» объявляло изгнание евреев из России «единственным выходом, долгом и священной обязанностью» правительства перед народом и государем[501]. Допускалось и поэтапная реализация этой идеи: сначала собрать всех евреев в пределах черты оседлости, а потом выслать их за пределы страны[502]. Для евреев предлагалось организовать специальные колонии внутри страны, содержать которые собирались на конфискованные у евреев средства[503]. Не исключались менее радикальные шаги: экономический бойкот евреев[504], искоренение еврейского землевладения и землепользования[505], «полное очищение русской школы... от иудейского элемента»[506] и т.п.

Наряду с евреями «повышенным вниманием» правых пользовались финны. Главным методом борьбы с ними должно было стать усиление русского влияния на Северо-западной окраине. В наиболее жесткой форме основную стратегическую идею поклонников этого курса выразил в ходе первой сессии III Думы В.М.Пуришкевич: «...пора это зазнавшееся Великое княжество Финляндское сделать таким же украшением русской короны, как Царство Казанское, Царство Астраханское, Царство Польское и Новгородская пятина...»[507].

Именно Финляндия с ее зафиксированной в Основных Законах автономией стала важнейшим объектом нападок правых. Ссылки на исто-

---

[499] Там же. Л. 3 об.

[500] «Ненависть сознательного антисемита... требует, чтобы иудеи совсем оставили пределы Европы», - писала «Земщина» 4 октября 1913 г.

[501] Русское знамя. 1914. 6 февр.

[502] См.: Труды VI съезда уполномоченных дворянских обществ 33 губерний. С. 144.

[503] См.: Русское знамя. 1911. 5 нояб.

[504] См.: Бутми Г.В. Враги рода человеческого. С. 127.

[505] См.: Предвыборное воззвание к Русскому Народу Русского Народного Союза имени Михаила Архангела // Прямой путь. 1912. Май. С. 778.

[506] Там же. Некоторые деятели Объединенного дворянства предлагали создать специальные школы для евреев, запретив им поступать в низшие и средние учебные заведения общего типа. См., например: Доклад комиссии по народному образованию о полном разобщении в учебных заведениях учащихся христиан и евреев // РГИА. Ф. 899, оп. 1, д. 111. л. 8.

рические документы, в том числе на императорские манифесты, отвергались с позиции целесообразности, которая в данном случае ставилась выше закона и традиции. «Если конституция, данная Финляндии, почему-либо в данное время становится неудобной для русских интересов, то... должна быть отменена без всяких разговоров с финляндцами и конституция финляндская», – говорил Н.Е.Марков[508]. Из этого логически вытекал курс на свертывание финляндской автономии, «поход на Финляндию», важнейшую роль в котором сыграли думские правые, активно добивавшиеся принятия ущемляющих Финляндию законопроектов.

Вопрос ставился даже шире. Речь шла о ликвидации самой возможности предоставления особого статуса отдельным частям империи. Н.Е.Марков замечал: «...Давно пора прекратить эту игру в наместничество, генерал-губернаторство, в эти маленькие дворики, где существуют самозваные маленькие царьки, окруженные инородческой челядью, подвластные этим влияниям, враждебным русскому народу, русскому государству, и часто совершающие деяния ради утехи личного самолюбия, вредные для государства»[509].

Марков и его единомышленники довольно прохладно отнеслись к законопроекту о выделении Холмской губернии. Прежде всего, их смущало то, что утверждение о необходимости ее выделения фактически означало признание Польши особым национально-территориальным образованием. Правые призывали не усложнять проблему, подыскивая культурно-исторические и географические обоснования для выделения. «...Берите линейку и линуйте, как это требуется, – говорил Г.А.Шечков, – вы на это имеете полное право, вы действуете у себя дома... Приводить в свое оправдание довод, что мы имеем право вести границу так-то, потому что здесь такой-то процент русского населения, а такой-то польского; все это сюда не относится, все это совершенно лишнее»[510].

---

[507] Государственная Дума: Стенографические отчеты. Созыв третий. Сессия I. Ч. 3. СПб.: Государственная типография, 1907. Стб. 700.

[508] Там же. Стб. 388.

[509] Там же. Сессия V. Ч. 2. СПб.: Государственная типография, 1912. Стб. 2374.

[510] Там же. Стб. 264 – 265. В Государственном Совете на ту же тему высказался А.С.Стишинский: «Русский народ с Державным своим вождем во главе имеет право считать себя хозяином в пределах русского государства и имеет право желать такого распределения государственной территории между единицами

Другой изъян законопроекта о Холмщине правые увидели в том, что он оставлял землю в руках польских помещиков и не предоставлял надлежащих льгот русскому населению[511]. Впрочем, несмотря на все свои претензии, правые поддержали указанный законопроект. Обосновывая это решение, Марков заявил, что, поскольку законопроект в его настоящем виде представляет собой «пустую обложку», есть надежда со временем наполнить ее реальным содержанием в виде законов, гарантирующих привилегированный статус русскому населению[512].

Стратегическим путем решения национальных проблем казалась ассимиляция инородцев, отношения с которыми предлагалось строить с позиции силы. «Сильному да повинуется слабый, а если он не желает добровольно повиноваться, то силой будет к этому принужден. Кому доказывать? Зачем вступать на путь доказательств?» – заявлял по поводу антифинляндского законопроекта в мае 1910 г. В.М.Пуришкевич[513]. «Надо, чтобы страх вернулся, а любви чухонской нам не нужно…», – говорил Н.Е.Марков[514].

По сути дела, правые вели речь о радикальной реконструкции империи, превращении ее в национальное (точнее – мононациональное) государство с сохранением традиционных для страны авторитарных структур и силовых методов реализации власти. Жесткая русификаторская линия, которую отстаивали правые, обеспечивала, с их точки зре-

---

местного самоуправления, которое соответствует его, русского народа, пониманию государственной в этом деле пользы» (Государственный Совет: Стенографические отчеты. Сессия VII СПб.: Государственная типография,1912. Стб. 5041). Данный тезис широко использовался в правой периодике. См., например: Холмский вопрос: обзор русской периодической печати. Вып. XVI (с 1 октября 1909 по 1 октября 1911 г.). СПб.: Государственная типография, 1912. С. 189.

[511] Юрский Г.[Замысловский Г.Г.] Указ. соч. С.105 – 106 ; Холмский вопрос. С. 190 – 192.

[512] См.: Государственная Дума: Стенографические отчеты. Созыв третий. Сессия V. Ч. 2. СПб.: Государственная типография, 1912. Стб. 321, 331.

[513] Государственная Дума: Стенографические отчеты. Созыв третий. Сессия III. Ч. 4. СПб., 1910. Стб. 2236.

[514] Там же. Стб. 2370.

ния, не только защиту национальных интересов этноконфессионального большинства, но и централизацию и унификацию управления страной[515].

III. 3 «Россия – для русских!»: националисты и «национал-демократы»

Поддерживая намерение правых обеспечить привилегированное положение русских, другая группа консерваторов, националисты и «национал-демократы», выступила с иной трактовкой национальных отношений в Российской Империи. Придерживаясь уваровской формулы «Православие. Самодержавие. Народность», националисты сделали упор не на втором ее члене а на третьем. «Просыпающийся к сознанию народ видит себя во власти иноземных и инородных стихий. Пока в течение долгих веков народ вырабатывал себе "православие" и "самодержавие", – его "народность" пребывала в некотором забвении, и вот он видит, что при святой душе и могучем теле он как народ унижен и оскорблен, и все народное наше пренебрежено», – писал в начале 1908 г. М.О.Меньшиков[516].

Для него нация, как феномен расовый, биологический, предшествовала государству. Такой подход был характерен и для других представителей русского национализма. «Существующее ныне господство великих народов – это не продукт истории и исторических событий, но глубочайшее доисторическое и биологическое явление, служащее выражением эволюции и прогресса жизни», – утверждал в своем докладе в Киевском клубе русских националистов А.И.Сикорский[517]. Историческое развитие рассматривалось как результат передачи биологическим путем

---

[515]   Kappeler A. The Ambiguities of Russification // Kritika: Explorations in Russian and Eurasian History. 2004. Vol. 5. No. 2. P. 291 – 297.

[516]   Третья культура // Письма к ближним. 1908. № 3. С. 155.

[517]   Сикорский А.И. О психологических основах национализма. Киев: Типография товарищества И.Н.Кушнерева, 1910. С. 11. См. также: Сикорский И. Что такое нация и другие формы народной жизни // Ab Imperio. 2003. №3. С. 241 – 286;

некоего духовного капитала, который накапливался с незапамятных времен. Стать его наследником можно было, лишь биологически принадлежа к данному народу. «Сделаться участником этого великого духовного капитала возможно для постороннего индивидуума или народа только путем антропологического объединения, так как природа не знает и не практикует ни подражания, ни дарственных надписей, ни отчуждения духовных качеств»[518].

П.И.Ковалевский полагал, что биологическую основу национализма составляет национальное чувство, которое является «прирожденным, бессознательным, инстинктивным, животным»[519]. Национализм («проявление уважения, любви и преданности, преданности до самопожертвования в настоящем, почтения и преклонения перед прошлым и желания благоденствия, славы и успеха в будущем той нации, тому народу, к которому данный человек принадлежит»[520]) выступал как сплав национального чувства и национального сознания, рационального отождествления с данной нацией[521].

В русском национализме рассматриваемого периода присутствовали сильные социал-дарвинистские мотивы. Вот как представлялась главная закономерность мировой истории «национал-демократам»: «В великой всемирно-исторической драме кипит неустанная борьба. Слабые гибнут, сильные торжествуют – вот неизменный железный закон, управляющий жизнью… Народ, оказавшийся не в силах создать крепкое государство, уступает свое место лучше организованному противнику; и торжествующий победитель уничтожает, оттесняет или ассимилирует побежденного»[522].

[518] Могильнер М. «Энциклопедия русского националистического проекта»: Предисловие к публикации // Там же. С. 225 – 240.

[519] Сикорский А.И. О психологических основах национализма. С. 11.

[520] Ковалевский П.И. Национализм и национальное воспитание в России // Известия Всероссийского национального клуба. 1911. № 2. С. 183.

[521] Там же. С. 191.

См.: Там же. С. 190 – 195. См. также: Балашев И.П. О национализме вообще и в частности о русском. СПб.: Типолитография Н.Евстифеева, 1911. С. 4.

[522] Как мы понимаем задачи народной партии в России // Новая Россия: Основы и задачи Имперской Народной Партии. СПб.: Дым Отечества, 1914. С. 104.

Но даже если биологической составляющей нации придавалось меньшее значение, чем культурно-исторической[523], то на первом плане все равно оказывалась сама нация, народ, а не конкретная форма их конфессиональной или политической организации. Объединяющим началом для русского народа служила общность происхождения и культуры. Даже проживание по другую сторону государственной границы не лишало возможности принадлежать к русскому народу. Официозный текст гласил: «...во взглядах националистов господствует полное единодушие по вопросу о том, кого считать русскими. Русский народ – единый народ, живут ли отрасли его в Великой, Малой или Белой Руси. Это сознание единства не ограничивается даже пределами государственными. То же чувство единения исповедуется русским населением Галиции, древней Червонной Руси»[524]. В.А.Бобринский подчеркивал близость культуры и истории всех ветвей русской нации: «Мы... одинаково гордимся Пушкиным, Некрасовым с Кольцовым, как и Гоголем с Шевченко и незабвенным Наумовичем. Мученики западной Руси – это наши мученики, герои малороссийского казачества – это наши общерусские герои»[525].

Вопреки мнению правых негативное отношение к самодержавию было вполне совместимо с принадлежностью к русскому народу. Этническое родство значило больше, чем политическое. Меньшиков заявлял о готовности поддержать на выборах в IV Думу даже кадетов, лишь бы те были «русской крови». «Партийному разномыслию с ними я придаю серьезное значение, но я настолько верю в природу совести и таланта, что наличие последних служило бы для меня достаточным обеспечением: совершенно невозможно, чтобы русские по крови люди да еще честные и талантливые могли бы при каких-либо условиях изменить России»[526].

---

[523] Некоторые националисты видели в нации главным образом культурно-исторический феномен. См., например: Грибовский В.М. Что такое национальность в ее государственном значении // Известия Всероссийского национального клуба. 1911. № 1. С. 86 – 111.

[524] Националисты в III Государственной Думе. С. 143.

[525] Государственная Дума: Стенографические отчеты. Созыв третий. Сессия III. Ч. 1. СПб.: Государственная типография, 1909. Стб. 3062.

[526] Кого выбирать в парламент // Письма к ближним. 1912. № 8. С. 552.

Принадлежность к православию также не являлась обязательным признаком русского. «...Одним фактом перехода из православия в католичество русская народность никоим образом утрачиваться не может», – утверждал в Думе Д.С.Чихачев[527].

Важной характеристикой изложенного представления о нации являлось понимание ее не только как этнической, но и как гражданской общности. Таким образом, русский народ представлялся в политическом отношении не только совокупностью подданных, но и коллективом граждан, сознающих и отстаивающих общие интересы. Главными инструментами выработки и защиты этих интересов служили народное представительство и органы местного самоуправления.

Право создавать последние признавалась даже за инородцами. Утверждалось, что «националисты, отрицательно относясь к идеям о политической автономии Царства Польского, тем не менее, не считали возможным тормозить успехи хозяйственной и культурной самостоятельности польского народа, а потому вполне присоединялись к мысли о желательности введения самоуправления в крае»[528]. Ту же мысль пропагандировали и «национал-демократы». «Что же касается отдельных народностей с резко выраженным национальным самосознанием и с развитой самобытной культурой, то за ними нельзя не признать права на национально-культурное самоопределение, пока то явно не противоречит интересам державной нации в целом», – утверждалось в программном документе «Как мы понимаем задачи народной партии в России»[529].

И хотя о предоставлении национально-территориальной автономии речи не было[530], националисты и «национал-демократы» предостерега-

---

[527] Там же. Стб. 2599. О популярности такого подхода, свидетельствует его широкое использование в пропагандистской литературе. См., например: Ткач В. Очерки Холмщины и Подляшье. Холм: Свято-Богородицкое братство, 1911.

[528] Националисты в III Государственной Думе. С. 31.

[529] Новая Россия. С.108 – 109.

[530] «...Совершенно не стремясь к насильственной русификации, мы все же не можем допустить государственной обособленности наших окраин, чтобы наши окраины превратились в союзные, того или другого типа, государства; мы не можем допустить, чтобы русские люди на наших окраинах были бы неполноправны», – объяснял позицию националистов Н.Н.Ладомирский. (Государственная Дума: Стенографические отчеты. Созыв третий. Сессия I. Ч. 3. СПб.:

ли от того, чтобы единство империи ставилось в зависимость от существования централизованной, унифицированной системы управления. А.А.Сидоров порицал бюрократическую централизацию и приветствовал административную децентрализацию, местное самоуправление и местную экономическую самодеятельность[531]. У М.О.Меньшикова накануне Первой мировой войны появились высказывания о том, что уважение к другим национальностям могло бы способствовать улучшению ситуации на окраинах. «Если ... ни в Финляндии, ни в Прибалтийском крае, ни в Бухаре не было ни одного бунта, то, может быть, потому только, что этим окраинам были сохранены основные права их национальностей: вера, язык обычаи, самоуправление»[532].

Националисты и в особенности «национал-демократы» стремились отмежеваться от примитивной русификаторской линии правых. «...Мы, русские националисты, до мозга костей националисты, но мы не шовинисты. Мы желаем культурного национального развития инородцев, которые находятся под русской державой, но при соблюдении русских государственных интересов... Мы желаем быть народом-освободителем и охранителем, а не народом-поработителем», — уверял В.А.Бобринский[533].

Националистический дискурс кануна Первой мировой войны носил заметный отпечаток либеральной, демократической риторики. Едва ли это можно объяснить терминологическими ухищрениями идеологов русского национализма, пытавшихся создать новые «обертки» для старых идей. Мысль о насущной необходимости синтеза, с одной стороны, либеральной, демократической идеи, а с другой — идеи национальной, получила самое широкое распространение в русской политической публицистике рассматриваемого периода. О «сочетании двух идей, выдвину-

---

Государственная типография, 1908. Стб. 624 – 625). См. также: Как мы понимаем задачи народной партии в России // Новая Россия. С. 112.

[531] См.: Сидоров А.А. Указ. соч. С. 61 – 62. Условиями существования самоуправления, по Сидорову, была бы охрана интересов русских меньшинств и использование русского языка в качестве языка делопроизводства.

[532] См.. например: Инерция покоя // Письма к ближним. 1914. № 5. С. 328.

[533] Государственная Дума: Стенографические отчеты. Созыв третий. Сессия III. Ч. 2. СПб.: Государственная типография, 1910. Стб. 1402–1403. См. также:

тых смутой, идеи государственной и идеи прогрессивной, либеральной, демократической», писал один из авторов сборника «Ладо»[534]. «Только в тесном взаимном слиянии могут жить эти две идеи, получая одна от другой: либеральная идея – разумное, сдерживающее начало подчинения частных стремлений высшим интересам собирательной личности (народа), а национальная идея – такое же разумное ограничение в идее личной свободы», – говорилось во введении к «национал-демократической» «Новой России»[535]. За «прочное соединение» русского национализма с «принципами государственного демократизма» и создание на этой основе влиятельной политической партии выступал Т.В.Локоть[536]. Очевидно, попытку создания и регистрации Народной партии и следует рассматривать как практический опыт реализации данной идеи[537].

Смесь либерально-демократических и консервативно-националистических установок, характерная для доктрины «национальной демократии», обусловила готовность ее сторонников искать партнеров в самых разнородных политических формированиях, от националистов до социалистов. Однако эта политическая «всеядность» успеха не принесла: потенциальных союзников справа отпугивал демократизм, а возможных союзников слева – национализм. В результате «национал-демократы» оставались маргинальной политической группировкой.

Еще меньше шансов обеспечить общественно значимый синтез либерализма и национализма было у собственно националистов, тесно

---

[534] Строганов В. Русский национализм: его сущность, история и задачи. СПб.: Типография А.С.Суворина, 1912. С. 149.

Онежский В. Идейные итоги смуты // Ладо: сборник литературно-общественный, посвященный нарождающейся русской национал-демократии. 2-е изд. СПб.: Типография журнала «Сатирикон», 1913 (1-е изд. 1911). С. 21 – 22.

[535] К чему пришли // Новая Россия. 1914. С. 9.

[536] Т.В.Локоть – П.Т.Васильеву, 15 апреля 1914 г. // ГАРФ. Ф. 102, оп. 265, д. 968, л. 549.

[537] Вероятно, слова из письма Локтя, приведенные выше, были самым непосредственным образом связаны с представлением на регистрацию 16 апреля 1914 г. устава «Народной партии». Хотя в регистрации «Народной партии» отказали, это не остановило попытки дальнейшего организационного объединения «национал-демократов». См.: Новая Россия. С. 114 – 120. Вопросы создания новой партии постоянно обсуждались на страницах «Дыма Отечества» весной-летом 1914 г.

связанных идейно и политически с правыми. По сути дела, «либеральный налет» на идеологии националистов сводился лишь к признанию демократических прав и свобод (да и то в довольно ограниченном объеме, определенном Основными Законами) за русским населением империи. Инородцам права и свободы, полученные русскими, либо вообще не должны были предоставляться, либо могли быть предоставлены в ограниченном объеме.

Националисты и «национал-демократы», стремясь защитить «державные» права русской нации, были готовы воспользоваться теми же инструментами, что и правые. Полноправный политический статус признавался только за русскими. Летом 1908 г. Меньшиков заявил, что русский парламент должен состоять только из русских. «...Я считаю колоссальной ошибкой допущение в русском парламенте представителей других племен. Парламент есть храм законодательства; как в храме тут должно быть одно национальное исповедание, одна политическая вера. Как в храме признается один Господь, в парламенте – один господин – один народ и одно господство – свое собственное»[538].

Меньшиков предлагал самим избирателям посылать в Думу одних русских. В опубликованной в связи с выборами в IV Думу статье «Кого выбирать в парламент?» он заявил, что если исключить абсолютно неприемлемые для него «преступные партии», то политические различия между депутатами менее значимы, чем различия национальные. Поэтому сначала избирателю следовало искать в списке кандидатов русских и лишь во вторую очередь обращать внимание на их политическую принадлежность[539].

Идеи подобного рода были широко распространены среди националистов. Их представления об оптимальном национальном составе Думы варьировались в значительном интервале – от абсолютного преобладания в ней русских до принципиальной недопустимости участия в законодательной деятельности инородцев[540]. За привилегированное положе-

---

[538] Национальный союз // Письма к ближним. 1908. № 6. С. 352.
[539] См.: Там же. 1912. № 8. С. 550 – 553.
[540] Коцюбинский Д.А. Русский национализм в начале XX столетия: Рождение и гибель идеологии Всероссийского национального союза. М.: РОССПЭН, 2001. С. 187.

ние русских в политической сфере решительно выступали «национал-демократы». «Дым Отечества» полагал, что функция законодателя должна быть закреплена за русским народом, а инородцы могли использоваться лишь в качестве «сведущих людей» – представителей локальных интересов, а не депутатов от всего населения[541].

Православие, как религия этнического большинства населения, должна была занимать особое положение среди других конфессий, с учетом «союзных» отношений между православием и государством[542]. Только православной церкви предоставлялось право проповеди, публичной пропаганды своего вероучения ради привлечения новых последователей[543]. Даже за старообрядчеством, которое националисты выделяли среди других вероисповеданий[544], право проповеди не признавалось[545]. Веротерпимость понималась исключительно как «полная безнаказанность принадлежности ко всякому культу, кроме заведомо преступных»[546]. Неудивительно, что, поддерживая правительственные законопроекты о вероисповедной реформе, националисты решительно выступили против расширительного толкования их думским большинством[547].

Подобно многим правым, националисты признавали серьезное неблагополучие в православной церкви и необходимость в ней серьезных реформ. Однако инициатива их проведения должна была принадлежать не государству, а самой церкви. «...Подождите до созыва Поместного всероссийского собора, который один имеет всю полноту власти уврачевать нестроения нашей церковной жизни...», – уговаривал коллег по па-

---

[541] В Гос. Думе IV-го созыва // Дым Отечества. 1912. № 3. С. 2.

[542] См., например: Ковалевский П.И. История России с национальной точки зрения. 2-е изд. СПб.: Типография М.И.Акинфиева, 1912 (1-е изд. 1912). С. 67.

[543] См.: Там же; Государственная Дума: Стенографические отчеты. Созыв третий. Сессия II. Ч. 4. СПб.: Государственная типография, 1909. Стб. 1228 – 1235.

[544] См., например: Собор старого православия // Письма к ближним. 1912. № 1. С.61 – 71. Даже православные священнослужители-националисты подчеркивали особое положение старообрядцев, их близость к официальной церкви. См.: Государственная Дума: Стенографические отчеты. Созыв третий. Сессия II. Ч. 4. СПб.: Государственная типография, 1909. Стб. 1261–1262.

[545] См.: Националисты в III Государственной Думе. С. 188; Новое время. 1909. 14 мая.

[546] Новое время. 1910. 16 мая.

[547] См.: Государственная Дума: Стенографические отчеты. Созыв третий. Сессия II. Ч. 4. СПб.: Государственная типография, 1909. Стб. 2997 – 2998.

лате епископ Евлогий[548]. Националисты выступали за повышение социальной активности церкви, более тесный контакт между духовенством и мирянами, возвращение к церковному устройству допетровской Руси[549].

Важную роль в обеспечении русского господства националисты и «национал-демократы» отводили русскому языку. По мнению А.А.Сидорова, государство должно не только не допускать употребления местных языков в государственных и общественных учреждениях, но и постепенно отменять сохраняющиеся особые законы в данной области. Только тогда в России мог бы утвердиться один, государственный, язык[550]. Использование русского языка на нерусских окраинах подавалось как способ уменьшения межнациональной напряженности. «Дым Отечества» резко выступил против использования польского языка в органах городского самоуправлении на территории Царства Польского, доказывая, что если в данной местности проживает две народности (в данном случае – поляки и евреи), то официальным языком может быть только третий, нейтральный – общегосударственный[551].

Аналогично правым националисты трактовали проблему обеспечения экономического преобладания русских. Для этого предполагалось всемерно развивать русское землевладение, увеличивать долю русских среди владельцев торговых и промышленных предприятий, лиц свободных профессий – в общем, добиваться экономической гегемонии русского населения как средства укрепления гегемонии политической[552].

Большое внимание данной проблематике уделял Т.В.Локоть. Уповая на национальную солидарность, он подводил под свои построения

---

[548] Там же. Сессия III. Ч. 2. СПб.: Государственная типография, 1908. Стб. 1586.

[549] См., например: Собор старого православия // Письма к ближним. 1912. № 1. С. 67 – 71. Более подробно о представлениях националистов о преобразованиях в церкви см.: Националисты в III Государственной Думе. С. 177 – 184.

[550] Сидоров А.А.Указ. соч. С. 46.

[551] Вечевой. Польская загадка // Дым Отечества. 1914. № 24. С. 4. Впрочем, об этом высказывались и иные мнения. Например, М.О.Меньшиков полагал, что отклонение Государственным Советом соответствующего предложения правительства, поддержанного Думой, неразумно, и использование местного языка в местных рамках никакой угрозы имперскому единству не создавало См.: Инерция покоя // Письма к ближним. 1914. № 5. С. 324 – 329.

[552] См., например, рассуждения на этот счет Д.И.Пихно: Государственный Совет: Стенографические отчеты. Сессия VI. СПб.: Государственная типография, 1911. Стб. 769.

серьезную теоретическую базу: «…в политическую группировку имущих классов должен быть включен национальный принцип как бесспорная объединяющая сила. Как фактически, в действительности, существует не единая абстрактная, вернее безнациональная буржуазия, а существует буржуазия русская, еврейская, польская, немецкая и т.д., так и в политическом сознании отдельных групп буржуазии должна быть ясная формулировка своей национальной принадлежности». Важную роль в защите экономических интересов русских собственников могла сыграть их поддержка русской интеллигенцией и особенно государственными институтами. Помощь последних была призвана преодолеть экономическую слабость русских и посредством дискриминации инородцев облегчить положение русского населения[553].

Наиболее опасными врагами казались евреи. Националисты уверяли, что против них необходимы «чрезвычайные меры предосторожности»[554]. Оптимальным вариантом считалось выселение евреев за пределы России[555]. Еврейское население надлежало подвергнуть жесткой дискриминации: «Не "равноправие" требуется для жидов в России, а "бесправие"…»[556].

В антисемитизме националисты шли дальше своих коллег справа. В обмен на переселение в Польшу всех евреев, некоторые из националистов были готовы согласиться даже на восстановление независимого польского государства. И.П.Балашев прямо предлагал «дать Польше *политическую независимость*, т.е. признать ее отдельным государством, *состоящим в личной унии с Россией в Особе ее Монарха*»[557]. Эта декларируемая в частном письме готовность пожертвовать «основным

[553] См.: Локоть Т.В. Оправдание национализма. С. 52. Эту точку зрения разделял П.И.Ковалевский. См.: Ковалевский П.И. Национализм и национальное воспитание в России. С. 105.

[554] Националисты в III Государственной Думе. С. 144. В.Строганов предлагал смотреть на евреев «не как на нацию, а как на зловредную с государственной точки зрения секту» (Строганов В. Указ. соч.. С. 150).

[555] Ковалевский П.И. Национализм и национальное воспитание. С. 206 – 207.

[556] И.П.Балашев – М.О.Меньшикову, 13 октября 1909 г. // РГИА. Ф. 892, оп. 1, д. 1579, л. 8 об.

[557] Там же. Л. 9.

началом своей программы»[558], свидетельствовала о значении, которое
националисты придавали еврейскому вопросу[559].

Особого внимания заслуживает такой момент сходства между националистами, «национал-демократами» и правыми, как ставка на силовые методы. На «право крови» постоянно ссылались как на важнейший
аргумент в пользу сохранения за Россией национальных окраин[560]. Бес-
компромиссную политическую линию считали самой подходящей для того, чтобы утихомирить активизировавшихся инородцев. «Не уступать –
вот принцип всякой действительной силы; именно в этом истинный сек-
рет победы... Не уступать – в этом все разрешение и наших трудностей... Боритесь до крайнего изнеможения: если вы сильны, враг изне-
может раньше», – писал М.О.Меньшиков[561]. Как казалось
Н.Н.Ладомирскому, лишь когда «вместо гуманно-либерального, основанного на непротивлении злу управления, будет строгая, твердая, про-
никнутая национальным духом власть», удастся достаточно укрепить
русскую государственность[562].

Тождество политических инструментов отнюдь не означало тожде-
ства имперских проектов в целом. На уровне практической политики
наиболее заметным выражением националистического курса стала кам-

---

[558] За таковую националисты принимали пункт о «*единстве и нераздельности
Российской Империи и ограждении во всех ее частях господства русской
народности*» (Националисты в III Государственной Думе. С. 7).

[559] Когда возмущенный В.В.Шульгин указал на предвзятость организаторов «дела
Бейлиса», он был подвергнуть резкой критике справа. Подробнее об этом см.:
Санькова С.М. Как дело Бейлиса превратилось в дело Шульгина // Проблемы
этнофобии в контексте исследования массового сознания / под ред. В.Э. Багдасаряна. М.: МГОУ, 2004. С. 95 – 110.

[560] «Неделимость государства имеет в основе своей право крови, пролитой нашими предками за устроение нашей Родины, право собственности на те за-
траты, которые произвели наши предки и за которые мы доселе платили проценты, право обладания, преданное нашими предками, ныне – право культуры
и право исторических устоев», – объяснял П.И.Ковалевский в своей «Истории
России...» (Ковалевский П.И. История России с национальной точки зрения. С.
33). О «праве крови» говорили и думские националисты. См.: Государственная
Дума: Стенографические отчеты. Созыв третий. Сессия I. Ч.3. СПб.: Государственная типография, 1908. Стб. 624 – 625.

[561] Новое время. 1910. 8 мая.

[562] См.: Государственная Дума: Стенографические отчеты. Созыв третий. Сессия
II. Ч. 2. СПб.: Государственная типография, 1909. Стб. 965.

пания за введение земства в Западном крае. Идея состояла в том, чтобы перенести урегулирование межнациональных и межконфессиональных противоречий на места. Особенность подхода националистов к этим противоречиям во многом объяснялись специфическим социальным обликом русского национализма, отражавшего, главным образом, взгляды русских землевладельцев Западного края[563]. Жесткая конкуренция с польскими землевладельцами, обладавшими большими финансовыми возможностями и социальным влиянием, заставляла русских помещиков добиваться законодательных гарантий собственного политического преобладания на местах.

Лидеры националистов многократно подчеркивали опасность ситуации, при которой инородцы (в данном случае – поляки) доминировали в социальной жизни. «Западная Русь, – указывал Д.И.Пихно, – имеет инородческие верхи и русские низы... Такое положение крайне печально в национально-экономическом отношении и далеко небезопасно в политическом, ибо там, где не существует классового восходящего движения, где лестница к удаче и счастью плотно закрыта для массы, там легко возможны социальные взрывы, бунты неудачников, утративших веру и пришедших к отчаянию»[564].

Польская организованность противопоставлялась русской расхлябанности и неумению отстаивать собственные интересы[565]. В сплоченности польского электората виделась основная причина парадоксального, на первый взгляд, исхода выборов в Государственный Совет: из 9 членов, избиравшихся съездами землевладельцев западных губерний, все 9 оказались поляками. В результате, как заявил Д.И.Пихно, «Западная Русь... оказалась здесь (в Государственном Совете. – *М.Л.*) в смыс-

---

[563] См.: Edelman R. Gentry Politics on the Eve of the Russian Revolution: The Nationalist Party, 1907 – 1917. New Brunswick, NJ: Rutgers University Press, 1980.

[564] Цит. по: Билимович А.Д. Памяти Д.И.Пихно. СПб.: Сенатская типография, 1913. С. 16. В другом случае Д.И.Пихно подчеркивал, что нельзя было оставить русское население «в том нижнем этаже, над которым помещается еврей, а вверху – польский пан» (Государственный Совет: Стенографические отчеты. Сессия VI. СПб.: Государственная типография, 1911. Стб. 768 – 769).

[565] См., например: Государственная Дума: Стенографические отчеты. Созыв третий. Сессия III. Ч. 4. СПб.: Государственная типография, 1910. Стб. 1617 – 1620, 2767 – 2770.

ле политического представительства обезглавленной или, вернее, получила чужую голову, чужое сердце»[566].

Выход из этой ситуации обосновывался в предложении 33 членов Государственного Совета установить национальные квоты для западных губерний: 6 мест для русских и 3 – для поляков[567]. Однако комиссия Государственного Совета проект отвергла и предложила ввести в Западном крае земское самоуправление. Националисты полностью поддержали эту идею, подчеркнув важность обеспечения преобладания русских в органах местной власти. Гарантией этого должны были стать выборы по национальным куриям[568]. Их существование объявлялось главным условием создания выборных земств. Д.И.Пихно предлагал предварительно решить дилемму: «...или же должны быть применены выборы по куриям, или земству совсем не бывать в западных губерниях»[569]

---

[566] Государственный Совет: Стенографические отчеты. Сессия VI. СПб.: Государственная типография, 1911. Стб.766.

[567] Подробнее об этом см.: Бородин А.П. Государственный Совет России (1906–1917). Киров: Вятка, 1999. С. 121 – 122.

[568] Земская реформа 1864 г. не была распространена на Западный край. Только в 1903 г. здесь появились земские органы, членов которых назначала местная администрация. В 1906 г. П.А.Столыпин представил Совету Министров проект создания на Западе выборного земства на базе «Положения» 1890 г., дополненного некоторыми гарантиями преобладания русского большинства в органах местной власти. Соответствующий законопроект был одобрен III Государственной Думой в конце ее третьей сессии. Законопроект о Западном земстве предусматривал снижение имущественного ценза (по сравнению с Европейской Россией), создание национальных курий, фиксацию числа гласных, предоставление русским постов председателей управ, гарантии русского большинства среди наемных земских служащих и т.д.). Подробнее о Западном земстве см.: Weeks T.R. Nation and State in Late Imperial Russia: Nationalism and Russification on the Western Frontier, 1863 – 1914. De Kalb, IL: Northern Illinois University Press, 1996. P. 131 – 152; Kimitaka Matsuzato. The Issue of Zemstvos in Right Bank Ukraine, 1864 – 1906: Russian Anti-Polonism under the Challenge of Modernization // Jahrbücher für Geschichte Osteuropas. 2003. Bd. 51. Nr. 2. S. 218 – 235.

[569] Государственный Совет: Стенографические отчеты. Сессия VI. СПб.: Государственная типография, 1911. Стб. 766. Стоит заметить, что далеко не всех националистов устраивала система национальных курий. В частности, против нее решительно высказывался М.О.Меньшиков, который полагал, что национальные курии в перспективе превратят Россию в подобие «лоскутной» Австро-Венгрии. См., например: Крупные люди // Письма к ближним. 1911. № 3. С. 189 – 193.

Другим средством разрешения национальных проблем на окраинах провозглашалось полное и четкое разграничение вопросов общеимперской юрисдикции и местного характера, решать которые надлежало местному самоуправлению[570]. Необходимость подобного рода разграничения выводилась из содержания реформы институтов власти в России.

Законопроекты, ограничивавшие финскую автономию, подавались как результат волеизъявления народных представителей, которые были обязаны навести порядок в государственных делах и покончить с бюрократическим «усмотрением» в отношениях между центром и окраинами. «Управление Финляндией будет отныне происходить так же явно и гласно, как и управление Россией, при содействии и поддержке русского общественного мнения. В этом основа всего законопроекта о Финляндии… Теперь финляндцы должны знать, что они будут иметь дело не с отдельными представителями имперской государственной власти, а с самим русским народом, который стоит за обеими законодательными палатами», – говорилось в редакционной статье «Нового времени» 29 мая 1910 г.

Предполагались также некоторые изменения в территориально-административном устройстве государства, соответствующие границам расселения различных народов. Сторонников такого подхода не смущало, что их действия могли быть истолкованы как признание права на обособленное существование инородцев. В отличие от правых, обнаруживших серьезные изъяны в предложении о выделении Холмщины, националистическая печать и национальная фракция в Думе, наоборот, подчеркивали полезность образования особой Холмской губернии. При этом националисты вели речь не столько о защите особых прав русского народа, сколько о спасении местного русского населения от угрозы полонизации. Выделение Холмщины обусловливалось не соображениями административного порядка, а «обострившейся национально-религиозной борьбой»[571]. Епископ Евлогий говорил по этому поводу:

---

[570] См., например: Националисты в III Государственной Думе. С. 16.

[571] Так рассуждал во время дебатов в Государственном Совете Д.И.Пихно, уверявший, что с формальной точки зрения проблема могла быть разрешена «в порядке управления». Но гораздо большее значение холмская проблема имела с «национально-исторической и политической точек зрения». Пихно интер-

«Русское население Холмщины просто хочет отмежеваться от поляков и зажить свободной жизнью в единении со всем великим русским народом, нисколько не стесняя поляков и предоставляя им жить, как угодно, лишь бы не во вред русской государственности»[572]. Создание новой губернии трактовалось как сугубо оборонительная мера, призванная спасти край от ополячивания.

Подводя итоги анализа представлений националистов и «национал-демократов» по данному вопросу, можно констатировать, что националисты и «национал-демократы» стремились не к русификации, а к национальной сегрегации с гарантиями политического преобладания русских.

III. 4 Консервативная оппозиция русскому шовинизму: «Россия – для русских подданных»?

Далеко не все консерваторы были склонны делать ставку на шовинистические настроения. Так, с критикой панических заявлений о притеснении русских на окраинах постоянно выступал С.Ф.Шарапов. Славянофильский публицист считал недопустимым проведение русификаторского курса в Польше, видя в нем источник неизбывной ненависти к русским: «Источник и причина ненависти поляков к России – наша бессмысленная русификация и ее орудие – школа»[573]. Не меньшее неудовольствие вызывала у него и идея создания национальных курий.

претировал этот вопрос как результат конфликта двух наций вокруг старинной русской территории, захваченной поляками. Отказ от выделения был чреват продолжением полонизации этих земель и утратой местным населением русского национального облика. См.: Государственный Совет: Стенографические отчеты. Сессия VII. СПб.: Отечественная типография, 1912. Стб. 4902 – 4907.

[572]   Государственная Дума: Стенографические отчеты. Созыв третий. Сессия V. Ч.1. СПб.: Отечественная типография, 1912. Стб.2679 – 2680; 2676 – 2678.

[573]   Из моих объяснений с поляками // Свидетель. 1907. № 5. С. 33. Проблемы имперской власти в Финляндии Шарапов также связывал с русификаторской политикой Н.И.Бобрикова. См.: Что делать с Финляндией? // Там же. 1910. № 34. С. 23.

«Анархизм и ничто иное есть установление куриального деления по национальностям в западном крае, причем одна из культурных национальностей, просвещеннейший и наиболее сознательный член арийской расы (речь шла о поляках. – *М.Л.*) объявляется государственно-враждебным и подвергается совершенно произвольным и до крайности унизительным ограничениям без всякого на то основания»[574]. Аналогичным образом расценивалось и требование о выделении Холмской губернии[575].

О необходимости противостоять «национализму ненавистнического толка» говорили и консервативные думские деятели, в частности, создатель умеренно-консервативной группы Центра в IV Думе П.Н.Крупенский[576]. Но, пожалуй, наиболее последовательными критиками лозунга «Россия – для русских!» оказалась группа консервативных политиков и публицистов, не представлявших какое-либо оформленное политическое образование. Входивших в эту крайне разнородную группу ярых оппонентов реформаторского курса вроде В.П.Мещерского и сторонников консервативной реформы вроде М.М.Перовского-Петрово-Солово объединяло стремление утвердить в национальных отношениях первенство имперского, *российского*, а не национального, *русского*, начала.

Они резко критиковали официальную линию, не говоря уже о предложениях правых и националистов, и усматривали главный источник обострения межнациональной и межконфессиональной напряженности не в активизации инородцев, а в усилении русского национализма. Вину за это возлагали на П.А.Столыпина. «Исключительно ради упрочения своего положения Столыпин разжег пожар племенной розни до степени, когда и впрямь стало вырываться пламя ненависти. Задача

---

[574] Открытое письмо Н.А.Хомякову // Там же. № 36. С. 23.
[575] См.: Там же.
[576] Речь. 1912. 4 нояб. См. также: Донесения Л.К.Куманина из министерского павильона Государственной Думы, декабрь 1911 – февраль 1917 гг. // Вопросы истории. 1999. № 1. С. 11. Разногласия по национальному вопросу способствовали целой серии организационных расколов среди относительно умеренных консерваторов, начиная с выделения «независимых консерваторов» в 1911 г. и образования Центра в 1912 г. и заканчивая вступлением части на-

В.Н.Коковцова – отскоблить с России гниль человеконенавистничества», - писал осенью 1911 г. И.И.Колышко[577]. Не менее резко отзывался о национализме постреволюционного времени Д.А.Олсуфьев. Называя его «зоологическим», Олсуфьев пояснял, что такой национализм строится исключительно на отрицании – борьбе с инородцами, а на такой основе построить позитивную программу нельзя[578].

Противники националистического курса резко критиковали правительственную политику в отношении Финляндии. С осуждением писал о «финнофобии» В.П.Мещерский[579]. Д.А.Олсуфьев возмущался: в Финляндии культурное население, хорошие дороги, посевы; добиваясь же административного единообразия, можно все это потерять и «обратить Финляндию в Калужскую губернию»[580].

Порицалась и кампания за выделение из Царства Польского Холмской губернии. В своих рассуждений по этому поводу редактор-издатель «Гражданина» использовал классическую консервативную формулу: люди, а не меры. «...Если в Государственную Думу вносится проект Холмской губернии, продиктованный епископом Евлогием для спасения Холмской епархии от римского католицизма, то это доказывает, что автор этого проекта, епископ Евлогий, не сумел бороться с римским католицизмом, что русских сил для борьбы с католицизмом и полонизмом было слишком мало в этой епархии и что, следовательно, не в Холмской губернии нужда, а нужда в выборе сильного епископа, в подборе сильных представителей русской власти...»[581].

Как и при рассмотрении вопроса о Финляндии, Олсуфьев подчеркивал иной аспект обсуждавшейся проблемы: у польских помещиков хозяйство организовано намного лучше, чем у русских крестьян, и не стоит ставить препоны на пути распространения более цивилизованных хозяйственных форм. Он не видел ничего страшного и в пропаганде като-

---

ционалистов в Прогрессивный блок в период Первой мировой войны. См.: Коцюбинский Д.А. Указ. соч. С. 259 – 263.

[577]   Санкт-Петербургские ведомости. 1911. 26 окт.

[578]   Государственный Совет: Стенографические отчеты. Сессия V. СПб.: Государственная типография, 1910. Стб. 3813.

[579]   Дневники // Гражданин. 1910. № 10. С. 16.

[580]   Государственный Совет: Стенографические отчеты. Сессия V. Стб. 3818.

[581]   Дневники // Гражданин. 1911. № 48. С. 16.

лицизма, имея в виду то, что для католиков такая пропаганда выступала совершенно естественным средством распространения католического вероучения. И если переход из православия в католичество происходил благодаря убеждению, а не насилию, едва ли предлагаемая мера смогла бы этот процесс остановить[582].

Идея посредством перекраивания административных границ определить «сферы влияния» национальных культур и конфессий казалась чрезвычайно вредной с точки зрения имперского единства. По тому же основанию не принимались и национальные курии. «Крупной исторической ошибкой, идущей вразрез с течением жизни нашей Родины», назвал введение национальных курий в Западном земстве близкий к В.П.Мещерскому А.А.Кон[583].

Серьезные возражения вызывал грубый антисемитизм, характерный для основной массы консерваторов. Рассуждения о масонском заговоре, о завоевании России «жидомасонами» были предметом постоянной критики В.П.Мещерского и И.И.Колышко. Мещерский указывал, что корень российских бед не в злой воле евреев, а в неумении этноконфессионального большинства навести в стране порядок. «Каждый из нас и все мы вместе изображаем собой такую разрушительную силу, перед которой самая злокачественная масонская ложа – игрушка»[584]. Колышко видел источник легенд о жидомасонах в боязни политиков и государственных деятелей «обновленной России» за свои места[585].

«Гражданин» неоднократно подчеркивал неразумность ограничительных мероприятий в отношении евреев. «...Меры притеснения против евреев всегда вели за собой усиленную их деятельность к устранению этих притеснительных мероприятий, вследствие которой они постепенно усиливали свое влияние...»[586]. Судебный процесс над М.Бейлисом Мещерский оценил как «34-дневную нравственную пытку, к которой присудили всю Россию несколько лиц, желавших над могилой

---

[582] Государственный Совет: Стенографические отчеты. Сессия VII. СПб.: Государственная типография, 1912. Стб. 5002.

[583] Кон А.А. Борьба с ложью и общество надежных рук // Гражданин. 1912. № 39. С. 5.

[584] Дневники // Гражданин. 1910. № 28. С. 14.

[585] См., например: Санкт-Петербургские ведомости. 1912. 1 июня.

[586] Дневники // Гражданин. 1910. № 48. С. 11.

несчастного мальчика Ющинского устроить какой-то средневековый праздник...». Он выразил глубокое удовлетворение по поводу оправдания Бейлиса и объявил такой исход дела поражением «бешеных жидофобов»[587].

Консервативные критики шовинистического курса предлагали четкую альтернативу лозунгу «Россия – для русских!» - лозунг «Россия – для русских подданных!». Колышко доказывал, что все народы империи вправе рассчитывать на покровительство власти. В своей колонке в «Санкт-Петербургских ведомостях»[588] он настаивал на четком разграничении «государственного национализма» и «национализма рас и племен». Первый воспринимался как фактор социальной консолидации, второй – как фактор конфликта. «Государство, понимаемое как раса или племя, должно все свои боевые позиции обратить внутрь себя, ибо его враг – враг внутренний. Государство, понимаемое как узор рас и племен, выносит свои боевые позиции против врага внешнего»[589].

Несколько иное теоретическое основание для своей модели национальной политики предлагал Мещерский. Если Колышко уверял в своей преданности «национально-либеральной идее», то Мещерский рассуждал как последовательный консерватор. «Консерватор, по-моему, должен ругать всех врагов порядка и охранительных преданий, без различия национальностей, и, прежде всего, чистокровных русских, которые более евреев преступны перед Россией, когда являются врагами ее священных преданий и народных идеалов»[590].

Царь должен был выступить в роли вождя всех народов разноплеменного государства[591]. «...Русское государство должно быть пестро», - доказывал Д.А.Олсуфьев. Опираясь на авторитет К.Н.Леонтьева, он утверждал, что неизменным основанием российской имперской политики всегда был «принцип разнообразия», сохранения специфических нацио-

---

587   Там же. 1913. № 43. С. 10. См. также: А.К. Белостокский погром и дело Бейлиса // Там же. № 38. С. 6.
588   Колышко вел ее под псевдонимом «Рославлев».
589   Санкт-Петербургские ведомости. 1911. 23 июля.
590   Дневники // Гражданин. 1910. № 1. С. 14.
591   Там же. № 34. С. 11.

нальных черт у народов, объединенных в империю[592]. Другой член Правой группы Госсовета, А.А.Ливен, формулировал тот же тезис, ссылаясь на дифференциацию как закон природы. Он связывал «нивелировочные процессы» в социальной жизни с развитием демократических, социалистических и коммунистических доктрин[593]. В этой ситуации император и его правительство превращались в покровителей всех без исключения народов империи, процветание которых было напрямую связано с ее величием. «Россия стала великой, стала могущественной благодаря тому, что под державой русских царей могли свободно ютиться, сливаясь без розни и вражды, славяне и монголы, христиане и иноверцы», – писали 3 ноября 1912 г. «Санкт-Петербургские ведомости»[594].

Придерживающиеся данной точки зрения выдвигали и такой аргумент: ущемление меньшинства чревато усилением политической оппозиции. Необходимость корректного отношения к инородцам, М.М.Перовский-Петрово-Соловово объяснял предельно просто: «Я исхожу из того, что существующему строю нет никакого расчета увеличивать число своих врагов»[595].

Казалось, что такой подход может обеспечить подчинение интересов отдельных народов интересам государства в целом, сохранив своеобразие каждого народа империи. Колышко объяснял:

«Узкий племенной национализм должен быть расширен до национализма государственного, в жертву коему должны быть принесены интересы племен, групп и местностей. Такой государственный национализм не предрешает ни сепаратизма, ни империализма: он предрешает лишь общегосударственный взгляд на вещи. Если для мощи России всякому народу под скипетром Романовых должны быть обеспечены его племенные черты и прерогативы, сие должно быть выполнено во имя национально-государственной идеи. Но если было бы доказано... что торжество этой идеи требует временного стеснения местных привилегий... и эта жертва должна быть принесена..., но не

---

[592] Государственный Совет: Стенографические отчеты. Сессия V. СПб.: Государственная типография, 1910. Стб. 3815 – 3816.

[593] Там же. Стб. 3766.

[594] Из аналогичного подхода исходила и думская группа Центра. См.: Санкт-Петербургские ведомости. 1912. 6 нояб.

[595] 1912. 15 марта.

во имя торжества русской народности, а во имя торжества русской государственности»[596].

Кон в «Гражданине» призывал «...сплотиться во имя претворения всех расовых национализмов в национализм имперский, государственный...» При этом автор уверял, что предлагаемая им идеология «не имеет ничего общего с космополитизмом» и выступает как «здоровое национал-либеральное течение»[597].

На роль политической опоры данного течения рекомендовались представители социальных верхов, независимо от этнического происхождения и исповедуемой религии. М.М.Перовский-Петрово-Соловово в разработанную им программу «партии независимых консерваторов» внес положение о необходимости обусловить предоставление избирательных прав образовательным и имущественным цензами[598]. Как указывалось в «Санкт-Петербургских ведомостях», принадлежность к социальной элите в русском государстве не могла определяться этническим и конфессиональным признаками. «Государственными людьми России, министрами, полководцами были не одни русские, но и немцы, шведы, греки, грузины, армяне и другие инородцы, и считать их изменниками, а не строителями русского корабля никто не в праве»[599].

Не выступая за немедленное установление еврейского равноправия[600], сторонники гибкого курса в национальных отношениях, были готовы к смягчению законодательства о евреях. «...Что вреднее для интересов правительства, государства и порядка – менее ограниченный про-

---

[596] Санкт-Петербургские ведомости. 1911. 23 июля.

[597] Кон А.А. Империализм как лозунг времени и будущей русской государственности // Гражданин. 1912. № 32. С. 3.

[598] Санкт-Петербургские ведомости. 1912. 13 мар.

[599] Там же. 1911. 15 окт.

[600] Разъясняя содержание программы «Партии независимых консерваторов», М.М.Перовский-Петрово-Соловово, писал 15 марта 1912 г. в «Санкт-Петербургских ведомостях»: «За еврейское равноправие "независимые консерваторы" стоять не будут, но не скрою, что и крик "бей жидов!" тоже их лозунгом не может быть и не будет». И.И.Колышко хотя и указывал, что результатом предоставления равноправия евреям станет их интеграция («национализация») в российское общество, но выражал сомнение относительно позитивных экономических последствий этого шага для русских. См.: Там же. 1909. 14 марта.

цент для высшего и среднего образования евреев или ни на минуту не прекращающееся путем этих ограничений искусственно поддерживаемое раздражение в еврейском интеллигентном населении..?» – вопрошал В.П. Мещерский[601]. Чтобы защитить собственные интересы русские должны были стать более организованными, деловитыми и т. п., а не возлагать надежды на политические и административные рычаги или законодательство. «...Если бы русские умели по всей России создавать свои банки, свои товарищества, свои торговые ассоциации, давно бы они перестали кричать как сороки: «бей жидов!» по той простой причине, что они были бы сильнее евреев»[602].

Специфический вариант решения проблем империи предлагал Шарапов. По его мнению, для сохранения имперского единства решающее значение имело не усиление административных рычагов влияния Центра, а экономическая заинтересованность окраин в российских рынках. Он подчеркивал, что для Польши насущно необходима «Россия, ее рынок: и торговый, и служебный, и профессиональный»[603]. «Наш девиз – не "Россия – для русских!", а "Святая Русь!", а "Святою" мы ее имеем право называть только потому, что ее основная идея – осуществление, по мере сил, любви и правды Божьей на земле, смиренное и бескорыстное служение всему человечеству, защита всех угнетенных и слабых, словом, посильное осуществление христианской политики»[604].

Шарапов исходил из необходимости сочетать самодержавие и областное самоуправление. Польша и Финляндия виделись ему особыми автономными образованиями. «Если хотите сохранить империю, спешите обе эти окраины вновь признать достойными и полноправными членами этой империи со своей государственной и национальной организа-

---

[601] Дневники // Гражданин. 1910. № 5. С. 16.
[602] Там же. 1911. № 39. С. 13.
[603] Шарапов С.Ф. Самодержавие или конституция? (Первые шаги 3-ей «Думы солидной бестолочи»). М., 1908. С. 63.
[604] Мой ответ В.Н.Снежкову // Свидетель. 1908. № 16 – 17. С.20. Шарапов видел в шовинистической линии консерваторов результат влияния германской политической традиции, носителями которой выступали обрусевшие немцы и которая прямо противоречила славянофильским идеалам «Святой Руси». См.: Истинно-русский Шмид // Там же. 1907. № 5. С. 37 – 38.

цией»[605]. Ссылаясь на И.С.Аксакова, он уверял, что русский монарх, оставаясь самодержцем для русских, может выступать в роли конституционного монарха для поляков и финнов[606]. Эти народы должны были стать полными хозяевами в пределах своих национальных территорий[607]. Только такой путь мог превратить поляков и финнов из врагов в лояльных граждан[608].

Теоретические посылки и практические предложения Колышко, Мещерского, Олсуфьева, Шарапова вызывали активное неприятие у большинства консерваторов. «...С.Ф.Шарапов всячески усердствует, чтобы испечь старорусскую сайку на чухонском масле, но из его усердия выходит мало толку», – ехидничал в редакционной статье московский «Националист»[609]. А.А.Стишинский убеждал, что расчеты на политическую лояльность финнов совершенно несостоятельны и любые уступки лишь разжигают аппетиты инородцев[610]. «Новое время» издевательски называло критиков думского большинства «печальниками земли Финской» и упрекало в неверии в величие России[611].

Савенко утверждал, что установки «империалистов» были подозрительно близки к кадетским.

«Вновь объявившиеся гг. "империалисты" стремятся, прежде всего, к тому, чтобы не раздражать и не обижать воинствующих инородцев. Для этого они требуют уничтожения знамени русского национализма, то есть они имеют в виду не русскую, а какую-то отвлеченную космополитическую империю, ту империю, которую насаждал у нас бюрократический абсолютизм. В этом отношении новейшие «империалисты» (в первых рядах которых стоят приверженцы старого бюрократизма с кн. Мещерским во главе) трогательно сходятся с кадетами...»[612].

---

[605] Что делать с Финляндией? // Там же. 1910. № 34. С. 50.

[606] См.: Мой дневник // Там же. 1908. № 13. С. 31–32.

[607] См.: Православная теория и правые партии // Там же. 1910. № 37 – 38. С. 7.

[608] См., например: Самодержавие или конституция? С. 63; Германия и славянство // Свидетель. 1909. № 22. С. 29.

[609] Адвокаты Финляндии // Националист. № 1. 1910. С. 11.

[610] См.: Государственный Совет: Стенографические отчеты. Сессия V. СПб.: Государственная типография, 1910. Стб. 3855.

[611] Новое время. 1910. 11 июня.

[612] Там же. 2 авг.

Впрочем, было бы неправомерно видеть в консервативных оппонентах шовинистической политики последовательных сторонников национального равноправия. У С.Ф.Шарапова с подчеркнуто лояльным отношением к полякам и финнам уживались германофобия[613] и откровенный антисемитизм[614]. М.М.Перовский-Петрово-Соловово полагал, что для разрешения еврейского вопроса достаточно предоставить российским евреям права иностранных подданных[615]. Осуждая крайности русского национализма, никто из консерваторов не сомневался в необходимости привилегий для этноконфессионального большинства. Если русских и отказывались считать «господствующей» нацией, то их все же принимали за «первенствующую»[616].

Таким образом, на деле консервативный протест против воинствующего национализма свелся к требованию обеспечить приоритет интересов русского населения более привычными методами. Наибольший интерес к «имперскому национализму» проявили представители традиционной элиты. В одном из перлюстрированных писем, отправленном из Вильны в марте 1912 г., содержался показательный пассаж: «Интересна новая авантюра Кона. Оказывается, что его пригласили в Петербург организовать новую "империалистическую" партию... Кон намекает, что будто бы инспиратором этой новой партии будет Коковцов»[617]. Среди причастных к «авантюре» фигурировали Э.Э.Ухтомский, А.Д.Оболенский, А.С.Ермолов, М.М.Перовский-Петрово-Соловово,

---

[613] Сам шовинистический курс Шарапов связывал с влиянием германской политической традиции, которая прямо противоречила славянофильским идеалам «Святой Руси». См.: Истинно-русский Шмид // Свидетель. 1907. № 5. С.37 – 38.

[614] См., например: Шарапов С.Ф. Через полвека: Фантастический политико-социальный роман // Шарапов С.Ф. Сочинения. Т. 8. Вып. 22 – 24. М.: Типолитография А.В.Васильева, 1902. С.33 – 41. К тому же Шарапов считал значительную часть нерусских народов (татар, киргизов, латышей, эстонцев) лишь «этнографическим материалом», по определению обреченным на ассимиляцию. См.: Лев Семенов [Шарапов С.Ф.] У очага хищений: Политическая фантазия: Продолжение «Диктатора». М.: Типолитография И.М.Машистова, 1907. С. 18 – 20.

[615] См.: Санкт-Петербургские ведомости. 1912. 3 марта.

[616] См.: Русская молва. 1912. 23 дек.

[617] Л.М.Солоневич – В.И.Бобринскому, 13 марта 1912 г. // ГАРФ. Ф. 102, оп. 265, д. 564, л. 823.

Д.А.Олсуфьев и некоторые другие видные участники российского политического бомонда. В декабре 1912 г. пресса сообщала о ряде совещаний, на которых «были выработаны основные принципы партии – монархизм, единство России, права окраин и строгое отделение от национализма известного типа»[618].

Однако, несмотря на все эти усилия, создать консервативную политическую партию на указанной платформе так и не удалось. Многие детали этого эпизода до сих пор не выяснены[619], но можно предположить, что решающую роль в провале «имперского» проекта сыграли принципиальные разногласия между сторонниками гибкой национальной политики, связанные не с национальным вопросом, а с отношением к реформистскому курсу в целом.

Согласно Мещерскому, в 1905 – 1907 гг. реформаторские начинания лишь дестабилизировали ситуацию, и «энергичная власть министра внутренних дел» позволила восстановить порядок[620]. Ход мыслей М.М.Перовского-Петрово-Соловово был диаметрально противоположным: «Как часто своевременная уступка по насущному, назревшему вопросу может предотвратить взрыв недовольства, негодования и, наоборот, вызвать чувство не только признательности, но даже восторженной преданности!»[621].

В конечном счете, неприятие формулы «Россия – для русских!» объединяло приверженцев противоречивших друг другу социально-политических стратегий. Одни исходили из идеи консолидации многонациональной аристократии[622], другие – отстаивали идею союза всех соб-

---

[618] Русская молва. 1913. 23 дек.

[619] Общие сведения об этих попытках см.: Дякин В.С. Буржуазия, дворянство и царизм в 1911 – 1914 гг: Разложение третьеиюньской системы. Л.: Наука, 1988. С. 54 – 55, 169 – 170. См. также: Weeks.T.R. Political and National Survival in the Late Russian Empire: The Case of the Korwin – Milewski Brothers // East European Quarterly. 1999. Vol. 33. No. 3. P. 347 – 369.

[620] Дневники // Гражданин. 1911. № 45. С. 15.

[621] Санкт-Петербургские ведомости. 1912. 18 февр.

[622] Действительно, в числе сторонников имперского подхода оказалось множество политиков – представителей аристократических родов, в том числе графы Олсуфьев, Перовский-Петрово-Соловово, князья Мещерский, Ливен и др. На солидарность аристократов разных национальностей и конфессий как на социальную основу «империализма» указывал Т.В.Локоть. См.: Новое время. 1912. 4 июля; Киевлянин. 1912. 27 авг.

ственников независимо от их сословной принадлежности[623]. Первый вариант препятствовал расширению социальной базы консерватизма, а второй ориентировал консерваторов как раз на такую перспективу – завоевание политических симпатий российской буржуазии. Эти расхождения, по-видимому, и оказались непреодолимым препятствием на пути реализации консервативной антишовинистической политической комбинации.

*   *   *

Канун Первой мировой войны характеризовался усилением крайних националистических тенденций в консервативной среде, формированием откровенно шовинистических проектов реконструкции империи.

При этом российский консерватизм остался весьма архаичным: укоренение в консервативной среде лозунга «Россия – для русских!» свидетельствовало не столько о готовности создать режим господства этнического большинства, сколько о стремлении укрепить авторитет самодержавия и государственной церкви апелляцией к этническому фактору. Сторонники этого лозунга вели речь не о *правах*, а о *привилегиях* для русских, но и его противники также отстаивали традиционные *привилегии* местных элит.[624]

В национализме консерваторов роль гражданского компонента была весьма незначительной. Этнический компонент в нем абсолютно преобладал над гражданским: в первую очередь в нации видели этническую общность и в последнюю – суверенный союз полноправных граждан[625]. Даже для наиболее продвинутых в этом отношении «национал-

---

[623] «Чья бы ни была собственность: дворянина ли или крестьянина, богатого или нищего – она одинаково должна быть неприкосновенна и одинаково защищена законом от всяких посягательств», - писал в «Санкт-Петербургских ведомостях» 18 февраля 1912 г. М.М.Перовский-Петрово-Соловово.

[624] Pearson R. Privileges, Rights and Russification // Crisp O., Edmondson L. (Eds.) Civil Rights in Imperial Russia. Oxford: Clarendon; New York, NY: Oxford University Press, 1989. P. 86 – 102; Пирсон Р. Привилегии, права и русификация // Ab Imperio. 2003. № 3. С. 36 – 56.

[625] О двух компонентах в национализме и противоречиях между ними см.: Hosking G. Russia: People and Empire. London: Fontana, 1998. P. XIX – XXVIII; Хоскинг Дж. Россия: народ и империя (1552 – 1917). Смоленск: Русич, 2000. С. 5 – 15.

демократов» защита политических прав представителей этноконфессионального большинства от посягательств со стороны власти имела подчиненное значение по сравнению с обеспечением привилегированного статуса для русских.

IV Социально-экономические реформы глазами российских консерваторов

Не менее сложным, чем определение адекватного подхода к имперской проблематике, оказался поиск ответа на социально-экономические сдвиги и порожденные ими реформы. С одной стороны, высокие темпы роста промышленного производства, оживление в сельском хозяйстве, успехи внешней торговли способствовали увеличению финансовых, политических и военных возможностей российской монархии, с другой — социально-экономическая модернизация разрушала традиционный уклад, подрывала позиции социальных групп, выразителями интересов которых считались российские консерваторы.

IV. 1 Социально-экономическая ситуация: «блестящие хозяйственные перспективы» или «колосс на глиняных ногах»?

Представители различных течений в российском консерватизме констатировали серьезные достижения экономики в этот период. Вот как выглядела стандартная для экономических обзоров предвоенного года оценка экономической ситуации: «... в 1913 г. производительные силы получили дальнейшее укрепление, и основы, на которых покоится народное и государственное хозяйство, еще более утвердились»[626].

Консерваторы охотно признавали заслуги правительства в деле экономического роста. «Московские ведомости» объявляли «блестящие хозяйственные успехи» результатом согласованной работы всего общества и его политической элиты. «Несомненно, что такой грандиозный

---

[626]   Россия. 1914. 1 янв.

рост капитала в России может обусловливаться только сильным подъемом ее производительных сил, который является результатом совместной работы правительства, общественных учреждений, торгово-промышленного класса и всего трудящегося населения»[627]. «Прямой путь» признавал экономическую деятельность правительства «вполне целесообразной». Журнал рекомендовал монархистам принимать в ней «самое деятельное участие, оказывая посильную помощь и поддержку как общему направлению дела, так и частным начинаниям»[628].

Несмотря на крайне резкие политические выпады против В.Н.Коковцова, консерваторы отмечали его большую роль в экономических успехах России. Имя премьер-министра и министра финансов фигурировало в качестве творца экономического взлета чаще, чем чье-либо другое. О его особых личных заслугах писали и правые[629], и «национал-демократы»[630], и даже дубровинцы. «Русское знамя», вообще негативно настроенное по отношению к бюрократам-реформаторам, признавало Коковцова выдающимся финансовым деятелем. За месяц до отставки главы кабинета и финансового ведомства обозреватель газеты отмечал:

«В деле… систематического укрепления нашего финансового положения нельзя не отметить заслуги В.Н.Коковцова, сумевшего сохранить бюджетное равновесие в самые трудные годы – войны и внутренней смуты. Россия без особого напряжения платежных сил населения вынесла на своих плечах тяжелое бремя только благодаря своевременной разумной экономии В.Н.Коковцова, которую многие презрительно называют скупостью. …можно предсказать, что мы накануне пышного экономического расцвета страны.»[631]

---

[627] Московские ведомости. 1913. 19 сент.

[628] Ухтубужский П. [Облеухов Н.Д.] Наши идеалы и русская современность // Прямой путь. 1912. Вып. 1. С. 16.

[629] См., например: «Московские ведомости». 1911. 14 сент. Г.Г.Замысловский хвалил В.Н.Коковцова за «расчетливость и бережливость», хотя и признавал, что иногда он заходил в этом направлении «чересчур далеко». См.: Юрский Г. [Замысловский Г.Г.] Правые в Третьей Государственной думе. Харьков: Издание Центрального предвыборного комитета объединенных русских людей, 1912. С. 132 – 133.

[630] В «Дыме Отечества» особо отмечалась способность Коковцова «проявить стойкость в преследовании целей государственной пользы». См.: Последний удар // Дым Отечества. 1914. № 5. С. 2.

[631] Русское знамя. 1914. 1 янв.

Вместе с тем изменение угла зрения, обращение не к сильным, а к слабым сторонам российской экономики давало основания для диаметрально противоположных оценок. Многие консервативные авторы подчеркивали относительность экономических достижений, разрыв в уровне развития России и индустриально развитых государств, солидную внешнюю задолженность. «...В самом деле, Россия, связанная как путами своими долгами, во внешней и внутренней своей жизни является колоссом на глиняных ногах, который может рухнуть неожиданно для самого себя; и в глазах беспристрастного наблюдателя является довольно-таки грубой и некультурной силой», – отмечал в 1913 г. консервативный экономист Н.Н.Шипов[632]. Несколькими годами ранее похожую оценку народного хозяйства дал В.И.Гурко, указавший, что по объемам производства и потребления Россия занимала последнее место среди великих держав[633].

Сомнения в блестящем состоянии и грандиозных перспективах народного хозяйства страны в консервативной прессе высказывались постоянно. «Последние три-четыре года принято у нас называть "годами промышленного расцвета", но гораздо вернее их назвать годами расцвета биржевой игры и всевозможных биржевых спекуляций... Промышленность наша не может, на самом деле, отметить каких-либо действительно серьезных побед, по-прежнему развивается хило, нуждается в постоянной правительственной поддержке», – сокрушалось осенью 1913 г. «Новое время»[634].

---

[632] Шипов Н.Н. Власть Самодержавного Царя как основа финансового благополучия России. Петроград [СПб.]: Типолитография «Братья Ревины», 1913. С. 108.

[633] Гурко В.И. Наше государственное и народное хозяйство: доклад, представленный V съезду уполномоченных Объединенных дворянских обществ. СПб.: Лештуковская паровая скоропечатня, 1909. С. 18.

[634] Новое время. 1913. 27 сент. Стоит подчеркнуть, что такого рода мнения высказывались убежденными сторонниками реформаторского курса, к числу которых относились и журналисты «Нового времени», и Гурко, и Шипов. Подробнее о В.И.Гурко см.: Андреев Д.А., Гайда Ф.А. В.И.Гурко и его воспоминания // Отечественная история. 2002. № 6. С. 141 – 148. Что касается Н.Н.Шипова, фигуры менее известной, то в «Дыме Отечества» его сравнивали с правыми октябристами. См.: Дым Отечества. 1913. № 17. С. 13.

При всех разногласиях между консерваторами они единодушно отвергали курс на форсированное развитие промышленности, предполагавшее перекачку средств из села в город. Такую линию они считали неадекватной социально-экономическим потребностям страны и полагали, что отток сил и средств из деревни имел самое непосредственное отношение к социально-политическим конфликтам начала XX в.

Лидер славянофильского Союза русских людей А.Г.Щербатов первопричину всех неурядиц в обществе усматривал в бегстве из деревни более образованных и предприимчивых людей. В результате возник раскол «русской народности на города, ютящиеся около государственного казначейства и иностранных капиталов, и деревню, живущую впроголодь без руководительства и без оборотных средств»[635]. Такие же обвинения звучали и из уст более умеренных политиков. «...Основной народный промысел – земледелие не только не пользовался поддержкой правительства, не только не привлекал его забот, а, наоборот, в некоторых отношениях испытывал угнетение, – полагал В.И.Гурко. – ...наши успехи в области фабрично-заводской промышленности были достигнуты не путем естественного роста производительности страны и, следовательно, зажиточности ее населения, а за счет основного богатства сельских масс»[636].

Националист Л.В.Половцов, выступая в Думе, подчеркивал абсурдность наращивания промышленного производства в условиях ограниченной платежеспособности населения. «Заботясь о фабрично-заводской промышленности, создавая необыкновенную производительность труда при самых благоприятных и покровительственных условиях, чего мы добились? Мы добились того, что наша промышленность расцвела, что она стала вырабатывать громадное количество продуктов производства, но забыли об одном, что для распространения этих продуктов производства мы не имели внутреннего рынка, мы не имели по-

---

[635]   Щербатов А.Г. Обновленная Россия. М.: Типография Общества распространения полезных книг, 1908. С. 71.
[636]   Гурко В.И. Указ. соч. С.75.

купателей...»[637]. На неестественный характер промышленного роста указывал и В.П.Мещерский[638].

Правительство обвиняли в том, что оно подчинило свою политику интересам буржуазии, по определению противоречившим интересам народа. «Русское знамя» подчеркивало, что основная масса простых тружеников была занята в традиционных секторах экономики, тогда как источником процветания капиталистов было крупное машинное производство. Уничтожение привычного жизненного уклада и традиционных занятий населения воспринималось как важнейшее условие промышленного роста, выгодного только капиталистам. «Правительство в союзе с капиталом объявило поход против кустаро-землероба-хозяина и мелкого промышленника»[639].

В защите интересов капитала упрекали правительство не только дубровинцы, но и их политические оппоненты из «Союза Михаила Архангела». «...Капиталист в самой худшей его форме, капиталист анонимно-коллективно-международно, под которым силою вещей почти всегда скрывается жид, подпущен к власти, правительство с ним считается, перед ним расшаркивается, дает ему совершенно невероятные привилегии», – утверждал «Прямой путь»[640]. О том, что правительство солидарно с «руководящими» элементами в обществе ведет страну по буржуазному пути, говорил и далекий от каких бы то ни было массовых черносотенных организаций Д.А.Олсуфьев[641].

Обращает на себя внимание то, что сами термины «капитал», «капитализм», «буржуазия», как правило, вызывали у консерваторов негативные ассоциации. Патриотически настроенное «именитое купечество» противопоставлялось «своекорыстной "буржуазии"»[642]. И.А.Гофштеттер писал о «своекорыстных буржуазных отщепенцах»[643], «буржуазно-

---

[637] Государственная Дума: Стенографические отчеты. Созыв третий. Сессия III. Ч. 2. СПб.: Государственная типография, 1910. Стб. 1234 – 1235.
[638] Дневник // Гражданин. 1912. № 25. С. 16; Там же. № 38. С. 13.
[639] Русское знамя. 1912. 4 дек.
[640] Безвластие // Прямой путь. 1912. Апрель. С. 601.
[641] См.: Государственный Совет: Стенографические отчеты. Сессия V. СПб.: Государственная типография, 1910. Стб. 1464.
[642] Московские ведомости. 1913. 11 окт.
[643] Там же. 1910. 9 апр.

капиталистическую шайку» поминал П.Ф.Булацель[644]. «Не губить Россию в ядовитых объятиях капиталистического строя» призывал «Гражданин»[645].

Неизбежным последствием укоренения капитализма на русской почве виделось общее падение нравов, причем этот взгляд разделяли и крайне правые, и умеренные консерваторы. Дубровинское «Русское знамя» указывало, что «капитал является главным очагом деморализации, обеспочвления и обездушения личности»[646]. М.О.Меньшиков так определял понятие «буржуазность»: «Под буржуазностью я разумею то узкое и слишком материальное миросозерцание, которое вмещается в горизонте текущего дня, в черте будничных задач, решаемых компромиссом, причем люди довольствуются полу успехом, полу достижением, коротенькой формулой "кое-как"»[647].

На первой (!) же странице своего первого (!) номера «национал-демократический» «Дым Отечества» сокрушался:

«Высшим критерием нашей жизни стал аршин и рубль. Это властное движение капитала и неизбежных его спутников: безразличия, безверия, особенно заметным сделалось у нас в России, в стране, еще так недавно показавшей всему миру целый ряд светлых, красочных умов, зовущих вперед. Они отошли и отходят в вечность, на смену им вступает серая пошлость, и под лязг фабричных машин, при стихийной нивелировке современной пиджачной культуры и жадном поклонении одному кумиру – деньгам, страна, утрачивающая свое название "Святая Русь", грузно шествует по пути той цивилизации, которая поглощает точно ненасытный молох многие народы, оставляя их беззвучными в истории»[648].

Невысоко оценивались и сами носители буржуазного духа – предприниматели. «Наши торговцы и промышленники на деле часто оказываются не устойчивыми пионерами экономического успеха, а вредными

---

[644]   Булацель П.Ф. Борьба за правду. СПб.: Отечественная типография, 1908. Т. 1. С. I.
[645]   Ярмонкин В. Власть земли // Гражданин. 1908. № 88. С. 5.
[646]   Русское знамя. 1912. 19 дек.
[647]   Национальная борьба // Письма к ближним. 1913. № 11. С. 839.
[648]   Вместо передовой // Дым Отечества. 1912. № 1. С. 1.

паразитами», – полагало «Новое время»[649]. Помыслы русских торговцев и промышленников сосредоточены на том, чтобы «побольше заработать, выжать из государственного и народного хозяйства в свою пользу возможно большую прибыль», не обращая внимания на интересы общества в целом, – такой вывод делали из анализа работы последнего перед войной съезда представителей промышленности и торговли «Московские ведомости»[650].

По мнению многих консерваторов, капитал было необходимо жестко контролировать и создавать казенные предприятия казалось более разумно, чем частные. «Новое время» 23 марта 1911 г. разъясняло, что «дать какой-нибудь области частную дорогу, значит надолго передать ее в эксплуатацию кучки дельцов, на первом плане ставящих свои доходы». Отсюда следовал вывод: «...всегда лучше подождать строить дорогу, лишь бы ее строила казна, а не частное общество»[651].

Консервативные публицисты подчеркивали связь между элементами капитализма в сфере социально-экономических отношений и требованиями политических преобразований. Буржуазию обвиняли в стремлении прорваться к власти под прикрытием политических реформ. «...Конституция есть символ господства капитала», – писал на страницах «Земщины» ее редактор С.К.Глинка-Янчевский[652]. Капитал «под видом конституции добивается власти для денег», – подчеркивал П.Ф.Булацель[653]. Как указывал в «Киевлянине» А.И.Савенко, буржуазия, требуя демократизации власти, попросту стремится занять место традиционной элиты: «Либерализму московских толстосумов – грош цена. Разного рода "равноправия" и "свободы" им нужны лишь постольку, поскольку эти "свободы" и "равноправия" могут послужить орудием для захвата капиталом власти в государстве. "Просвещенное" московское купечество хорошо знает, что там, где ниспровергается власть высшего класса – родовой аристократии, вместо нее возникает власть капита-

---

[649] Новое время. 1913. 24 нояб.
[650] Московские ведомости. 1914. 10 мая.
[651] Такая же точка зрения высказывалась и в «Прямом пути». См.: Отголоски русской жизни. Рабочий вопрос // Прямой путь. 1912. Вып. 1. С. 272.
[652] Земщина. 1912. 12 окт.
[653] Булацель П.Ф. Указ. соч. С .I.

ла»[654]. С.Ф.Шарапов свое негативное отношение к парламентаризму объяснял в том числе неприязнью к буржуазии: «Для меня мировое признание России и конституционная демократия, положенная в основание государственного строя, представляют кричащее противоречие. Парламентарная Россия – это в лучшем случае *торжество аршина*, ибо русский аршин давно уже мечтает о своем великом политическом призвании»[655].

В связи с этим, утверждение Л.А.Тихомирова о том, что, целью правительственного реформаторского проекта является преобразование российской действительности на буржуазных началах, звучало как обвинительный приговор. «Если мы всмотримся в работу, совершаемую у нас для преобразования России, для ее, как говорится, укрепления, обновления и т. д., то не можем не видеть редкой систематичности и последовательности в развитии того буржуазного "общегражданского" строя, который логически требует своего политического завершения парламентаризмом»[656].

Справедливости ради необходимо отметить, что в консервативных текстах того времени можно было обнаружить и некоторое сочувствие капиталистам-буржуа. Критикуя капитализм как систему, консерваторы не отрицали за ним и достоинств. «Россия должна использовать все хорошие стороны капитализма, оградив себя разумным законодательством от теневых», – ставил задачу перед государственными мужами обозреватель харьковского «Мирного труда». О том, что автор понимал под «хорошими» и «теневыми» сторонами капитализма, свидетельствует следующее высказывание: «У нас уже устраиваются синдикаты, тресты, стачки и забастовки, но крайне слабо развиты общества взаимопомощи, кооперативные предприятия, учреждения мелкого кредита, артели и товарищества, позволяющие мелкому и среднему промышленнику, торговцу, земледельцу и собственнику не только отстаивать свою экономи-

---

[654] Киевлянин. 1912. 26 апр.
[655] Шарапов С.Ф. Мой дневник // Свидетель. 1908. С. 58.
[656] Тихомиров Л.А. К реформе обновленной России (Статьи 1909, 1910, 1911 гг.). М.: Типография В.М.Саблина, 1912. С. 144.

ческую самостоятельность, но и богатеть, увеличивать народное богатство, улучшить условия жизни для себя и для детей»[657].

Судя по рассуждениям консервативных теоретиков, в их среде укоренились некоторые классические либеральные идеологемы. «Чья бы ни была собственность, дворянина ли или крестьянина, богатого или нищего, – она одинаково должна быть неприкосновенна и одинаково защищена законом от всяких посягательств», – постулировал М.М.Перовский-Петрово-Соловово[658]. Свобода экономической деятельности провозглашалась важнейшим фактором экономического роста. «Хозяйственная свобода – вот что должно стать лозунгом нашего времени», – доказывал В.И.Гурко[659]. В своем выступлении в Государственном Совете в декабре 1912 г. он, ссылаясь на опыт индустриально развитых стран, демонстрировал зависимость между степенью свободы в хозяйственной жизни и социальной стабильностью[660]. Вопреки взглядам значительной части своих коллег Гурко выражал сомнения в эффективности государственного предпринимательства. «...Государство должно стремиться не к расширению своей хозяйственной деятельности, а, наоборот, к всемерному ее сокращению»[661]. Этот подход нашел поддержку в рядах думских умеренных консерваторов. «Величайшие в мире естественные богатства России веками оставались неиспользованными благодаря неразвитости частной инициативы. А частная инициатива поги-

---

[657] Черников Н. Внутреннее обозрение // Мирный труд. 1909. № 6. С. 223.
[658] Санкт-Петербургские ведомости. 1912. 18 февр.
[659] Гурко В.И. Наше государственное и народное хозяйство. С. 239.
[660] См.: Государственный Совет: Стенографические отчеты. Сессия VIII. СПб.: Государственная типография, 1913. Стб. 644 – 647.
[661] Гурко В.И. Указ. соч. С. 153. Сомнения в эффективности государственного вмешательства в экономические вопросы выражал даже Л.А.Тихомиров, придававший большое значение деятельности государства в социальной сфере. Об этом, в частности, свидетельствует его негативное отношение к предложению М.Д.Челышева создать систему государственной хлебной торговли, одно время довольно популярному в консервативных кругах (См., например: Богатырские замыслы // Письма к ближним. 1912. № 3. С. 202 – 206). «Я не имею достаточно веры в государственную организацию для того, чтобы вооружить его такой монополией... Нет, я читал проект Челышева. Не выйдет добра», – писал Тихомиров А.И.Савенко 23 мая 1912 г. (ГАРФ. Ф. 102, оп. 265, д. 569, л. 1323).

бала ввиду стремления государства захватить все в свои руки», – считали националисты[662].

Не одобрявший движения по пути к «буржуазному "общегражданскому" обществу» Л.А.Тихомиров признавал, что Россия не сможет обойтись без предпринимателя, и даже проводил параллель между помещиками и буржуазией – организаторами производства в различных сферах хозяйственной деятельности. «На почве... национальной экономики пред нами во всю высоту поднимается значение класса предпринимательского, торгово-промышленного... и дворянства как главного представителя земледельческого капитала»[663].

«Капиталисту в России трудно жить. Его только терпят», – сочувствовал предпринимателям «Прямой путь»[664]. «Национал-демократ» А.Л.Гарязин не стеснялся идентифицировать свои воззрения с «русской буржуазной идеологией»[665]. Один из авторов «Нового времени» доказывал, что, жертвуя средства на образование, науку и искусство, знаменитый магнат Э.Карнеги приносит куда больше пользы, чем Л.Толстой с его проповедью нравственного самоусовершенствования[666].

Пожалуй, наиболее решительно в защиту капитализма выступил в 1907 г. известный журналист А.А.Башмаков.

> «По переводным книжкам, занесенным к нам из стран, где отрицательные стороны капитализма успели вызвать страдание масс, мы начали проклинать у себя капитал, когда он у нас еще не сложился и не успел даже оплодотворить нашу страну. Так с малолетства русский человек на основании чужого опыта настраивается против одной из тех сил, развитие которых особенно необходимо, дабы вывести его из варварства. Здесь происходит процесс слияния очень ранних стимулов с плодами поздней цивилизации: инстинкт коммуниста-степняка сливается с умствованиями Маркса и Каутского; воззрения, прирожденно таящиеся у человека, не доросшего до собственности, совпадают с поздним умом пресыщенных избытком цивилизации. Так рас-

---

[662] Националисты в III Государственной Думе. СПб.: Типография А.С.Суворина, 1912. С. 197.

[663] Тихомиров Л.А. К реформе обновленной России. С. 7.

[664] Ухтубужский П. [Облеухов Н.Д.] Промышленность и законодатели // Прямой путь. 1912. Апрель. С. 608.

[665] Гарязин А.Л. Суд справа // Дым Отечества. 1914. № 23. С. 6.

[666] См.: Новое время. 1910. 9 июня.

тет молодой человек в России, заранее, как баран на заклание, предназначенная жертва всепроникающего социализма»[667].

Итак, в одном контексте капитализм выступал как зло, а в другом — как благо. Капиталист-либерал был плох постольку, поскольку конкурировал с помещиком за деньги, власть, влияние, и хорош постольку, поскольку являлся союзником земельного собственника в противостоянии рабочему-социалисту, готовому экспроприировать обоих.

Особенно ярко эта двойственность в восприятии капитализма и капиталистов проявилась в консервативных трактовках вопросов налогообложения. С одной стороны, заявлялось о поддержке правительственных мер по введению подоходного налога и изменению налога на наследство. «Крупные торгово-промышленные классы» обвинялись в саботаже правительственных инициатив[668]. С другой стороны, прямые налоги рассматривались как покушение на собственность, чреватое сокращением капиталовложений[669].

Одни и те же печатные органы практически одновременно публиковали материалы и за, и против правительственных мер. Введение подоходного налога «Земщина» 1 января 1911 г. именовала «большим и бесспорно полезным преобразованием», а 10 февраля уже печатала материал, характеризовавший этот шаг как более радикальный, чем введение поземельного налога Генри Джорджа. По-видимому, оценка налоговых преобразований зависела от того, оцениваются ли они в качестве угрозы всем собственникам либо (особенно, если речь шла о подоходном налоге) в качестве меры, задевающей в основном торгово-промышленные интересы.

Несмотря на признание родства между землевладельцами, торговцами и промышленниками, последние чаще всего не рассматривались в качестве столь же важного объекта защиты, как землевладельцы. Но

---

[667] Вещий Олег [Башмаков А.А.] Великое рушение. СПб.: Россия, 1907. С. 14 – 15.

[668] Юрский Г.[Замысловский Г.Г.]. Указ. соч. С. 157. См., также: Воронов Л.Н. Русский государственный бюджет. М.: Типография Московского университета, 1909. С. 24 – 27.

если торговцев и промышленников консерваторы могли счесть хотя бы за временных союзников, то рабочих в таком качестве они не восприни-мали вовсе. В увеличении численности рабочего класса, росте его соци-альной и политической активности консерваторы видели одно из самых неприятных последствий ускоренного промышленного развития. Извест-ный дворянский деятель Э.А.Исеев подчеркивал хронологическое сов-падение промышленного кризиса в начале 1900-х гг. с всплеском рабо-чего движения.

«Обратите внимание на то, что с этим крахом совпало начало революци-онного движения; народ, оторванный от земли, народ, приуроченный к фабри-ке в силу обездоления, лишился покупательной способности, и фабрикам, ко-торые были искусственно насажены, не для кого было работать. Они должны были полопаться, и они полопались. Вот основа революционных кадров, это именно забвение земледелия и насаждение оранжерейной фабрично-заводской производительности, на которую все свои силы употребил его сия-тельство граф Витте»[670].

Учитывая значительное влияние социалистических идей на рабочее движение, консерваторы вынуждены были довольно много внимания уделять критике социализма. Л.А.Тихомиров указывал, что реализация социалистического проекта привела бы к подавлению личности коллек-тивом, моральной деградации, устранению стимулов к труду и тоталь-ному насилию[671].

Вместе с тем Тихомиров признавал за социализмом весьма серьез-ные заслуги. Он отмечал, что социалисты своими обличениями обрати-ли внимание на большую роль экономических факторов социального развития, показали важность усиления коллективного начала в жизни общества, напомнили о необходимости вмешательства государства в социально-экономические процессы. Даже революционная социалисти-ческая пропаганда с его точки зрения некоторым образом способствова-

[669]   См.: Щербатов А.Г. Государственно-народное хозяйство России в ближай-шем будущем. М.: Типография товарищества И.Д.Сытина, 1910. С. 46 – 47, 50; Гурко В.И. Указ. соч. С. 117 – 118, 124, 154 – 155.

[670]   Труды V съезда уполномоченных дворянских обществ 32 губерний. СПб.: Типография М.А.Александрова, 1909. С. 191.

[671]   См.: Тихомиров Л.А. Социализм в государственном и общественном отно-шении // Тихомиров Л.А. Критика демократии. М.: Москва, 1997. С. 345 – 346.

ла общественному благу. «...И самый призыв к революции, сделанный социализмом, имел свои полезные стороны, так как *опасностью угрозы* заставил подумать о справедливости даже тех, которых совесть и разум были недостаточно чутки к добровольному исполнению требований справедливости»[672].

Однако большинство писавших о социализме консерваторов оказались не в состоянии увидеть в этом феномене объект академического анализа или хотя бы оценить его по формуле «нет худа без добра». С.Ф.Шарапов именовал социализм «религией ненависти» и считал абсолютным злом, прямой противоположностью христианскому учению[673]. Он, как и многие другие консервативные авторы, объяснял широкое распространение социалистических идей эмоциональной реакцией на социальные неурядицы, порожденной завистью к более удачливым и стимулированной инородческой пропагандой. По мнению В.В.Шульгина, в основе социализма лежала бессознательная злобная зависть, которая под влиянием агитации с легкостью превращалась в рациональную установку: «ограбить имущих можно и должно»[674]. Схожим образом интерпретировал социалистическую доктрину и М.О.Меньшиков. С его точки зрения, пролетарий попросту не видел, что достаток и даже роскошь являлись результатом тяжкого труда самих капиталистов, больше работающих, больше знающих, больше умеющих, чем рабочие. Социализм был образом мысли бездельников и неудачников: «Социализм следует рассматривать не как восстание труда против капитала, а как бунт трудовой посредственности против трудового таланта»[675].

Уступки рабочим со стороны правительства часто воспринимались как позорная капитуляция перед социализмом. «Критиковать ли Правительство за уступки пролетариям? Слишком много я осуждал слабость власти и раньше, и до сих пор. Борется ли Правительство с наступающими силами социализма? Усвоило ли оно себе систему борьбы вклю-

---

[672] Там же. С. 345. Похожие рассуждения можно было встретить на страницах «Московских ведомостей» и после ухода Тихомирова с редакторского поста. См., например: Московские ведомости. 1914. 10 мая.

[673] Шарапов С.Ф. Социализм как религия ненависти. М.: Типолитография И.М.Машистова, 1907. С. 9.

[674] Шульгин В.В. Национализм // Прямой путь. 1909. 28 окт. С. 6 – 7.

[675] Хозяева и работники // Письма к ближним. 1909. № 7. С. 539.

чительно до защиты строя? Я думаю, что нет ...», – утверждал известный деятель Объединенного дворянства Н.А.Павлов[676]. Во введении в социальное законодательство социалистических тенденций упрекал правительство В.И.Гурко[677].

Принципиальную опасность политики расширения социальных прав рабочих подчеркивал П.Н.Дурново. Выступая при обсуждении в Государственном Совете страхового законодательства в апреле 1912 г., он заявил: «На почве права рабочего требовать, чтобы его лечили до выздоровления, или обязанности предпринимателя лечить его до выздоровления можно найти столько предметов для всякого подстрекательства, споров, сутяжничества, тунеядства и для пропаганды, что нельзя будет всех этих споров и поводов устранить, как бы ни были точны те постановления страховых присутствий, которые могут быть по этому предмету изданы»[678].

Правительство обвиняли в несовместимых, казалось бы, вещах: потворстве предпринимателям и наемным работникам одновременно. Против «пробуржуазных» и «просоциалистических» тенденций в российской политике равным образом высказывались ведущие консервативные публицисты, представлявшие различные варианты консервативной политической доктрины – С.Ф.Шарапов, Л.А.Тихомиров, М.О.Меньшиков. Объединяющим началом здесь, очевидно, являлся протест против разрушения традиционных социально-экономических устоев, важнейшим инструментом которого выступал ускоренный промышленный рост.

Правящая бюрократия признавалась виновной в разрушении органичной для России социальной структуры. Вот как формулировал эту мысль Л.А.Тихомиров:

«С каждым шагом, во всем, что мы ни делаем, разваливается социальная организация народа. У нее отнимаются ее органы и самый смысл существования. Дворянство уже стало пустым звуком, буржуазные слои, переполненные иностранцами и евреями, начинают организовываться по-новому, по-европейскому; крестьянство как кресть-

---

[676] Труды VIII съезда уполномоченных дворянских обществ 37 губерний. СПб.: Типография Главного управления уделов, 1912. С. 19.

[677] Государственный Совет: Стенографические отчеты. Сессия VIII. СПб.: Государственная типография, 1913. Стб. 304.

[678] Там же. Сессия VII. СПб.: Государственная типография, 1912. Стб. 3496.

янство идет к уничтожению. Реформа земельная, местная, судебная – все направляются к тому, чтобы у нас образовались просто "граждане", среди которых будут, на буржуазных началах, процветать в известном количестве "хозяева", и большинство бывших "крестьян" преобразится в деревенских батраков или перейдет в городской пролетариат»[679].

Роль главной жертвы правительственной экономической политики консерваторы отводили землевладельцам-помещикам. Сначала помещиком и крестьянином пожертвовали ради промышленника, теперь помещика приносили в жертву крестьянину, неспособному усвоить новые, более производительные методы хозяйствования. «Мы начали насаждать промышленность слишком усиленным темпом, разоряя землевладельческое население. Теперь, желая восполнить то, что мы не сделали тогда, мы начали усиленным темпом покупать земли крестьянам, якобы желая этим вознаградить за прежнее, но, тем не менее, эта усиленная скупка, это усиленное насаждение лучшей культуры невозможно до тех пор, пока оно не войдет в сознание всего народа», – убеждал делегатов V съезда Объединенного дворянства Э.А.Исеев[680].

Эту точку зрения разделял В.И.Гурко, который в своем докладе на съезде подчеркивал, что скупка дворянских имений и продажа земли на льготных условиях крестьянам ухудшат положение дел в деревне, приведут к уходу из сельского хозяйства наиболее цивилизованных землепользователей-помещиков[681]. Подобный курс был чреват тяжелейшими социально-политическими последствиями вплоть до социальной революции.

«...Мы присутствуем при самом энергичном осуществлении на практике социал-революционной земельной программы, сводившейся, как известно, к тому, чтобы выселить из наших сельских местностей весь землевладельческий элемент, предоставив все руководство местной жизнью пришлому беспочвенному третьему элементу и одновременно разжечь в народе его самые низменные вожделения и тем подготовить к насильственному низвержению не только государственного, но и социального строя»[682].

---

[679]   Тихомиров Л.А. К реформе обновленной России. С. 144.
[680]   Труды V съезда уполномоченных дворянских обществ. С. 192.
[681]   Гурко В.И. Указ. соч. С. 80.
[682]   Там же. С. 51.

Из этих высказываний видно, что столыпинская аграрная политика встретила серьезное сопротивление в консервативной среде[683]. Многим казалась сомнительной важнейшая посылка реформаторов: обращение общинной собственности в частную является фактором роста аграрного производства. Наоборот, доказывал С.Ф.Шарапов, отказ от привычных форм организации хозяйства лишь ухудшил экономическую ситуацию в деревне: «На один жалкий, на казенный счет устраиваемый бутафорский хутор, который показывают совершенно так же, как картонные деревни по Днепру при Екатерине, приходятся сотни брошенных наделов, обездоленных жен и сирот и пропойц-домохозяев, ставших пролетариями»[684].

На тех же позициях стояло и «Русское знамя», которое подчеркивало, что передача крестьянской земли в собственность сама по себе не создает достаточной основы для нормальной производственной деятельности. Крестьяне получали права собственников не ради того, чтобы самостоятельно вести свое хозяйство, а ради того, чтобы продать землю[685].

Д.А.Олсуфьева беспокоило, что разрушение старых форм организации сельскохозяйственного производства идет гораздо быстрее, чем созидание новых. «Что происходит на местах? Отнюдь не созидательный процесс хуторского хозяйства и личной собственности, а происходит процесс разрушения общины; создание же отдельных хозяйств, творческий процесс нового вида агрономии происходит очень плохо...»[686].

Приведенные суждения свидетельствовали о негативной оценке практической, производственной стороны аграрных преобразований. Рассматривая проблему реформы в более широком экономическом кон-

---

[683] На это обстоятельство уже указывали исследователи. См., например: Бородин А.П. Объединенное дворянство и аграрная реформа // Вопросы истории. 1993. № 9. С. 33 – 44.

[684] С.Ф.Шарапов – М.М.Андронникову, 6 октября 1910 г. // РГИА. Ф. 1617. оп. 1. д. 682, л. 20 об.

[685] Русское знамя. 1911. 11 янв.

[686] Государственный Совет: Стенографические отчеты. Сессия V. СПб.: Государственная типография, 1910. Стб. 1185.

тексте, С.Ф.Шарапов выражал опасение, что ее результатом будет установление «владычества капитала над землей в форме ипотечного или залогового права, делающего землю достоянием рынка, создающего почти всюду рабство земледельца у капиталиста и обезличенье земли и народа, на ней живущего»[687]. А В.А.Образцов, член думской фракции правых, увидел в реформе очередное проявление заговора против русского народа с целью передать землю «жидовскому кагалу», превратить крестьян в батраков и пролетариев[688].

Наиболее последовательные оппоненты реформы указывали, что разрушение традиционного уклада жизни крупнейшей по численности группы российского населения, устранение сословной обособленности крестьянства, унификация правовых норм, уничтожение специфических норм крестьянского землепользования равнозначны социальной катастрофе. В открытом письме к К.Н.Пасхалову С.Ф.Шарапов заявлял:

«Страшную полосу мы переживаем... Добрались, наконец, до крестьянства, которое до сих пор было как бы изолировано, которому не мешали жить своими верованиями, своими порядками и обычаями. Закон 9 ноября пускает это все насмарку. Он разрушает крестьянскую обособленность, он уничтожает крестьянскую общину, он снимает охрану государства с крестьянской земли. Он стремится перевернуть все: понятие о собственности, семейный уклад, мирской уклад, все, чем тысячу лет жил Русский народ и до чего ранее государство не касалось, воздействуя только извне. Даже крепостное право не вторгалось во внутренние распорядки крестьянского мира. Теперь война объявлена самому миру»[689].

В частной переписке публицист был еще эмоциональнее:

«Деревенская голь растет сотнями тысяч и скоро начнет расти миллионами, и кости Царей, Освободителя крестьян и Охранителя их землевладения, переворачиваются в своих гробах. Куда денет г. Столыпин эту страшную армию все растущего пролетариата? Какой работой ее обеспечит и где даст приют? А в деревне уже становится невозможно жить. Оторвавшийся от земли мужик, пропивший свою кор-

---

[687]   Примечание к письму Н.А.Павлова // Свидетель. 1908. № 15. С. 27.
[688]   Образцов В.А. Кто ловец? // Прямой путь. 1910. 5 февр. С. 522.
[689]   Пасхалов К., Шарапов С. Землеустроение или землеразорение? (По поводу закона 9 ноября 1906 года). М.: Свидетель, [1909]. С. 42. Столь же жестко оценивал столыпинский курс и К.Н.Пасхалов. См.: Там же. С. 6.

милицу, обращается в хулигана, парижского апаша, поджигает, грабит, вламывается в церкви, ибо с потерей земли и своего старого "мира" ему терять нечего. И с ужасом ждут серьезные элементы деревни, к чему все это приведет и чем кончится»[690].

Критика указа 9 ноября сопровождалась грубыми личными выпадами против его инициаторов. В этом отношении показательно письмо К.Н.Пасхалова, отправленное в конце декабря 1909 г. Автор подчеркивал преемственность в аграрной политике С.Ю.Витте и П.А.Столыпина. Первого он объявлял вдохновителем «зловреднейшего закона 9 ноября», второго – «бессознательным исполнителем», «типичным пустозвоном», «честнейшим, но и глупейшим из всех наших кормчан, когда-либо державших руль нашего государственного корабля»[691].

Резкие выступления против реформы появлялись и на страницах «Московских ведомостей». В апреле 1910 г. в разгар обсуждения законопроекта о реформе в Государственном Совете И.А.Гофштеттер опубликовал статью «Политическое значение закона 9 ноября». Автор доказывал, что главное экономическое детище премьера меняет самою природу российской государственности. «...Проведением закона, разрушающего общину и вводящего частное крестьянское землевладение, она (Дума. – *М.Л.*) вынимает краеугольный камень из-под всего политического здания монархии Российской...» Реформа лишала русского крестьянина фактического права на землю, которым он в отличие от западно-европейского земледельца от рождения обладал: «На Западе для того, чтобы приобресть землю, нужно было скопить капитал, а русскому крестьянину для того, чтобы пользоваться землей, нужно было только родиться на свет: община, получавшая дачу от государства, наделяла всех своих сочленов и лугом, и пахотой, и лесом. Там землевладение – привилегия богатого и эксплуатирующего меньшинства, у нас – право бедного и трудящегося большинства...» Наличие крестьянской общины превращало самодержавную Россию в «самую демократическую страну в мире», где земля являлась «не товаром, а государственным обеспече-

---

[690]   С.Ф.Шарапов – М.М.Андронникову, 6 октября 1910 г. // РГИА. Ф. 1617. оп. 1. д. 682, л. 20 об.

[691]   К.Н.Пасхалов – К.Снегиреву, 22 декабря 1908 г. // ГАРФ. Ф. 102, оп. 265, д. 360, л. 21.

нием земледельца в праве свободного земледельческого труда, той ма-терью-кормилицей, которую не продашь и не купишь»[692].

Однако негативное отношение к реформе обнаружили не все кон-серваторы. Спор о столыпинском землеустройстве разделил думскую фракцию правых на его противников и сторонников. Против реформы постоянно высказывались В.А.Образцов и Г.А.Шечков, в то время как большинство фракции во главе с Н.Е.Марковым и В.М.Пуришкевичем поддержало разрушение общины. Еще более решительно в пользу аг-рарных преобразований выступали умеренные консервативные полити-ческие формирования, прежде всего националисты.

Сторонники реформы осуждали тех, кто видел в землеустроитель-ных мерах подрыв самодержавия. «Искать конституции в отрубах или республики в суперфосфатах и выставках коров мы не станем», - писал в «Прямом пути» Н.Д.Облеухов. Допуская, что аграрные проблемы мож-но было бы решать иначе, он находил, что действия правительства в этой области достойны одобрения[693]. Как уверял Облеухов, реформа пользовалась среди крестьян огромной популярностью и защищали об-щинную форму землевладения только мироеды и хулиганы[694].

Основным аргументом в пользу аграрного переустройства выступа-ла большая экономическая эффективность индивидуального хозяйство-вания. «Первым камнем в основании великого здания народного благо-состояния и благополучия» называл рассмотрение в Думе законопроек-та о реформе активный член «Русского собрания» и Союза Михаила Ар-хангела В.А.Ососов[695]. Большинству делегатов V съезда Объединенного дворянства (единственного дворянского съезда, специально созванного в 1909 г. ради обсуждения экономической ситуации в стране) ликвида-ция общины также показалась важным фактором повышения продуктив-ности сельского хозяйства[696].

---

[692] Московские ведомости. 1910. 7 апр.

[693] Ухтубужский П.[Облеухов Н.Д.] Наши идеалы и русская современность// Прямой путь. 1912. Вып. 1. С. 16.

[694] Облеухов Н.Д. Община или собственность? // Там же. 1913. Вып. 1. С. 85.

[695] Ососов А.В. Земельный вопрос в 3-ей Государственной думе. СПб.: Труд и польза, 1912. С. 16.

[696] По мнению Ю.Б.Соловьева, на дворянских съездах «защита общины как таковой была делом одиночек, и подавляющее большинство еще в годы

Негативные высказывания в адрес реформы в «Московских ведомостях» «уравновешивались» позитивными. Через полтора месяца после публикации цитировавшейся статьи И.А.Гофштеттера в газете появилась статья П.П.Дюшена, в которой утверждалось, что «закон 9 ноября можно назвать первой ласточкой наступившей весны для нашего крестьянства»[697].

Националисты, умеренно-правые рассматривали эту проблематику существенно шире, акцентируя не только чисто экономические достоинства столыпинского землеустройства, но и обеспечение свободы личности крестьянина, утверждение в общественном сознании принципа неприкосновенности частной собственности. По мнению В.А.Бобринского, правительство совершило бы преступление, если бы «не доказало крестьянству, что спасение в личной собственности, в том, что труд его будет обеспечен и не будет отнят другим, что оно может поднять труд своей земли, что оно может довести Россию до такого цветущего состояния, на которое Россия имеет право и по естественным богатствам, и по способностям, и по культуре...»[698].

Многообразие взглядов консерваторов на реформу не исчерпывалось двумя описанными полярными подходами. Одни консерваторы были склонны представлять реформу шагом в правильном направлении, осуществленном не вполне верными методами. С их точки зрения, община стала пережиточной формой организации производства, но это не означало, что ее необходимо разрушить, не считаясь с настроениями крестьян. Последних надлежало убедить, а не принудить. «Прочного ус-

---

революции пришло к окончательному убеждению, что единственный остающийся выход — поскорее разделаться с этим крупнейшим остатком прошлого...» (Соловьев Ю.Б. Самодержавие и дворянство в 1907 – 1914 гг. Л.: Наука, 1990. С. 110).

[697] Московские ведомости. 1910. 27 мая. Статья И.А.Гофштеттера принесла Л.А.Тихомирову серьезные неприятности. На нее с гневом отреагировал сам премьер: «Возмутительно помещение такой статьи в «Московских ведомостях». И, хотя начальственный гнев не изменил мнения редактораиздателя (в своем дневнике тот назвал работу Гофштеттера «прекрасной». См.: Из дневника Льва Тихомирова // Красный архив. 1936. Т. 1(74). С. 172), публикация статьи П.П.Дюшена, возможно, стала своего рода ответом на критику сверху.

[698] Государственная Дума: Стенографические отчеты. Созыв третий. Сессия II. Ч. 1. СПб.: Государственная типография, 1909. Стб. 506.

пеха в этом деле можно достигнуть лишь под условием сознательного перехода крестьян к более совершенным формам землепользования, под влиянием усвоенного населением убеждения в их выгодности. Насаждать же эти формы приказом, хотя бы и законодателя, помимо и даже вопреки желанию самих крестьян, представляется мне приемом бесцельным и даже опасным...», – говорил при обсуждении думского законопроекта об аграрной реформе А.С.Стишинский[699]. Другие советовали проявить осторожность в реализации законодательства об аграрной реформе, сделав упор не на разрушении общины, а на переселении крестьян в отдаленные районы. Именно так описывал общую позицию фракции правых в III Думе Г.Г.Замысловский.

> «Поддерживая правительство в вопросах землеустройства и переселенья, правые в то же время с одной стороны всячески предостерегали от искусственного, резкого, стремительного разрушения общинного быта, а с другой старались осветить истинное положение дел в тех окраинных районах, где русское переселенье встречало препятствия, как по безразличному отношению русских властей, так и вследствие инородческих вожделений к захвату свободных земель, составляющих государственное достоянье и необходимых для русского крестьянства»[700].

Еще одним вариантом более осторожного подхода к оценке указа 9 ноября была позиция «Московских ведомостей», изложенная в редакционной статье 2 декабря 1911 г. Ее автор признавал, что реформа может способствовать росту сельскохозяйственного производства, и усматривал в этом ее сильную сторону. Но он указывал и на другую сторону преобразований – распространение на сельское хозяйство буржуазного принципа всеобъемлющей частной собственности. Сочетание двух этих сторон сулило крайне неприятные перспективы.

> «Временно, быть может, мы и достигнем поднятия производительности сельскохозяйственного труда, даже вероятно достигнем. Но чем лучше мы этого достигнем на основе частной земельной собственности, тем быстрее общая участь России пойдет по дорожке, проторенной Европой, и тем быстрее и острее перед нами станет социалистический "корректив" буржуазного принципа частной земельной собст-

[699] Государственный Совет: Стенографические отчеты. Сессия V. СПб.: Государственная типография, 1910. Стб. 1129.

[700] Юрский Г.[Замысловский Г.Г.]. Указ. соч. С. 230.

венности. В деревне – батраки, в городе – пролетариат, которому чем дальше, тем меньше возможно будет оставлять заработок».

Острую критику со стороны многих консерваторов вызывала рестриктивная финансовая политика предвоенных правительств. В роли самого настойчивого и последовательного оппонента официального курса выступал С.Ф.Шарапов. Возражавший еще в 1890-е гг. против перехода России к золотому монометаллизму и государственных гарантий размена бумажных денежных знаков на золото[701], Шарапов считал реформу Витте одним из основных источников социально-экономических и политических неурядиц в стране. Фраза «золотая валюта погубила Россию», брошенная им на IV съезде Объединенного дворянства в марте 1908 г.[702], пожалуй, могла бы служить эпиграфом к любым его выступлениям на экономические темы. Шарапов видел в золотой валюте главный инструмент внедрения ненавистной ему капиталистической промышленности взамен поддержки основы российской экономики – сельского хозяйства. «... Вместо прилива денег в земледелие правительство через систему сберегательных касс старается высосать из населения каждую свободную копейку и поместить ее в предприятия крупного капиталистического характера, поддерживаемые по усмотрению Министра Финансов, и земледелию по большей части вполне чуждые»[703].

Негативную оценку жесткого ограничения эмиссии давал и давний соратник Шарапова по выступлениям против финансовой политики С.Ю.Витте Г.В.Бутми[704]. Отмечая заслуги В.Н.Коковцова в ведении государственных финансов и противопоставляя его «жидовскому ставленни-

---

[701] См., например: Талицкий [Шарапов С.Ф.] Бумажный рубль (Его теория и практика). СПб.: Общественная польза, 1895. См. также:Шарапов С.Ф. Две записки Сергея Шарапова о русских финансах. Берлин: Типография П.Станкевича, 1901.

[702] Труды IV съезда уполномоченных дворянских обществ 32 губерний. СПб.: Мирный труд, 1909. С. 369.

[703] Шарапов С.Ф. Государственная роспись и народное хозяйство. М.: Свидетель, 1908. С. 16.

[704] С.Ф.Шарапов неоднократно подчеркивал принципиальную близость своих воззрений к взглядам Г.В.Бутми. См., например: Шарапов С.Ф. Две записки Сергея Шарапова о русских финансах. С. 16 – 23; Шарапов С.Ф. Финансовое возрождение России. М.: Свидетель, 1908. С. 13, 51.

ку Витте»[705], Бутми в докладе Русскому собранию в марте 1910 г. утверждал, что золотая валюта «стала для нас каким-то фетишем, не валюта для Государства, а Государство для валюты»[706].

На принципиально ошибочное решение вопроса о приоритетах в финансовой политике указывал главе финансового ведомства и куда более умеренный в политическом отношении В.И.Гурко. Следствием проведения правительственного курса стало ограничение капиталовложений в народное хозяйство. Гурко осуждал помещение средств населения в государственные или гарантированные правительством займы: «...народные сбережения... усиленно извлекаются из народного обращения», вместо того, чтобы вкладываться в реальное производство[707]. Те же претензии предъявлял к курсу Витте – Коковцова и влиятельный думский националист В.Я.Демченко[708].

Поскольку одним из способов поддержания золотого обращения выступало привлечение средств из-за границы, жесткая финансовая политика рассматривалась в качестве предпосылки подчинения российской экономики иностранному капиталу. Правительство часто обвиняли в подчинении страны иностранным инвесторам. «...Иностранный капитал идет к нам не только как деньги, но и как знание, как предприимчивость. Он идет к нам не служить нам, а хозяйничать над нами, распоряжаться и мертвыми "естественными" богатствами, и живым человеческим трудом, а при сильном наплыве этого капитала, распоряжаться, кроме того, и целыми отраслями промышленности или торговли, а иногда властно приказывать и самой государственной власти», – доказывал С.Ф.Шарапов[709].

После прекращения выхода шараповского «Свидетеля» в 1910 г. наиболее активным пропагандистом этих идей стало «Русское знамя». Дубровинцы упрекали правительство в том, что «золото народное текло в бездонную бочку Данаид на обогащение заграничных банкиров; но

---

[705] Бутми Г.В. О финансах и денежной системе // Прямой путь. 1910. 13 апр. С. 800.

[706] Бутми Г.В. Там же. 27 марта. С. 680.

[707] Гурко В.И. Указ. соч. С. 190.

[708] См.: Государственная Дума: Стенографические отчеты. Созыв четвертый. Сессия II. Ч. 3. Стб. 1006.

[709] Шарапов С.Ф. Мой дневник // Свидетель. 1909. № 23 – 24.

приток его к народному организму был прерван»[710]. Не меньшее возмущение, чем необходимость выплачивать проценты по государственным займам, вызывали и прямые инвестиции иностранцев. Тон журналистов «Русского знамени», писавших на эту тему, напоминал тон военных сводок. «Пока русские промышленники раскидывают умом, – в Сибири работают иноземцы. Златопромышленность в руках англичан. Они забрались на Урал. Кроме того, часть первых в мире горных заводов в руках анонимных бельгийцев. В Южнорусском горнозаводском районе орудуют французские акционерные кампании и немцы»[711].

Когда от общих рассуждений консерваторы переходили к критике конкретных действий министерства финансов, их выступления часто сопровождались личными нападками на главу ведомства В.Н.Коковцова. Наиболее резко в его адрес высказывались правые, с первой же сессии IV Думы начавшие прямую атаку на премьера. В резолюции Главной палаты Союза Михаила Архангела от 20 октября 1913 г. говорилось, что министерство финансов скомпрометировало себя солидарностью с международным капиталом и просто не в состоянии выступать в роли защитника интересов национального производства[712]. В.М Пуришкевич на том же заседании заявил о необходимости борьбы с существующей финансовой системой и объяснил «министерскую забастовку» нежеланием премьера ответить на «серьезную деловую речь» Н.Е.Маркова[713].

Более суровое отношение к министерству финансов, чем в 1910 г., обнаружил Г.В.Бутми, провозгласивший, что «министерство финансов является не столько русским министерством финансов, сколько иностранной финансовой агентурой в России». Разумеется, в критике Коковцова правыми был силен элемент политической конъюнктуры, и не исключено, что финансовые проблемы были просто подходящим поводом для нападок на главу правительства[714]. Однако тот факт, что среди

---

[710] Русское знамя. 1912. 4 дек.

[711] Там же. 1914. 1 янв.

[712] Прямой путь. 1913. Вып. 11. С. 339.

[713] Там же. С. 333.

[714] Еще в октябре 1912 г. «Прямой путь» писал о блестящем положении в области финансов, росте спроса на рабочие руки и т.п. См.: М.В. Отголоски русской жизни. Рабочий вопрос // Там же. 1912. Вып. 1. С. 273 – 274. Как уже указывалось, большие финансовые заслуги за Коковцовым признавал

российских консерваторов было широко распространено негативное отношение к жесткой финансовой политике, сомнения не вызывает.

Во всяком случае, сторонников финансового курса Витте – Коковцова среди консерваторов было немного. Наиболее авторитетным из них
являлся Д.И.Пихно[715]. Он писал, что деятельность последних министров
финансов в корне изменила финансовое положение страны, которое
«никогда не было так прочно и блестяще, как в последнее десятилетие
XIX века»[716]. В результате российские финансы благополучно пережили
и русско-японскую войну, и революцию 1905–1907 гг.[717] Довольно высоко
оценивал финансовую линию Коковцова и Л.А.Тихомиров, писавший,
что отступление от нее чревато расстройством российских финансов[718].

Итак, консерваторы высказывали самые разнообразные суждения
об экономической ситуации в стране. Наряду с теми, кто высоко оценивал экономические успехи России накануне Первой мировой войны, были и те, кто считал, что страна находится на пороге катастрофы. При
этом почти у всех имелись претензии к экономической политике правительства. Наиболее негативно по отношению к ней были настроены те,
кто поддерживал славянофильские идеи и занимал место на правом
фланге российского консерватизма. Что касается относительно умеренных консервативных политиков и публицистов, то они, как правило, были
склонны более лояльно относиться к экономической линии исполнительной власти.

в 1912 г. и Г.Г.Замысловский. См.: Юрский Г. [Замысловский Г.Г.] Указ.
соч. С. 132 – 133.

[715] Пихно был учеником Н.Х.Бунге и, по словам А.Д.Билимовича, помогал
реализации финансовой реформы 1895 – 1897 гг. «и частными совеща-
ниями с гр. С.Ю.Витте, и печатным словом». См.: Билимович А.Д. Памяти
Д.И.Пихно. СПб.: Сенатская типография, 1913. С. 14.

[716] Пихно Д.И. Финансовые заметки. Киев: Типография товарищества
И.Н.Кушнерева, 1909. С. 29.

[717] Там же. С. 30.

[718] Дневник Л.А.Тихомирова, запись 31 января 1914 г. // ГАРФ. Ф. 634, оп. 1, д.
22, л. 95а – 95а об.

IV. 2 Социально-экономические проекты консерваторов

Консерваторы не ограничивались критикой различных аспектов политики кабинета и предлагали собственные проекты решения социально-экономических вопросов. Далеко не все из них носили альтернативный характер, но, даже поддерживая правительственные начинания, консерваторы, как правило, старались продемонстрировать наличие особого взгляда на экономические и социальные проблемы страны.

Отвергая курс на форсированное развитие промышленности, консерваторы предлагали считать приоритетной отраслью экономики сельское хозяйство. В этом сходились все консервативные политики и идеологи, независимо от политических оттенков. «...Все виды нашей промышленности являются всецело зависимыми от рынка, т.е. от того же земледелия. На вывоз наша промышленность почти вовсе не работает, следовательно, положение земледелия всецело определяет у нас и положение промышленности», – обосновывал данный подход С.Ф.Шарапов. А раз так, то замедленное развитие сельского хозяйства делало невозможным стабильный рост промышленного производства[719]. Позаботиться о сельском хозяйстве призывало «Новое время»: «Путем покровительства сельскому хозяйству за счет своей обрабатывающей промышленности прошли все культурные страны. Первая задача обновленной России... урегулировать и поднять основной промысел, от которого зависит все наше благосостояние»[720].

Консерваторы декларировали принцип наибольшего благоприятствования хозяйствам всех типов. «С точки зрения правильного народного хозяйства государство должно проявлять совершенно одинаковое попечение, как о хуторе, так и об общине, как о средне-, так и крупнопоместном хозяйстве. Только гармоническое сочетание многообразных форм труда и хозяйственной деятельности, свободно развивающейся и любовно покровительствуемой государственной властью, может дать пло-

---

[719]   Шарапов С.Ф. Государственная роспись и народное хозяйство. С. 17.
[720]   Новое время. 1910. 25 апр.

ды и поднять урожай народного богатства», – утверждали «Московские ведомости»[721]. «...С государственной точки зрения среднее и крупное землевладение заслуживает не меньшей поддержки, чем мелкое», – резюмировали для императора итоги обсуждение аграрных проблем на VII съезда Объединенного дворянства[722].

Таким образом утверждалась мысль о принципиальной общности интересов всех социальных групп, занятых в сельском хозяйстве. В деревне должны были установиться социальный мир и взаимовыгодное сотрудничество. К прекращению конфликта между дворянством и крестьянами призывал И.А.Гофштеттер[723]. «Членами одной и той же великой земледельческой русской семьи» называл крестьян и дворян-помещиков, С.А.Володимеров[724]. Естественно, что ведущая роль в этом тандеме отводилась дворянству, которое должно было выступать в качестве экономического и социального лидера русской деревни. Дворяне могли дать безземельным и малоземельным крестьянам работу в своих поместьях, повысить культуру сельскохозяйственного производства в целом. «...Прочное и устойчивое дворянское землевладение благоприятствует и экономическому укреплению крестьян. Дворяне являются руководителями хозяйственного развития России, и в этом заключается их громадная культурная задача», – писали 22 февраля 1909 г. «Московские ведомости».

Данный подход, противоречивший идеологии столыпинского землеустройства, в соответствии с которой ставка делалась не на помещика, а на «крепкого» крестьянина-хозяина, признавали обоснованным как сторонники общины, так и ее противники. При этом в наиболее жесткой оппозиции правительственной социально-экономической стратегии в деревне, естественно, оказались поклонники общины.

Необходимость ее существования С.Ф.Шарапов выводил из национальных особенностей русского народа, «который ищет не голой мате-

---

[721] Московские ведомости. 1909. 11 апр.

[722] Проект всеподданнейшего доклада о работе VII съезда Объединенного дворянства // РГИА. Ф. 899, оп. 1, д. 87, л. 22.

[723] Новое время. 1914. 7 марта.

[724] Государственная Дума: Стенографические отчеты. Созыв третий. Сессия IV. Ч. 3. СПб.: Государственная типография, 1911. Стб. 2463.

риальной пользы, не правды и справедливости формальной, а того, что его очень чуткая совесть называет *правдой Божьей*»[725]. Проявиться же эта совесть может только в виде соборном или хоровом, поэтому крестьянская община всегда оставалась важнейшим условием сохранения народного естества и источником самых великих достижений. По мнению Шарапова, именно община позволила «великорусскому племени» стать во главе «общерусского государства», а в потенции – и во главе всех славян[726].

Анализируя социально-экономические аспекты проблемы, сторонники общины доказывали, что коллективная собственность на землю в большей степени соответствует традиционной русской организации землепользования, чем собственность частная. «...Община была естественным посредником между государством и отдельными крестьянами. Она получала землю от государства для наделения всех ее членов. Ее смысл и значение - в замене права личной собственности на землю правом трудового пользования землей и в утверждении высокого принципа национально-государственного землевладения», – писал Гофштеттер[727]. Не исключая необходимости реформировать общину таким образом, чтобы она перестала стеснять хозяйственную инициативу и препятствовать новшествам в сельском хозяйстве, он полагал, что сам «принцип национально-государственного землевладения» должен быть сохранен[728].

Как эффективнейшее средство разрешения аграрного вопроса – предмет зависти индустриально развитых стран – описывал общину И.И.Колышко. «Опыт подворного пользования на Западе, создав земельную буржуазию, не разрешил, а обострил аграрный вопрос, положить почин разрешению его могли лишь мы, покуда у нас была община... ибо община неизмеримо ближе к идеалу всемирного разрешения аграрной проблемы, чем подворный быт»[729].

---

[725] Пасхалов К., Шарапов С. Землеустроение или землеразорение? (По поводу закона 9 ноября 1906 года). С. 44 – 45.

[726] Шарапов С.Ф. Русские исторические начала и их современное приложение. М., 1908. С. 25.

[727] Московские ведомости. 1910. 7 апр.

[728] Там же. 8 апр.

[729] Гражданин. 1910. № 12. С. 6.

А.Г.Щербатов настаивал на преимуществах общины, исходя из социальной значимости аграрной сферы. Для него императивом аграрной политики являлось укрепление связи населения с землей. Он предлагал наделить землей не только сельских, но и городских жителей. Согласно Щербатову, основными задачами государственного землеустройства должны были стать: «укрепление за крестьянскими обществами принадлежащей им земли, увеличение крестьянского общинного землевладения в соответствии с действительной в том нуждой и пользой государственной, сохранение и необходимое увеличение землевладения поместного служилого дворянства, обеспечение усадебной оседлостью мещан и фабрично-заводских рабочих»[730].

Ф.Д.Самарин также полагал, что любая аграрная реформа должна иметь своей целью укрепление связи с землей, а не облегчение ее перехода из рук в руки[731]. Говоря о перспективах существования общины, он подчеркивал, что надо опираться на реально существующий порядок, а не на теоретические построения о полезности той или иной формы собственности. Раз уж в стране исторически сложились два основных вида землевладения: частное, дворянское, и коллективное, крестьянское, то и действующее аграрное законодательство должно было строиться на признании этого факта[732].

Поборники общины не исключали возможности выхода из нее крестьян. Их главной целью было сохранить общинное землевладение как социально-экономический институт. «...Мы... ратуем искренно за права общины на землю, не имея ничего против предоставления свободы выхода из общины, но без уноса из нее земли», – пояснял свою позицию К.Н.Пасхалов[733].

---

[730] Щербатов А.Г. Обновленная Россия. С. 74.

[731] См.: Самарин Ф.Д. Законы о землеустройстве и сословно-крестьянские интересы // Прямой путь. 1913. Вып. 1. С. 90.

[732] Самарин Ф.Д. Еще о юридических последствиях отмены выкупных платежей: ответ А.П.Никольскому. М.: печатня А.И.Снегиревой, 1908. С. 40 – 41. Самарин был лидером созданного в 1905 г. «Кружка москвичей», члены которого придерживались мнения о необходимости сохранить крестьянскую общину.

[733] К.Н.Пасхалов – К.Снегиреву, 22 декабря 1908 г. // ГАРФ. Ф. 102, оп. 265, д. 360, л. 21 об.

Противники общины придерживались иных представлений об оптимальной форме социально-экономической организации деревни. Они признавали верной мысль о необходимости перехода от коллективной к частной собственности на землю и свои позитивные программы строили на той же основе.

Ожесточенные споры по поводу будущего сельского хозяйства велись на страницах многих консервативных изданий, причем зачастую диаметрально противоположные взгляды излагались в одних и тех же газетах и журналах. Например, в «Гражданине» наряду с материалами, осуждавшими столыпинский курс, появлялись и статьи в его поддержку. «Община для рационального хозяйства, безусловно, вредна, – доказывал один из сотрудников издания. – Хутор – сельскохозяйственный идеал. Все угодья на глазах, техника хозяйства применяется быстро. Не страшен и пожар. Нет скученности. По халатности соседа не сгоришь. Менее опасны эпидемии и эпизоотии; с ними легче управиться. Наконец, личная собственность создает невольно уважение и к собственности другого; и жизнь на хуторе нравственнее: меньше соблазнительного примера»[734].

Выступления в поддержку и против столыпинского землеустройства можно было обнаружить в «Прямом пути». В частности, в пользу общины высказывался В.А.Образцов[735]. По мнению же Н.Д.Облеухова «крестьянство русское возродится и окрепнет в виде хуторян и отрубников, а на общину пора уже махнуть рукой даже тем, кто в ней видел питомник дешевого и скверного труда»[736].

Индивидуальные хозяйства поддерживали националисты и умеренно-правые. Член Думы В.Р.Буцкий объяснял, что, раз «сознание прогресса, сознание улучшения несравненно с большим трудом могут проникнуть в массу, нежели в среду отдельных лиц», индивидуализация хозяйственной деятельности обязательно улучшит положение сельского

---

[734] Летописец. На злобы дня. Земельный вопрос // Гражданин. 1908. № 10. С. 3.

[735] Образцов В.А. Кто ловец? // Прямой путь. 1910. 5 февр. С. 521 – 522.

[736] Облеухов Н.Д. Община или собственность? // Там же. 1913. Вып. 1. С. 86.

населения[737]. Другой депутат-националист, Н.Н.Ладомирский, выражал уверенность в том, что в случае реализации столыпинской реформы аграрный вопрос вообще перестанет существовать, по крайней мере, потеряет свою остроту[738]. В поддержку крестьянина-собственника выступали «национал-демократы». Они прямо объявляли себя представителями «крестьянской буржуазии», которая нуждалась в гарантиях защиты своей собственности и от крупных собственников, и от неимущих[739].

Рекомендовались и иные варианты аграрных преобразований, предполагавшие различные сочетания элементов прежней (общинной) и новой (частнособственнической) организации крестьянского хозяйства. Принципиальное обоснование такой позиции было дано в редакционной статье «Московских ведомостей», опубликованной вскоре после появления уже упоминавшейся статьи И.А.Гофштеттера «Политическое значение закона 9 ноября». В ней членов Государственного Совета призывали переработать думский вариант закона об аграрной реформе. «Не простое неутверждение земельного законопроекта нужно нам, а ряд таких поправок общего строя, при которых возможно было бы авторитетное действие власти, не допускающей хаоса, сохраняющей все доброе в законопроекте и устраняющей его недостатки»[740].

Предлагались различные способы совершенствования аграрного законодательства, например, соединить общинное землевладение с наследственно-родовым, навечно закрепленным за данной семьей землепользованием[741]. Правые члены Государственного Совета рекомендовали ввести институт семейной собственности на землю[742]. Ликвидация общины не должна была сопровождаться концентрацией земельной собственности и лишением средств к существованию большого числа крестьян. «Правильное решение земельного вопроса, – писал

---

[737] См.: Государственная Дума: Стенографические отчеты. Созыв третий. Сессия II. Ч. 1. СПб.: Государственная типография, 1909. С. 1313 – 1314.

[738] См.: Ладомирский Н.Н. Разрешение земельного вопроса. СПб.: Национализм и прогресс, 1909. С. 43.

[739] См., например: Веров Н.Е. Два суждения // Дым Отечества. 1914. № 85(27). С. 4.

[740] Московские ведомости. 1910. 13 апр.

[741] См.: Ярмонкин В.В. Власть земли // Гражданин. 1908. № 88. С. 5.

Д.М.Бодиско, – должно, с одной стороны, способствовать постепенной ликвидации общины, с другой стороны, по возможности, парализовать мобилизацию мелкой земельной собственности»[743].

Неприятие опоры на зажиточного крестьянина-собственника, поиск промежуточных вариантов аграрной реформы объяснялись прежде всего стремлением обеспечить социальную замкнутость крестьянства – наиболее многочисленного элемента сословной структуры общества. На ее сохранении решительно настаивали противники столыпинской политики. А.Г.Щербатов видел спасение от социальных неурядиц «в обновлении сословного общественного строя на началах бытовых, народных и русской государственности...»[744]

Но и многие противники общины из числа правых высказывались за сохранение сословной организации. Марковская «Земщина» призывала усилить роль корпоративного начала в жизни российского общества. «Необходимо все государственное строительство опереть исключительно на коренные сословия народные, а именно: на земельное сословие, служило-дворянское, на земельное сословие крестьянское, на сословие церковно-духовное, на сословие торгующее, на сословие земельно-городское»[745]. В надежде, что корпоративный интерес окажется сильнее социалистической пропаганды, сословную организацию предлагалось распространить и на рабочих[746]. В.М.Пуришкевич заключал: «...в ту минуту, когда грани между сословиями рушились, когда они начинали сливаться, – тогда вместо принципов родовых выступал принцип экономический, и вместо доблести являлся экономический гнет. Та страна, которая потеряла сознание о своих сословиях, где рушатся между ними перегородки, та страна не может ожидать блестящего будущего»[747].

---

[742] См., например: Государственный Совет: Стенографические отчеты. Сессия V. СПб.: Государственная типография, 1910. Стб. 1503, 1595.

[743] Бодиско Д. Накануне рассмотрения закона 9 ноября в Государственном Совете // Гражданин. 1909. № 13. С. 3.

[744] Щербатов А.Г. Обновленная Россия. С. 42.

[745] Земщина. 1913. 5 сент.

[746] См., например: Земщина. 1912. 27 апр.

[747] См.: Труды IV съезда уполномоченных дворянских обществ 32 губерний. С. 247.

Кроме приведенных общих соображений желание сохранить сословную организацию мотивировалось и более приземленными обстоятельствами. Ее существование позволяло закрепить лидирующую социальную роль за «первым сословием» – дворянством, которое рассматривалось как выразитель лучших качеств русского народа[748].

В понимании того, каким образом обеспечить за дворянством роль руководителей народа, единства не было. Некоторые предлагали включить в состав дворянства наиболее состоятельных и социально активных людей недворянского происхождения. «Дворянство должно привлекать к себе все, что является выдающимся среди населения по своим талантам, по своим способностям, но, главное, по нравственной высоте своей работы», – провозглашал С.Ф.Шарапов[749]. Этот подход получил поддержку видных дворянских деятелей (в частности, А.С.Стишинского и А.Б.Нейдгарта), однако многих он сильно напугал. В ликвидации сословной замкнутости дворянства некоторые консерваторы увидели серьезную угрозу традиционному социальному порядку.

Наиболее четко эти опасения выразил В.М.Пуришкевич:

«Дворянство, которое никогда не было реакционным элементом в Империи, всегда было консервативно, оно сдерживало правительственную власть, стремившуюся развить реформы, оно сдерживало тот быстрый ход, который мог повести нас к этапу всеобщего российского переворота. Я убежден, что внедрение новых лиц в нашу среду, лиц без традиций, без прошлого, поведет к гибели России как консервативного начала»[750].

Споры по этой проблеме, особенно бурные на VIII и IX съездах Объединенного дворянства, закончились безрезультатно. Вопрос о том, должно ли «благородное сословие» быть замкнутым или открытым, так

---

[748] См., например, прочувствованные высказывания на эту тему А.А.Бобринского в Государственном Совете: Государственный Совет: Стенографические отчеты. Сессия IX. СПб.: Государственная типография, 1914. Стб. 2332 – 2335.
[749] Труды V съезда уполномоченных дворянских обществ 32 губерний. С. 327.
[750] Труды IX съезда уполномоченных дворянских обществ 39 губерний. СПб.: Типография Главного управления уделов, 1913. С. 43 – 44.

и не был решен[751].Тем не менее можно утверждать, что с течением времени влияние сословного дворянского эгоизма на социально-экономические установки российских консерваторов уменьшалось: дворянские деятели все больше рассматривали себя в качестве защитников всех аграриев, независимо от сословной принадлежности. Идея представительства аграрного интереса в целом легла в основу двух детальных социально-экономических программ, разработанных видными консервативными специалистами в области экономики в предвоенные годы.

Первая из них – программа В.И.Гурко – была изложена в пространном докладе V съезду Объединенного дворянства. Ссылаясь на опыт развитых государств, ее автор выступал за покровительственный подход правительства к аграрному сектору. «...Опыт и пример государств Западной Европы и Соединенных Штатов Северной Америки свидетельствуют, – убеждал он, – что без мощной поддержки государственной власти и значительных затрат из средств государственного казначейства сельское хозяйство не может существенно улучшаться и развиваться»[752].

Гурко предлагал сосредоточиться не на реорганизации крестьянского землевладения, а на финансовой поддержке сельскохозяйственного производителя в целом. Главное внимание он предлагал уделить помещичьему землевладению. Вместо того чтобы тратить государственные средства на льготную продажу земли крестьянам, Гурко советовал помочь крупным и средним землевладельцам, которые, в свою очередь, смогли бы дать крестьянам дополнительный заработок в своих имениях[753]. Результатом реализации этой программы должно было стать создание крупного, основанного на труде наемных работников и арендаторов сельского хозяйства, которое могло бы послужить своего рода «локомотивом» для всей экономики страны.

---

[751] Подробнее о дебатах вокруг данной проблемы на съездах Объединенного дворянства см.: Соловьев Ю.Б. Самодержавие и дворянство в 1907 – 1914 гг. С. 239 – 249.

[752] Гурко В.И. Указ соч. С. 113.

[753] См.: Там же. С. 51 – 53.

Пытаясь заинтересовать дворянство этим проектом, Гурко подчеркивал, что политическое влияние дворянства в конечном счете зависело от его экономического веса.

«Без подъема сельского хозяйства не удержаться дворянам на земле; они превратятся в служилых людей, в наемников государства. Отстаивайте, г.г., крепко, стойко ваше политическое положение в стране в лице выборных уездных предводителей дворянства, но одновременно указывайте на жизненную необходимость подъема сельского хозяйства, просите, молите, требуйте, обращайте на этот вопрос все внимание как правительственных, так и общественных слоев»[754].

Призывы Гурко поддержали присутствовавшие на съезде консервативные авторитеты в экономической области: К.Ф.Головин, Н.А.Павлов, С.Ф.Шарапов. Однако проект так и остался проектом. Практической поддержки Гурко не получил и менее чем через месяц после окончания съезда отказался от должности управляющего делами Постоянного совета Объединенного дворянства[755].

Между тем идея Гурко не была забыта. Ее подхватил и развил Н.А.Павлов, предложивший в специальной записке в Постоянный совет в ноябре 1910 г. создать организацию земельных собственников. Суть его предложения сводилась к тому, что главной сферой деятельности дворянства должна была стать экономика[756]. Принципиальное отличие проекта Павлова от проекта Гурко состояло в том, что тот уже не рассчитывал на помощь государства[757] и основного союзника видел не в правительстве, а в крестьянах. «...Наша сила в крестьянах; крестьянская сила еще в нас. Этого не надо забывать другу крестьян – дворянству»[758]. По сути дела, Павлов вел речь о создании всесословного союза аграриев наподобие германского Союза сельских хозяев.

---

[754]   Труды V съезда уполномоченных дворянских обществ 32 губерний. С. 156.

[755]   См.: Соловьев Ю.Б. Указ. соч. С. 125.

[756]   См.: Труды VIII съезда уполномоченных дворянских обществ 37 губерний. СПб.: Типография Главного управления уделов, 1912. С. 355.

[757]   Он прямо писал в своей записке: «Надежды на какую-либо помощь правительства, на какое-либо понимание к нуждам сословия нет никакой» (Там же. С. 356).

[758]   Там же. С. 21.

Особое внимание он обращал на то, что членом проектируемой организации мог быть только земельный собственник[759]. Это условие имело для него решающее значение. «...В основных положениях моего проекта союза – *всесословности* и иных, первое место занимает объединение *только земельных собственников* и полное недопущение в состав союза безземельных, кто бы они ни были... Землевладельцы (и земледельцы) и *не* собственники, *кто бы они были* – антиподы теоретически и враги в реальной жизни, так как все интересы их диаметрально противоположны»[760]. Врага своего Павлов видел в «обществе городском», для противостояния которому и должны объединиться аграрии-собственники. «Весь план нашего будущего сводится к самопомощи: к борьбе с рабочими и с торговцами, *техникой и объединением в союзы и в общий союз*»[761].

Главный социальный водораздел для Павлова проходил между деревней и городом, сельским хозяйством, с одной стороны, промышленностью и торговлей – с другой. Заслуживает внимания и то, что важной предпосылкой появления обоих проектов (в особенности проекта Н.А.Павлова) было разрушение общины и дифференциация крестьянства на реальных собственников и безземельных батраков. Тем самым важнейшее условие распространения капиталистических, рыночных отношений на сельское хозяйство выступало фактором объединения собственников-аграриев против всех горожан (включая пролетариев и собственников).

Видя в промышленниках, торговцах и их наемных работниках своих врагов, консерваторы не могли оставить без внимания специфические «городские» проблемы. Однако единства в том, как эти проблемы решать у консервативных политиков и публицистов не было.

Объектом острых разногласий являлся вопрос о промышленном протекционизме. Наиболее простое решение его предложил «Гражда-

---

[759] В разработанном автором проекте устава организации пункт 15 гласил: «Членами Союза могут быть только сами землевладельцы-собственники и ни в каком случае не арендаторы, не управляющие, не доверенные, земельного ценза не имеющие» (Павлов Н.А. Записки землевладельца. Пг.: Типография А.С.Суворина, 1915. Ч. 1. С. 292).

[760] Павлов Н.А. Записки землевладельца. С. 252.

[761] Там же. С. 13, 77.

нин», объявив ликвидацию покровительственных пошлин «лучом надежды для обедневшего народа»[762]. Но столь простой способ облегчить положение потребителей промышленных товаров не пользовался особыми симпатиями консерваторов, понимавших, что относительно слаборазвитая русская промышленность не устоит перед натиском Запада. Отказ от протекционизма явно противоречил бы сложившейся к этому времени экономической практике. «...В настоящее время происходит ожесточенная борьба за существование между отдельными народами в виде промышленной войны», – писал А.Г.Щербатов[763]. Поэтому большинство консервативных теоретиков, выражая недовольство практикой выкачивания средств из сельского хозяйства, все же было склонно принимать промышленный протекционизм как данность.

Идея отказа от протекционизма в интересах аграриев прямо противоречила бы и идее обеспечить экономическую независимость страны от внешних рынков товаров и капиталов. Для этой цели были необходимы меры по поддержке собственного производителя промышленной продукции. К бескомпромиссной борьбе с иностранными промышленниками звало «Русское знамя»: «Пусть вспыхнет экономическая война с чужеземным натиском, не менее беспощадная, чем в незабвенном 1812 году»[764].

Специфический способ стимулирования промышленного роста предлагал Н.Н.Шипов. Чтобы заинтересовать отечественных промышленников и купцов в вывозе не сырья, а готовых изделий, он советовал обложить высокими вывозными пошлинами сырье, для полуфабрикатов снизить их вдвое, а с экспортируемых готовых изделий пошлин вообще не взимать. Уровень тарифов автор рекомендовал соотносить с уровнем тарифов на ввозимые в другие страны русские товары. Таким образом, Россия должна была превратиться в самодостаточную в экономическом

---

[762]   Thomas. Национал-патриоты (Посвящается думскому центру) // Гражданин. 1912. № 25. С. 6.

[763]   Щербатов А.Г. Государственно-народное хозяйство России в ближайшем будущем. С. 4.

[764]   Русское знамя. 1914. 1 янв.

отношении величину и даже осуществить «переход на обрабатывающую промышленность в международных сношениях»[765].

Еще одним важным обстоятельством, заставлявшим консерваторов проявлять осторожность в борьбе с политикой покровительства отечественной промышленности, было стремление решить проблему безработицы, обострившуюся в связи с миграцией населения в город. Чтобы найти выход из этой ситуации, Шипов предлагал запретить нанимать иностранцев на государственные предприятия и ввести солидную плату за их использование на частных. Это должно было существенно увеличить спрос на рабочие руки и снизить уровень безработицы[766]. На настоятельную необходимость обеспечить работой быстро растущее население указывал и В.И.Гурко: «...мы должны иметь в виду не только подъем сельского хозяйства, но и соответствующее росту этой основной отрасли нашего народного производства развитие нашей фабрично-заводской промышленности. Без наличности последней не найти нам применения для труда нашего многомиллионного ежегодно увеличивающегося населения»[767].

В принципе, несмотря на представление о приоритетном характере сельского хозяйства в отечественной экономике, консерваторы признавали необходимость развития в России промышленного производства. Вместе с тем конкретные формы организации промышленного производства (крупные предприятия, монополии) вызывали недовольство и правых, и националистов.

Предложения правых обычно носили более радикальный характер: суть их состояла в замене крупного производства мелкой или кустарной промышленностью. «Русское знамя» утверждало, что мелкое производство ближе к российским реалиям, чем крупное, а монополии сравнивались с разбойничьими шайками[768]. «Гражданин» уверял, будто продукция кустарных промыслов при условии государственной поддержки оказалась бы конкурентоспособнее изделий крупных предприятий[769]. Ре-

---

[765] Шипов Н.Н. Указ. соч. С. 172.
[766] См.: Там же. С. 131 – 137.
[767] Гурко В.И. Указ. соч. С. 78.
[768] См., например: Русское знамя. 1909. 7 апр.; 1912. 12 февр.
[769] См.: Дневники // Гражданин. 1912. № 38. С. 13.

дактор «Земщины» С.К.Глинка-Янчевский доказывал, что «для народного труда десять мелких фабрик выгоднее, чем одна большая, так как 10 фабрик будут доставлять больше заработков и чернорабочим, и образованным служащим»[770].

Тихомировские «Московские ведомости» предлагали свою альтернативу концентрации производства. «Успехи современной техники открывают новые горизонты, выдвигают на место механического коллективизма пара индивидуализм теплового мотора. Еще несколько шагов по пути усовершенствования мелкого двигателя и, может быть, на место фабричного рабочего во множестве случаев станет ремесленник», - говорилось в одной из редакционных статей летом 1910 г.[771]

Негативное отношение к процессу концентрации производства демонстрировали и умеренные консерваторы. Обозреватель «Нового времени» отмечал: «Печальное положение потребителя усугубляется все более растущим и крепнущим объединением промышленников в разного рода синдикатские соглашения и тресты»[772]. Газета указывала на особую опасность монопольного положения отдельных производителей в России. Подчеркивалось, что российский потребитель и российские власти не имеют надлежащих средств борьбы с монополизмом. «Существование таких организаций, как "Продамет", у нас несравненно опаснее, чем в Америке: там давно уже выработались некоторые способы борьбы с ними среди потребителей и торговцев, но и там правительство давно вмешалось, и против них создаются драконовские законы», – говорилось в специальной статье «Тресты в России», опубликованной 15 февраля 1912 г. Автору казалось, что американский опыт антитрестовского регулирования должен быть востребован в России и функции контроля над монополистическими объединениями надлежало возложить на государство[773].

---

[770] Земщина. 1913. 22 сен.

[771] Московские ведомости. 1910. 6 авг.

[772] Новое время. 1912. 1 янв.

[773] Тема монополистических объединений и противодействия им в индустриально развитых странах неоднократно возникала на страницах газеты и прежде. См., например: Новое время. 1910. 25 июля.

За государственный контроль над монополиями ратовал «Дым Отечества»[774]. Эта позиция нашла активную поддержку у думской группы Центра[775]. Отвергая частные монополии, многие консерваторы ничего не имели против монополий государственных, так как считали их предприятия важнейшим средством борьбы с частными монополистическими объединениями[776].

Другой проблемой организации промышленности, которая оживленно обсуждалась в консервативных кругах, являлись отношения между нанимателями и нанимаемыми. По мнению Н.Е.Маркова, только государство, представляющее интересы всего общества в целом, могло бы решить споры между хозяевами и работниками[777]. О необходимости «известной опеки» государства над социальными антагонистами писал Л.А.Тихомиров[778].

Среди институтов, регулирующих социальные отношения, особую роль была призвана сыграть монархия. Укрепление самодержавия подавалось как гарантия защищенности интересов труда в России[779]. Важные функции по защите рабочих возлагались на правительство. С.Н.Сыромятников торжественно заявлял: «Русское правительство не есть правительство фабрикантов и заводчиков. Рабочий такой же рус-

[774] См.: Пан. Политическое усвоение трестов // Дым Отечества. 1913. № 18. С. 3 – 4.

[775] См.: Государственная Дума: Стенографические отчеты. Созыв четвертый. Сессия II. Ч. 4. СПб.: Государственная типография, 1914. Стб. 226 – 241.

[776] См., например: Новое время. 1910. 20 окт.; Львов А. Нефтяная монополия // Дым Отечества. 1913. № 9. С.4 – 5. Такого рода соображения звучали и с трибуны Государственной Думы. См.: Государственная Дума: Стенографические отчеты. Созыв четвертый. Сессия II. Ч. 4. СПб.: Государственная типография, 1914. Стб. 239. Новейшие исследования подчеркивают позитивное отношение консерваторов к государственному вмешательству в социально-экономическую сферу. См.: Кирьянов Ю.И. Правые партии в России. 1911 – 1917 гг. М.: РОССПЭН, 2001. С. 330; Коцюбинский Д.А. Русский национализм в начале XX столетия: Рождение и гибель идеологии Всероссийского национального союза. М.: РОССПЭН, 2001. С. 342 – 344.

[777] Государственная Дума: Стенографические отчеты. Созыв четвертый. Сессия II. Ч. 1. СПб.: Государственная типография, 1914. Стб. 1437.

[778] См.: Тихомиров Л.А. Рабочий вопрос (Практические способы его решения). М.: Типография В.А.Жданович, 1909.

[779] См.: Ухтубужский П.[Облеухов Н.Д.] Caeterum vertitur // Прямой путь. 1912. Февраль. С. 379.

ский гражданин, как и заводчик, помещик, и его интересы так же дороги Государю, как и интересы каждого из нас... И в государстве Царя-плотника, исповедующего веру Христа-ремесленника, труд не может быть отдан в жертву капиталу». Сыромятников разграничивал «революционный социализм» и «социализм без теории», социальную реформу, доказывая необходимость последней[780]. Результатом применения «социализма без теории» должно было стать повышение жизненного уровня рабочих. Необходимость такого повышения признавали и Л.А.Тихомиров[781], и М.О.Меньшиков[782], и «национал-демократы» из «Дыма Отечества»[783]. Улучшение жизненных условий наемных работников с помощью государства мыслилось ими как главный фактор противодействия влиянию социалистов и развития гармоничных социальных отношений[784].

В данном контексте большое значение придавалось профессиональным организациям рабочих. Правда, в этом вопросе в среде консерваторов имелись серьезные разногласия. Правые, заявляя о принципиальной поддержке профсоюзов, подчеркивали, что она не распространяется на реально существовавшие в стране объединения рабочих, контролируемые революционными партиями. «...Под профессиональными союзами надлежит разуметь не филиальные отделения социал-демократической организации, а союзы для подъема благосостояния рабочих только на экономической почве, для развития их самодеятельности»[785]. Зато, по мнению «национал-демократического» «Дыма Отече-

[780] Россия. 1911. 23 окт. См. также: Новое время. 1912. 22 апр.

[781] См.: Тихомиров Л.А. К реформе обновленной России. С.6.

[782] См.: Покаяние графа Витте // Письма к ближним. 1912. № 4. С. 287; Рост раздора // Там же. 1914. № 4. С. 243.

[783] Руссов П. Воспитывают недовольных // Дым Отечества. 1914. № 24. С. 5.

[784] Отводя важную роль частной благотворительности, консервативные авторы отмечали, что лишь активное участие в решении социальных проблем государства может гарантировать надлежащее качество социальной помощи. См., например: Никитин Е. Христианская благотворительность. М.: Типография русского товарищества, 1912. С.5. См. также: Никитин Е. Государство и рабочий вопрос. М.: Университетская типография, 1907.

[785] Юрский Г. [Замысловский Г.Г.]. Указ. соч. С.238.

ства», с любыми профсоюзами стоило искать взаимопонимания и использовать их в качестве института партиципации[786].

Значительная часть консерваторов стремилась к тому, чтобы создать впечатление глубокой озабоченности рабочим вопросом, продемонстрировать намерение защитить труд от посягательства капитала. Показательна в этом отношении реакция консервативной прессы на Ленские события весной 1912 г. Многие консервативные издания увидели их первопричину в действиях руководства Ленского товарищества. «...Оно (правление Ленского общества. – М.Л.) в качестве монополиста рабочего рынка обратило рабочих в рабов, не стесняясь никакими законами...», - писало по горячим следам «Новое время»[787]. «...Главным условием является наибольшая нажива, второстепенным — положение рабочих. Жажда наживы царит и все заглушает», – вторил «Новому времени» «Гражданин» В.П.Мещерского[788]. Старейшину российской консервативной журналистики не смутило даже то, что строки из его «Дневников» цитировались левыми в Государственной Думе и перепечатывались в социал-демократической печати[789]. Некоторые консервативные публицисты проявляли подчеркнутую озабоченность разработкой и принятием рабочего законодательства[790].

Вместе с тем определенная часть консервативного лагеря продемонстрировала отрицательное отношение к широкомасштабным социальным мероприятиям. Теоретической основой их подхода к данной

---

[786] Руссов П. В чем слабость профессионального движения в России (К законопроекту о союзах и обществах) // Дым Отечества. 1914. № 8. С. 7.

[787] Новое время. 1912. 6 апр.

[788] Дневники // Гражданин. 1912. № 14. С. 14.

[789] Там же. № 15. С. 13.

[790] Одним из инициаторов совершенствования социального законодательства в России стал Л.А.Тихомиров. В 1907 г. он был специально вызван в Петербург для участия в разработке рабочего вопроса. Л.А.Тихомиров обращался с письмами на эту тему к П.А.Столыпину и многократно выступал в печати по поводу необходимости серьезных мероприятий в социальной области. Подробнее о разработке рабочего законодательства в период третьей Думы и роли в этом процессе Л.А.Тихомирова см.: Аврех А.Я. Столыпин и третья Дума. М.: Наука, 1968. С. 197 – 272. Подчеркнутый интерес к прохождению страховых законопроектов демонстрировало «Новое время», постоянно упрекавшее представителей промышленности и торговли

проблеме являлась идея невмешательства государства в социально-экономические процессы, сторонниками которой считали себя некоторые видные консервативные политики. Они рассматривали улучшение положения рабочего класса как функцию объективных социально-экономических условий: увеличение заработной платы мог обеспечить только рост производства, а никак не законодательные меры. Такую точку зрения пропагандировал А.Г.Щербатов, далекий от признания классических либеральных догм в аграрном вопросе[791]. О том же говорил В.И.Гурко, убеждавший, что «в конечном результате рабочий труд оплачивается исключительно в зависимости от степени спроса на него и предложения»[792].

Противники рабочего законодательства подчеркивали, что и в гораздо более развитых западно-европейских странах рабочий вопрос до конца не разрешен[793]. Говорили они и о том, что несправедливо ставить рабочих в привилегированное положение по сравнению с другими слоями населения[794]. Наконец, некоторых консерваторов (даже из числа тех, кто в принципе не возражал против социального законодательства) смущала перспектива институциализации конфликта между трудом и капиталом: в этом видели признание неизбывности социальных противоречий[795].

Вину за трудовые конфликты эта группа консерваторов была склонна возлагать главным образом на самих рабочих. Ее не устраивали оценки Ленского расстрела в «Новом времени» и «Гражданине». Так, действия властей решительно поддержала «Земщина», назвавшая выступление В.П.Мещерского в защиту забастовщиков «революционным выпадом "Гражданина"»[796].

в саботаже необходимых социальных мер. См., например: Новое время. 1911. 22 нояб.

[791] См.: Щербатов А.Г. Государственно-народное хозяйство России в ближайшем будущем. С. 9.

[792] Гурко В.И. Указ. соч. С. 82.

[793] Там же. С. 83.

[794] См. например, выступление П.Н.Дурново 20 апреля 1912 г.: Государственный Совет: Стенографические отчеты. Сессия VII. СПб.: Государственная типография, 1911. Стб. 3483 – 3498.

[795] Рост раздора // Письма к ближним. 1914. № 4. С. 245.

[796] Земщина. 1912. 24 апр.

Не было единства и в представлениях об оптимальной организации финансов. Большинство консерваторов склонялись к мысли о том, что необходимо смягчить ограничения эмиссии, введенные реформой 1895-1897 гг. Наиболее последовательным сторонником этого пути выступал С.Ф.Шарапов. Он разработал целую стратегию социально-экономического подъема страны, основанную на использовании «дешевых» денег. Шарапов выступал за отказ от золотого обращения и восстановление финансовой системы, существовавшей до реформы. Это позволило бы не только избавиться от зависимости от иностранных займов, но и получить необходимые ресурсы для кредитования народного хозяйства, прежде всего аграрного сектора. «...Бросьте золотую систему, спасайте народное хозяйство! Выпустите миллиард кредитных рублей и создавайте на нем народный кредит»[797]. Шарапов предлагал перестроить систему финансовых институтов страны, организовать в каждом уезде отделение Государственного банка и с помощью этого миллиарда обеспечить крестьян дешевым кредитом в 200-300 рублей на двор[798]. В сущности, Шарапов предлагал активизировать государственное вмешательство в социально-экономические процессы, инструментом которого стала бы инфляционная подпитка архаичной социально-экономической структуры российского общества[799].

Мысль о необходимости дешевого кредита как действенного средства стимулирования экономического роста получила широкое распространение в консервативных кругах. То обстоятельство, что для этого потребовалась бы значительная эмиссия, не смущало[800]. Причем многие сторонники данного курса придерживались иных, чем Шарапов, ориен-

---

[797] Мой дневник // Свидетель. 1908. № 12. С. 106 – 107.
[798] Там же. С. 101–107.
[799] См.: Шарапов С.Ф. Финансовое возрождение России. М.: Свидетель, 1908.
[800] См., например: Черников Н. Внутреннее обозрение // Мирный труд. 1909. № 6. С. 223; Ъ [Гофштеттер И.А.] Русский золотой запас за границей. СПб.: Типография А.С.Суворина, 1913. С.92 – 96. О необходимости «на первых порах», по крайней мере, в три раза увеличить количество денег в обращении указывалось в 1912 г. в предвыборном воззвании Союза Михаила Архангела. См.: Прямой путь. 1912. Май. С. 779. Излишнюю строгость законодательства об эмиссии отмечал и Н.Е.Марков. См., например: Государственная Дума: Стенографические отчеты. Созыв четвертый. Сессия II. Ч.3. СПб.: Государственная типография, 1914. Стб. 918.

таций в других социально-экономических вопросах. Н.А.Павлов, настолько же убежденный противник общины, насколько С.Ф.Шарапов был ее сторонником, соглашался с главной шараповской идеей: «Дешевые деньги, дешевый кредит – другого средства поднять работу нет, иного разрешения нашего экономического, страшного и безостановочного разорения быть не может»[801].

Если, по Шарапову, доступный кредит должен был спасти общинную деревню, то, согласно Павлову, привлечение дополнительные ресурсов имело критическое значение для становления новых хозяйственных форм. «Без денег закон 9 ноября перепутает все и не даст никаких результатом. Занимайте, выпускайте бумажный знак, куйте фальшивую монету, но доставайте денег, вот, что мы должны сказать правительству...», – убеждал он участников V съезда Объединенного дворянства[802]. На необходимости дешевого аграрного кредита за счет государственных средств настаивал другой противник общины – Н.Е.Марков[803].

Описанный подход к переустройству российской финансовой политики поддерживали далеко не все. Его активным оппонентом выступал Д.И.Пихно, доказывавший, что самый надежный способ приобретения дополнительных средств – это рационализация расходов, а не выпуск бумажных денег, подрывающий равновесие государственного бюджета[804].

Пожалуй, наиболее детальную экономическую программу, основанную на идее сохранения финансового равновесия, разработал Н.Н.Шипов. Убежденный монархист, он был полностью согласен с Шараповым в том, что незыблемость самодержавия есть важнейшая гаран-

---

[801] Павлов Н.А. Земля и деньги // Свидетель. 1908. № 15. С. 13.

[802] Труды V съезда уполномоченных дворянских обществ 32 губерний. С. 77.

[803] См., например: Государственная Дума: Стенографические отчеты. Созыв четвертый. Сессия. II. Ч.3. СПб.: Государственная типография, 1914. Стб. 895 – 933.

[804] Ради сохранения этого равновесия, он советовал проявлять крайнюю осторожность даже в тратах на флот, предлагая на 5 – 7 лет заморозить военные расходы. Пихно исходил из того, что наиболее адекватной формой финансовой подготовки к войне является не расходование денег на военные приготовления, а, наоборот, сбережение средств для грядущих испытаний. См.: Пихно Д.И. Финансовые заметки. С.39 – 48.

тия стабильности отечественных финансов[805]. Разделял он и мнение Шарапова о том, что поддержание золотого обращения являлось для России тяжким бременем, поскольку вело к большой внешней задолженности и не позволяло отыскать дополнительные средства для финансирования экономики[806].

На этом сходство теоретических установок Шипова и Шарапова заканчивалось. Шипов ставил устойчивость денежной единицы на одну доску с соблюдением монархического принципа. «И как единовластие необходимо для стройной жизни Государственного организма, так же точно монометаллизм, а не двойная или тройная валюта с принудительным курсом, должен лечь в основу денежного обращения»[807]. Он подчеркивал, что избыточная эмиссия так же опасна, как и чеканка неполновесной монеты, и к ней можно прибегнуть лишь в качестве крайнего средства, когда все другие исчерпаны[808].

Что же касается практических предложений Шипова и Шарапова, то они в основном совпадали. Шипов тоже призывал к удешевлению и упрощению процедуры предоставления кредита[809], отказу от иностранных займов и погашению внешней задолженности[810]. Оба выступали за самую активную роль Государственного банка в финансировании экономики. Проводя аналогию между социумом и живым существом, Шипов писал:

«...рассматривая Святую Русь как цельный, неделимый, живой Государственный Организм, мы видим, что она одухотворяется и освящается верой Православной; глава ее – Самодержавный Царь-Батюшка, а тело ее – Русь-Матушка, родящее несметные по числу поколения преданных ей Русских детей; все денежные капиталы ее созданные упорным народным трудом в поте лица своего составляют ее кровь; Государственный же Банк является ее сердцем, которое разносит все

---

[805]   Шипов Н.Н. Указ. соч. С. 112.

[806]   Там же. С. 34.

[807]   Там же. С. 18.

[808]   Там же. С. 29 – 30.

[809]   Там же. С. 146 – 152.

[810]   Ср., например: Там же. С. 207; Шарапов С.Ф. Финансовое возрождение России. С. 54. Даже наиболее непримиримо настроенные в отношении иностранного капитала дубровинцы признавали необходимость конверсии и погашения займов, но отнюдь не отказа от уплаты долгов. См., например: Русское знамя. 1914. 1 янв.

эти денежные богатства по всей Матушке России, оживляя ее культурную жизнь и способствуя накоплению ее духовных и материальных сил для создания ее мирового господствующего положения...»[811].

*   *   *

Взгляды российских консерваторов на социально-экономические проблемы оказались подвержены влиянию либерализма куда сильнее, чем их политические воззрения. В консервативной среде широкое распространение получили идеи неприкосновенности частной собственности, экономической свободы, невмешательства государства в социально-экономические процессы. Развитие частнособственнических отношений стало рассматриваться как важный фактор экономического роста. В разрешении социальных проблем консерваторы все больше надежд были склонны возлагать на индивидуальные усилия и законодательные меры и все меньше – на патриархальную заботу о сирых и убогих.

Несмотря на эти новации, подход российских консерваторов к социально-экономическим проблемам сохранил много архаичных черт. Приоритетной областью отечественной экономики для них по-прежнему оставалось сельское хозяйство. Они с подозрением относились к крупному производству, предпочитая ему мелкое. Консерваторы придавали большое значение сословным элементам социальной структуры; особое место отводилось дворянству. Среди них доминировали негативные представления о капитализме и буржуазии. Виновников социального конфликта они видели главным образом в предпринимателях, тогда как рабочим чаще всего доставалась роль жертвы.

В то же время консервативные теоретики подвергли резкой критике социализм. В социалистических доктринах, социалистических общественных движениях консерваторы усматривали то же отрицание традиционной организации общества, что и в «буржуазном "общегражданском" строе».

В конечном счете интересы и наемного работника, и предпринимателя остались чуждыми российскому консерватору. Вместо того чтобы приспосабливаться к неприятной социально-экономической реальности,

---

[811]   Шипов Н.Н. Указ. соч. С.210 – 211.

консерватор предпочитал разрабатывать альтернативные ей проекты. С точки зрения политической практики это означало ставку не на использование противоречия между либералом и социалистом, а на борьбу с ними на два фронта одновременно.

V Консерваторы и «обновленная Россия»

У российских консерваторов было множество претензий к «обновленной России». Недовольство отдельными аспектами постреволюционной действительности превращалось в негативное отношение к статус-кво в целом. Распространяясь справа налево, от наиболее непримиримых представителей консервативного лагеря к наиболее умеренным, отчуждение консерваторов от существовавшего в стране порядка неуклонно нарастало.

*   *   *

Разгон мятежной II Думы, символическая победа над революцией, казалось бы, давали консерваторам основание для оптимизма. «Слезы умиления и радости мешают нам выразить в полной мере чувства, охватившие нас при чтении Твоего, государь, манифеста, державным словом положившего конец существованию преступной Государственной думы», - говорилось в телеграмме Союза русского народа императору[812]. О своем удовлетворении в связи с разгоном Думы сообщал в «Гражданине» В.П.Мещерский[813]. «Слава Богу! Слава Богу! Русские люди, наконец, могут вздохнуть вздохом глубокого облегчения», – писал 4 июня в «Киевлянине» А.И.Савенко. М.О.Меньшиков замечал: «Свершилось нечто, дающее впечатление серьезного государственного дела»[814].

Вместе с тем действия властей казались недостаточно радикальными. «Слава богу, что преступная Дума исчезла, а все же цельного, хорошего впечатления от последовавшего не выношу, – делился своими сомнениями С.Д.Шереметев. – Мне даже кажется, что сумбур понятий после Манифеста 3 июня еще должен усилиться. Едва ли настолько су-

---

[812]   Правые партии. 1905–1917: документы и материалы / сост. Ю.И.Кирьянов. М.: РОССПЭН, 1998. Т. 1. С. 341.

[813]   См.: Дневники // Гражданин. 1907. № 41 – 42. С.23.

[814]   Жребий брошен // Письма к ближним. 1907 № 6. С. 343.

щественны изменения избирательного закона, чтобы уверовать в 3-ю Думу»[815].

Так же рассуждал А.А.Киреев. «Прекрасно! Но что далее? Ведь новый государственный уклад есть все же 17-ое октября, – записывал он 4 июня в своем дневнике и на следующий день продолжал. – Указ о роспуске вполне законен, манифест же – Государственный переворот! Coup d'Etat или кудетатишка, это безразлично, размеры не важны, но уж если делать его, то нужно было возвратиться к старому нашему строю (совещательной монархии), а не останавливаться на улучшенном 17 окт.»[816]. В.П.Мещерскому казалось, что без расширения царской прерогативы изменение закона о выборах было лишено смысла[817]. К хору не вполне довольных властью присоединился М.О.Меньшиков. Он полагал, что 3 июня дело не было доведено до конца и правительству надлежит продолжать в том же духе, «не останавливаясь перед дальнейшими усовершенствованиями нового строя»[818].

Серьезные сомнения выражались по поводу того, что в результате третьеиюньских событий в стране установится социальный мир. В России «бушует из конца в конец оргия всевозможных насилий над несчастными обывателями», – писал 1 сентября 1907 г. К.Н.Пасхалов[819]. «Великая близорукость полагать, что наступившее видимое успокоение является признаком установившегося прочного порядка. Наоборот, черные тучи только начинают сгущаться над Россией», – утверждал М.М.Андронников[820]. «Смутное время», начавшееся для С.Д.Шереметева в 1904 г., продолжалось вплоть до сентября 1914 г.:

---

[815] С.Д.Шереметев – Ф.Д.Самарину, 8 июня 1907 г. // ОР РГБ. Ф. 265. к. 208. д. 25. л. 105.

[816] ОР РГБ. Ф. 126, к.14, л. 226 об. – 227. Теми же соображениями 10 июня автор поделился в письме Л.А.Тихомирову. См.: ГАРФ. Ф. 102, оп. 265, д. 214, л. 22.

[817] См.: Дневники // Гражданин. 1907. № 43 – 44. С. 13.

[818] Жребий брошен // Письма к ближним. 1907. № 6. С. 346.

[819] К.Н.Пасхалов – А.И.Дубровину, 1 сентября 1907 г. // ГАРФ. Ф. 102, оп. 265, д. 259, л. 58.

[820] М.М.Андроников – А.А.Орлову, 12 сентября 1907 г. // РГИА. Ф. 1617, оп. 1, д. 75, л. 4.

именно такое название видный консервативный сановник и историк дал коллекции материалов о происходивших на его глазах событиях[821].

Даже если отмечалось окончание «острого периода» революции, из этого вовсе не вытекало, что страна начинает выздоравливать: просто болезнь перешла в латентную фазу. «...Мы начинаем медленно гнить», – писал в первом номере «Свидетеля» С.Ф.Шарапов[822]. «Боюсь, что мы подгниваем на корню», – использовал в частном письме ту же метафору другой видный славянофил, Ю.П.Бартенев[823].

До поры до времени сохранялась надежда, что положение может измениться к лучшему. Осенью 1907 г. консервативные органы массовой информации были полны ожиданиями плодотворной законодательной деятельности думского большинства, консервативный характер которого считался само собой разумеющимся. Лейтмотивом рассуждений на эту тему «Нового времени» было положение о том, что наконец-то российский консерватизм обретет подлинно деловой характер и сможет реализовать себя в практической области. Консерваторы «жаждут дела, закона, жаждут твердых решений и успокоения страны. Если третий парламент в гармонии с Верховной властью даст это России, надолго утвердится здоровый исторический консерватизм. Ничем так, как деловитостью III Думы не будут сбиты с позиции кадеты и левые», – подводились итоги выборов в редакционной статье 16 октября 1907 г.[824] Похожие соображения высказывали в начале ноября 1907 г. «Московские ведомости»[825] и «Русское знамя»[826].

---

[821]   Эти документы хранятся в фонде Шереметевых в РГАДА и представляют собой около 60 папок, которые содержат письма, телеграммы, газетные вырезки, брошюры и т. п., относящиеся к 1904 – 1914 гг. См.: РГАДА. Ф. 1287, оп. 1, д. 5064 – 5122 .

[822]   От издателя // Свидетель. 1907. № 1. С. 4.

[823]   Ю.П.Бартенев – С.Д.Шереметеву, 6 сентября 1907 г. // РГАДА. Ф. 1287, оп. 1, д. 5081, л. 26 – 26 об.

[824]   В редакционной статье за 2 ноября того же года газета именовала роль III Думы «предупредительной», указывая, что она должна разрешить насущные вопросы «в умиротворяющем, в успокаивающем духе».

[825]   См., например: Московские ведомости. 1907. 7 нояб.

[826]   Русское знамя. 1907. 9 нояб. Впрочем, в газете появлялись и более пессимистические прогнозы. В качестве основания для опасений называли состав Думы, неопределенность ее полномочий и общие «свойства конституционных говорилен». См.: Там же. 2 нояб.

Однако надежды не оправдались. Уже 13 ноября во время дебатов по поводу адреса императору октябристы отказались включить в его титул слово «самодержец». Это вызвало возмущение консерваторов. На страницах «Русского знамени» появились призывы просить государя разогнать Думу[827]. «Печальным эпизодом» назвали события 13 ноября «Московские ведомости»[828]. Меньшиков обвинил октябристов в том, что они «забыли азбуку» и не признают Основных Законов[829]. «Вчера de facto вотировали упразднение именования Самодержца, существующее 500 лет и утвержденное главою I Основных Законов», – писал он в статье под многозначительным заглавием «Первая атака»[830].

В последующем наибольший оптимизм в отношении и Думы, и положения дел в стране в целом проявляла официозная «Россия», постоянно упрекавшая правых в недооценке деятельности Думы. А вот «Московские ведомости» были настроены гораздо критичнее. В течение всех пяти лет своего редакторства (1909 – 1913 гг.) Л.А.Тихомиров неизменно призывал внести радикальные изменения в деятельность реформированных политических институтов, доказывая, что в противном случае крах государства неизбежен. К такому исходу могли привести непоследовательность в реализации принципа верховенства власти самодержца и отсутствие поддержки новой системы населением. «Канцелярское… создание 1906 года, не имеющее оправдания ни в науке, ни в воле народной, никто не признает своим»[831].

Последний мотив – у сложившегося в стране политического порядка нет сторонников – получил самое широкое распространение как среди сторонников, так и среди противников реформ. «Правые партии имеют право и долг добиваться в своей стране мирными средствами того порядка, какой они признают наилучшим. Нынешний порядок им не нра-

---

827   См., например: Русское знамя. 10 нояб.
828   Московские ведомости. 1907. 27 нояб.
829   Новое время. 1907. 13 нояб.
830   Письма к ближним. 1907. № 11. С. 693.
831   Тихомиров Л.А. О недостатках конституции 1906 г. М.: Университетская типография, 1907. С. 23. Эта брошюра представляла собой изложение сообщений, сделанных Тихомировым 4 июня в петербургском Клубе умеренных и правых и 15 июля в Московском монархическом собрании. Судя по авторской дати-

вится, но ведь *он никому не нравится* (курсив мой. – *М.Л.*), что не мешает ему держаться довольно крепко», – замечал в январе 1909 г. Меньшиков[832]. О том же самом говорил и К.Н.Пасхалов. «Недовольны положением дела решительно все: и рядовые обыватели, жаждущие единственно спокойствия и безопасности и их не находящие, и честолюбцы, не удовлетворенные пределами представленного участия в управлении Государством, и патриоты, опасающиеся крушения русских основ Государственного бытия, и многочисленные инородцы, не получившие ожидавшихся ими автономий и равноправий»[833].

При этом пути выхода из сложившейся ситуации предлагались, по сути дела, противоположные. Крайне правые требовали прекратить преобразования. «Вся... консервативная часть граждан находится во враждебном отношении к правительству и находит реформы вредными», - уверяло в редакционной статье «Русское знамя»[834]. «Новое время», подводя политические итоги 1910 г., предлагало иное: «Бодрее вперед, бодрее, в духе исконных русских начал, но однако вперед и вперед»[835]. В любом случае переходное, межеумочное состояние вызывало раздражение и крайних правых, и умеренных.

Как уже отмечалось, замена Столыпина на Коковцова не оказала сколько-нибудь заметного влияния на оценки российской действительности правыми. Выступая в начале марта 1912 г. на VIII съезде Объединенного дворянства, Н.А.Павлов утверждал, что положение в России в некоторых отношениях даже хуже, чем во время революции. «Сейчас происходит большее, более важное, чем было в 1905 г., происходит мирное, не революционное и не кровавое, но постоянное завоевание власти пролетариата, социализма, улицы, горожан»[836]. Призрак «внут-

ровке предисловия к брошюре, работа над текстом была завершена 31 июля 1907 г. См.: Там же. С. III.

[832] Эволюция власти // Письма к ближним. 1909. № 1. С. 26.
[833] Пасхалов К.Н. Погрешности обновленного 17 октября 1905 года Государственного строя и попытка их устранения. М.: Печатня А.И.Снегиревой, 1910. С. 4.
[834] Русское знамя. 1909. 31 мая.
[835] Новое время. 1911. 1 янв.
[836] Труды VIII съезда уполномоченных дворянских обществ 37 губерний. СПб.: Типография Главного управления уделов, 1912. С. 18.

ренней войны» мерещился В.М.Пуришкевичу[837]. Подводя итоги работы последней сессии III Думы, «Московские ведомости» отмечали: «Россия… продолжает мирно и легально идти по тому же пути развала исторических устоев…»[838]. По мнению Н.Д.Облеухова, в стране восторжествовал «олигархический конституционализм», с которым у правых не могло быть никаких идейных компромиссов[839].

В последние предвоенные годы гораздо больше скепсиса и тревожных ожиданий выражали и сравнительно умеренные консерваторы, ориентированные на реформы. В программном документе «националдемократической» Имперской народной партии подчеркивалась крайняя непрочность существовавшего в стране социально-политического порядка. «Внутри… государства – хаос и нестроение. Правительство – безнадежно. Классовая рознь обостряется. Старые политические, социальные, правовые и нравственные устои расшатаны, а новых – не возникло»[840].

Приведенные заявления носили публичный характер; они звучали как политические декларации и необязательно должны были передавать истинные взгляды и ощущения их авторов. Однако суждения консерваторов, которые попадали в дневники или в частную корреспонденцию, по содержанию были идентичны тем, что делались достоянием общественности. Это свидетельствует об искренности консерваторов, их глубокой обеспокоенности положением в стране и серьезности опасений за ее будущее.

В текстах, предназначенных для интимного круга, консерваторы высказывали те же мысли более эмоционально. В мае 1908 г. Шереметев писал Самарину:

> «Тяжко отражаются на мне отголоски событий. Вся совокупность современного положения, чувство скорби и приниженности волнует дух и действует на сердце. Газеты переполнены речами современных героев. Порнография торжествует вместе с жидовской прессой; народ-

---

[837] См.: Там же. С. 224 – 225; 235.

[838] Московские ведомости. 1912. 10 июня.

[839] Ухтубужский П. [Облеухов Н.Д.] Наши идеалы и русская современность // Прямой путь. 1912. Вып. 1. С. 25.

[840] Как мы понимаем задачи народной партии в России // Новая Россия: Основы и задачи Имперской Народной Партии. СПб.: Дым Отечества, 1914. С. 105.

ное развращение ничем не останавливается, глумление надо всем, что нам дорого и свято, продолжается безнаказанно. Сил нет выслушивать и терпеть. А кругом малодушие, эгоизм, подлость и ложь. Не слышно центрального слова, воодушевляющего дух»[841].

«Все разваливается, все трещит. Самые черные дни у нас еще впереди, и мы быстрыми шагами несемся к пропасти. Для меня ясно, что у нас нет ни государственности, ни хозяйства, ни армии, ни флота, ни суда, ни просвещения, ни даже безопасности, но, самое главное, у нас нет народа, а есть только население, обыватели. Нет веры, а без веры человек – труп», – такую картину рисовал примерно в то же время А.С.Вязигин[842].

Новая эпоха характеризовалась как «нравственная Мессина» (А.А.Киреев)[843], время, когда «что ни возьми, то безобразие и развал» (Л.А.Тихомиров)[844], когда «никто никому не верит, никто ничего не ждет» (С.Ф.Шарапов)[845], «эпоха упадка и оскудения здоровых творческих сил» (С.Д.Шереметев)[846]. «…Я впереди ничего отрадного не предвижу, Россия проиграла самостоятельность, плетется в хвосте за масонскими Англией и Францией, забывает о всеславянской задаче, и это будет продолжаться, пока не пробьет час воли божьей», – писал в марте 1913 г. А.С. Вязигин[847].

Похожие настроения демонстрировали и политики-националисты. В этом отношении показательны письма избранного в IV Думу

[841] С.Д.Шереметев – Ф.Д.Самарину, 4 мая 1908 г. // ОР РГБ. Ф. 265, к. 208, д. 25, л. 125 – 125 об. Письма Самарина были выдержаны в той же тональности. «Чувствую, что силы стали не те, что прежде, но главное – нет охоты, нет веры в то, что можно чего-либо достигнуть», – писал он Шереметеву 9 сентября 1908 г. // РГАДА. Ф. 1287, оп. 1, д. 5087, л. 55 об.

[842] Краткий отчет Секретной части за 1908 г. // ГАРФ. Ф. 102, оп. 265, д. 347, л. 4 об. См. также: Правые партии. 1905 – 1917. Т. 1. С. 424.

[843] Дневник А.А.Киреева, запись 16 мая 1909 г. // ОР РГБ. Ф. 126, к. 15, л. 37.

[844] Л.А.Тихомиров – Б.В.Никольскому, 10 апреля 1910 г. // ГАРФ. Ф. 588, оп. 1, д. 781, л. 11 об.

[845] С.Ф.Шарапов – М.М.Андронникову, 6 октября 1910 г. // РГИА. Ф. 1617, оп. 1, д. 682, л. 22 об.

[846] С.Д.Шереметев – В.Н.Смольянинову, 17 декабря 1911 г. // РГАДА. Ф. 1287, оп. 1, д. 5106, л. 155 об.

[847] А.С.Вязигин – Г.А.Шечкову, 23 марта 1913 г. // ГАРФ. Ф. 102, оп. 265, д. 921, л. 589.

А.И.Савенко, относящиеся к весне–лету 1913 г. В этих письмах, по-видимому, отражающих впечатления от его первой депутатской сессии, мелькали фразы: «Мы идем к полному развалу и к новой революции»[848], «развал везде полный»[849], «мы катимся куда-то по наклонной плоскости»[850]. О том же самом в первый день нового, 1914, года писал другой мэтр националистической журналистики – М.О.Меньшиков.

«Что дела у нас запущены невероятно, что во многих важных отношениях (не во всех ли?) мы близки к параличу, – это для меня вполне бесспорно, как только я пробую пристально вглядеться в ход вещей. Законодательство, вырабатывающее «реформы» по 30, 50, по 100 лет, чтобы принятый таким образом закон тотчас же признать неудачным – разве такое законодательство не близко к параличу. А финансы, основанные на необходимости ежегодно делать за границей долги. А армия и флот, которые все еще не вооружены и не устроены. А церковь без верующих, школа без желающих учиться? Словом, наша государственность трещит по швам»[851].

Среди крайне правых в последние мирные месяцы также царило уныние. «Переходное состояние тянется, тянется, точно позднее осеннее ненастье... И вот я смотрю кругом. Вместо людей – гады. Люди отходят, уходят, и гадам все привольнее. Вне наших идей – полная гибель; но людей не видно и у нас. Умирать еще рано, – я не чувствую смерти, но жить невозможно. Подвиги? В ноябрьскую слякоть гроза невозможна», – страдал Б.В.Никольский[852]. Похожие терзания испытывал А.И.Дубровин: «О политике писать воздержусь, – слишком бы далеко завела и все-таки все бы в письме не исчерпать, Скверно, хуже, кажется, не может быть. Нужно быть готовым на все мерзкое», – сообщал в Одессу лидер крайних правых[853].

Еще раз отмечу, что недовольство положением в стране представителей различных оттенков консерватизма имело различные источники.

---

848 А.И.Савенко – Е.А.Дворжицкому, 24 мая 1913 г. // Там же. Д.925, л. 910.

849 А.И.Савенко – Н.К.Савенко, 30 мая 1913г. // Там же. Л. 236.

850 А.И.Савенко – П.В.Давыдову, 5 июля 1913 г. // Там же. Д. 926, л. 1076.

851 М.О.Меньшиков – Н.Д.Кузнецову, 1 января 1914 г. // ГАРФ. Ф. 102, оп. 265, д. 981, л. 2.

852 Дневник Б.В.Никольского, запись 7 апреля 1914 г. // РГИА. Ф. 1006, оп. 1, д. 4б, л. 333 об.

853 А.И.Дубровин - Н.Н.Родзевичу, 25 февраля 1914 г. // ГАРФ. Ф. 102, оп. 265, д. 982, л. 272.

Консервативных реформаторов возмущало отсутствие реальных достижений в реформировании российского общества, тогда как их оппоненты отвергали его в принципе. Обращаясь к Д.А.Хомякову, К.Н.Пасхалов писал 15 января 1913 г.: «Я уверен, что мы приближаемся к страшному кризису, от исхода которого будет зависеть все наше будущее. Ибо должно же когда-нибудь кончиться то неестественно глупое, бессмысленное положение, в которое мы ввержены нелепыми "реформами" освободительного помешательства»[854]. И при всех расхождениях противников и сторонников реформ в их выступлениях оставался общий знаменатель – недовольство российским статус-кво накануне Первой мировой войны.

Недовольство днем сегодняшним проецировалось на будущее и рождало самые мрачные прогнозы. «В Думе и правительственных сферах полный маразм, и это подрывает настроение. Мы катимся по наклонной плоскости... Мне кажется, что момент для уступок умеренным кругам общества упущен: теперь уступки не принесут примирения и успокоения. Струны слишком натянули и перетянули... В общем, я на будущее смотрю мрачно», – писал в Киев за два месяца до начала войны А.И.Савенко[855].

О грядущей революции задумывался В.М.Пуришкевич. Буквально накануне войны он выпустил книгу «Пред грозою», в которой живописал, как левые захватили контроль над школой и тем самым обеспечили себе культурную гегемонию[856].

«Через 10 лет (если то, что творится теперь, будет продолжаться) у государя не будет армии, ибо армия выходит из народа, а народ создается школой... Когда я писал эту книгу, окруженный только документами, я страдал, прозревая дни грядущие, ужасные дни второй революции, которая будет безмерно страшнее и опаснее того, что пережила Россия в 1905–1906 гг. Тогда ведь народ еще был цел, а теперь этого уже нет, ибо яд духовного разврата растлил его душу и

---

[854]   ГАРФ. Ф. 102, оп. 265, д. 916, л. 94 об.
[855]   А.И.Савенко – Б.В.Плескому, 18 мая 1914 г. // Там же. Д. 988, л. 708.
[856]   См.: Пуришкевич В.М. Пред грозою: Правительство и русская народная школа. СПб.: Электропечатня К.А.Четверикова, 1914.

пропасть между ним и космополитической "интеллигенцией" нашей заполняется с каждым днем все больше и больше»[857].

Таким образом, знаменитый меморандум П.Н.Дурново был лишь одним из проявлений эсхатологических пророчеств, широко распространенных в рассматриваемый период[858]. Его автор, предназначивший свою «Записку» для широкого круга представителей российской элиты, имел все основания рассчитывать на то, что его рассуждения попадут на подготовленную почву[859]. Показателен и тот факт, что П.Н.Дурново, судя по воспоминаниям А.Н.Наумова, начал говорить о грядущей катастрофе задолго до написания знаменитой «Записки»[860].

Высокая степень совпадения публичных и приватных оценок российских реалий данных консерваторами говорит об их искренности. Другое дело, насколько обоснованы были пессимистические выводы и апокалипсические прогнозы, и насколько возможна была для России иная перспектива. Решение этого вопроса не входит в задачи настоящего исследования[861]. Поэтому ограничимся констатацией того, что консерваторы чувствовали себя в «обновленной России» весьма неуютно и не ждали ничего хорошего в будущем.

---

[857]   В.М.Пуришкевич – А.И.Орлову, 17 июня 1914 г. // ГАРФ. Ф. 102, оп. 265, д. 989, л. 837. Те же мотивы месяцем раньше прозвучали в выступлении Пуришкевича в Государственной Думе, когда он сравнил ситуацию в стране с той, которая сложилась в 1905 г. См.: Государственная Дума: Стенографические отчеты. Созыв четвертый. Сессия II. Ч. 3. СПб.: Государственная типография, 1914. Стб. 1597 – 1642.

[858]   Подробнее об эсхатологических мотивах в русской культуре «серебряного века» см.: Шестаков В.П. Эсхатология и утопия (Очерки русской философии и культуры). М.: ВЛАДОС, 1995; Кацис Л. Русская эсхатология и русская литература. М.: ОГИ, 2000.

[859]   Согласно Д.М.Макдональду, Дурново разослал пятьдесят экземпляров документа, один из которых хранился в бумагах министра финансов П.Л.Барка. См.: McDonald D.M. The Durnovo Memorandum in Context: Official Conservatism and the Crisis of Autocracy // Jahrbücher für Geschichte Osteuropas. 1996. Bd. 44. Nr. 4. P. 482.

[860]   См.: Наумов А.Н. Из уцелевших воспоминаний, 1868 – 1917. Нью-Йорк: Издание А.К.Наумовой и О.А.Кусевицкой, 1955. Кн.2. С. 215.

[861]   Подробнее о взглядах историков на ретроспективные сценарии развития России см.: Read C. In Search of Liberal Tsarism: The Historiography of Autocratic Decline // Historical Journal. 2002. Vol. 45. No. 1. P. 195 – 210.

Безусловно, у консерваторов имелись веские основания для тревожных ожиданий. Негативный эмоциональный фон был связан прежде всего с сохранением острейших политических и социально-экономических проблем, не разрешившихся в ходе реформ. В свою очередь, преобразования породили новые проблемы, на которых сосредоточивалось внимание консервативных критиков.

Серьезный повод для беспокойства давало состояние политических институтов. Ни III, ни IV Государственной Думе не удалось установить стабильное взаимодействие с правительством, о чем свидетельствовали и трехдневный перерыв в работе законодательных учреждений в марте 1911 г., и «министерская забастовка» 1913 г.

Эти обстоятельства, вкупе с неподготовленностью многих депутатов к законотворческой деятельности вызывали раздражение и у тех, кто с трудом мирился с законодательным представительством и у тех, кто считал его необходимым. Показательны частые сетования консерваторов, от дубровинцев до «национал-демократов», на бесплодность Думы. В них проявлялся широкий спектр реакций, от неприятия самой идеи представительства, до недовольства неэффективностью новых политических институтов.

Законодательство 1905–1907 гг. способствовало созданию модели управления, соединившей недостатки прежней бюрократической системы с недостатками парламентаризма. К чиновничьему произволу добавилась некомпетентность депутатов. В лучшем случае Государственная Дума могла служить трибуной для выражения общественных настроений, но не постоянно действующим инструментом связи между государством и обществом.

Что касается Государственного Совета, состоявшего по большей части из высокопоставленных чиновников и помещиков[862], то служить в этом качестве он не мог по определению. В результате, разрыв между государством и обществом, мировосприятие государственного и обще-

---

[862] В 1913 г. 137 из 182 членов Государственного Совета по роду своих занятий относились к категориям «землевладельцы», «предводители дворянства», «бывшие высш. должн. лица мест. управления» и «бывшие высш. должн. лица централ. управления» (См.: Россия. 1913 год: статистико-документальный справочник / отв.ред.А.П.Корелин. СПб.: Блиц, 1995. С. 237).

ственного деятеля, построенное по принципу «мы» и «они», оставались непреодоленными. Одной из жертв этой ситуации оказался российский консерватор. Не доверяя ни бюрократу, ни оппозиционному «основам» общественному мнению, он был обречен на постоянные колебания между условной поддержкой режима и конфронтацией с ним, и на роль надежной опоры существующего полуабсолютистского, полуконституционного политического порядка не годился.

Крайне запутанное положение сложилось в области межнациональных отношений. Представители доминирующей этноконфессиональной группы были недовольны тем, что не занимали лидирующих позиций в наиболее прибыльных и престижных сферах деятельности. Как полагают некоторые исследователи, их недовольство было вполне обосновано. По мнению Б.Н.Миронова, русские подвергались социальной дискриминации, и уступали ряду народов по «степени урбанизированности, уровню грамотности, экономическому развитию, по числу лиц, занятых в сфере интеллектуального труда». В результате, «русские в массе всегда жили хуже, чем нерусские»[863].

Это обстоятельство служило поводом для серьезного беспокойства. Т.В.Локоть отмечал, что хотя по данным переписи 1897 г. доля евреев в населении составляла всего 4,03 %, их доля в группе живущих «доходами с капитала и недвижимости» достигала 10,58 %, занятых «врачебной и санитарной деятельностью» – 8,68 %, работающих в сфере «науки, литературы, искусства» – 10,75 %. Аналогичную картину давала и статистика профессиональной принадлежности польского населения[864]. Что касается великороссов, то их удельный вес в указанных отраслях оставался заметно меньшим, чем доля в населении России[865].

---

[863] Миронов Б.Н. Социальная история России периода империи (XVIII–начало XX в.). 2-е изд. СПб.: Дмитрий Буланин, 2000 (1-е изд. 1999). Т. 2. С. 62. См. также: Козлов В.И. Национализм, национал-сепаратизм и русский вопрос // Отечественная история. 1993. № 2. С. 51.

[864] Доля поляков в населении империи составляла 6,31%, в группе лиц, живущих на «доходы с капитала и недвижимости» – 14,91%, занятых «врачебной и санитарной деятельностью» – 13,79%, «наукой, литературой, искусством» – 10,60%. См.: Локоть Т.В. Оправдание национализма. Рабство русской радикальной интеллигенции. Национал-демократия. Киев: Петр Барский, 1910. С. 35 – 37.

[865] См.: Там же.

Утверждение консерваторов относительно «инородческой оппозиции» также имело под собой определенные основания. Во всяком случае, доля «русских, православных» во фракциях социал-демократов, трудовиков и кадетов в III и IV Государственной Думе была существенно меньше, чем в депутатских объединениях, занимавших позицию правее центра[866]. К этому стоит добавить, что национально-регионально-конфессиональные формирования в Думе обычно вели себя как оппозиция. Такое положение не могло не беспокоить консерваторов, чувствовавших себя защитниками не просто традиции, но традиции национальной, русской.

Большие проблемы существовали в социально-экономической сфере. Эффект от столыпинских преобразования оказался весьма скромным. Сокращение дворянского землевладения (за 1905–1915 г. оно сократилось почти на 10 млн. десятин, или на четверть) не привело к росту обеспеченности крестьян средствами производства[867]. Более того, после реформы среди крестьянских хозяйств увеличилась доля безлошадных и однолошадных хозяйств и уменьшилась доля многолошадных (с тремя и более лошадьми). Среднегодовые темпы прироста сельскохозяйственного производства с началом реформы упали[868].

Стремление во что бы то ни стало поддержать золотое обращение обусловило необходимость заимствования средств за границей и привело к значительной внешней задолженности (8858 млн. рублей в 1913 г.)[869]. Росло влияние иностранного капитала на российскую экономику. В 1914 г. его доля в совокупном торгово-промышленном и кредитном капитале составляла уже 43% (в 1889 г. – 25%)[870]. Большой объем иностран-

---

[866] См.: Кирьянов И.К., Лукьянов М.Н. Парламент самодержавной России: Государственная Дума и ее депутаты, 1906-1917. Пермь: Издательство Пермского университета, 1995. С. 92–94; Россия. 1913 год. С. 247. Процент русских в группе ссыльных революционеров был значительно ниже, чем процент латышей, евреев, поляков и грузин. См.: Миронов Б.Н. Социальная история России периода империи. Т. 1. С. 42 – 43.

[867] Россия. 1913 год. С. 71.

[868] Ковальченко И.Д. Столыпинская аграрная реформа (мифы и реальность) // История СССР. 1991. № 2. С. 65 – 66.

[869] Россия. 1913 год. С. 156.

[870] См.: Донгаров А.Г. Иностранный капитал в России и СССР. М.: Наука, 1990. С. 40.

ных инвестиций становился специфической чертой развития российской экономики[871]. С точки зрения консерваторов, это полностью подтверждало тезис о том, что капитализм в России был прямым продуктом иностранного влияния.

Несмотря на высокие темпы роста промышленного производства, особенно со второй половины 1880-х гг., отставание России от индустриально развитых государств за время, прошедшее после отмены крепостного права, увеличилось. В 1861 г. национальный доход на душу населения страны составлял приблизительно 50% аналогичного показателя Франции и Германии, 15% – США и 20% – Великобритании. В 1913 г. соотношение душевого дохода России и Великобритании не изменилось, относительно США российский душевой доход составил только 10%, а относительно Франции и Германии – 40%[872].

Экономические новации не столько разрешали старые проблемы, сколько создавали новые. Острота социального конфликта в деревне, обусловленная прежде всего крестьянским малоземельем, теоретически могла быть сглажена с помощью интенсификации сельского хозяйства, но промышленность казалась инвесторам куда более привлекательной сферой для капиталовложений. За 1908 – 1913 стоимость фондов промышленности увеличилась на 41%, а сельскохозяйственных производственных фондов – всего на 10,3%[873]. Поэтому острейший конфликт из-за земли между крестьянами и помещиками практически невозможно было разрешить. Между тем, в сельской местности проживало 85% живущих в России, а в аграрном секторе было занято 75% трудоспособного населения, что предопределяло высокий уровень социальной напряженности во всей стране.

В таких условиях вполне резонным для консерватора становился вопрос: стоит ли «обновленную Россию» защищать, достойны ли существующие в ней порядки сохранения? Актуальности вопроса способствовало и то, что жизненные обстоятельства консервативных политиков

---

[871]   См.: McKay J.P. Pioneers for Profit: Foreign Entrepreneurship and Russian Industrialization, 1885 – 1913. Chicago, IL: University of Chicago Press, 1970.

[872]   Gregory P.R. Before Command: An Economic History of Russia from Emancipation to the First Five-Year Plan. Princeton, NJ: Princeton University Press, 1994. P. 21.

[873]   Россия. 1913 год. С. 34.

сталкивали их по преимуществу с негативными сторонами российской действительности.

Основания для такого суждения дает исследование взаимосвязи социокультурных характеристик депутатов Государственной Думы и их политических ориентаций. Анализ коэффициентов связи между этими параметрами, проведенный на базе изучения биографий депутатов III Государственной Думы, позволил сделать весьма неожиданные, хотя и вполне логичные в рамках данной работы выводы[874].

К консервативным фракциям (правые, умеренно-правые, националисты) чаще, чем к либеральным, присоединялись русские, православные, аграрии (помещики и крестьяне), священники, люди с низким уровнем образования и доходов. Аналогичную картину дают и статистические сведения о депутатах IV Государственной Думы[875]. Консерваторы представляли, с одной стороны, доминирующую этноконфессиональную группу, с другой – людей, которые понимали, что их реальный социальный статус неуклонно снижался[876].

Их экономические интересы были связаны главным образом с сельским хозяйством. В силу бедности и невысокого образовательного уровня они имели мало шансов на успех в быстро модернизирующейся России. Российский консерватизм превратился выразителя интересов социальных слоев, утративших былое влияние, наименее приспособленных к новым условиям. Таким образом, негативное отношение консерваторов к социально-экономической и политической эволюции страны в 1907 – 1914 гг. имело под собой серьезные объективные основания.

Вместе с тем, у негативного восприятия консерватором и предвоенным статус-кво существовало и субъективное измерение. Консерватор

---

[874]   Подробнее о методике анализа и его результатах см.: Кирьянов И.К., Лукьянов М.Н. Парламент самодержавной России: Государственная Дума и ее депутаты. С.89-101.

[875]   См.: Россия. 1913 год. С.245-254.

[876]   В связи с этим следует уточнить вывод И.В.Омельянчука о том, что опорой российских консервативных политических движений являлись социальные группы, которые стремились сохранить свой статус (Омельянчук И.В. Социальный состав черносотенных партий в начале XX века // Отечественная история. 2004. № 2. С. 94). Из указанного стремления вытекала ориентация на создание нового, «правильного» общественного порядка, а не на консервацию реально существовавшего.

чувствовал себя в «обновленной России» весьма неуютно еще и потому, что она совершенно не соответствовала его видению правильной организации общества.

Идеалы консерватора были откровенно архаичны, они представляли собой вариации на старую тему: «Православие. Самодержавие. Народность». Данную формулу признавали своим «символом веры» и дубровинцы, и националисты[877]. В том же духе (с известной модификацией терминологии и приоритетов) формулировал политическое кредо думского Центра председатель группы В.Н.Львов: «Эти основы (позиции Центра. – *М.Л.*): монархическая власть, русская народность и православная церковь»[878]. Влияние уваровской триады обнаруживалось и в программных документах «национал-демократов»[879].

Между тем, еще до 1905 г. страна продвинулась довольно далеко вперед по пути социальной и экономической модернизации. Революция ускорила этот процесс. Введение политических свобод и создание законодательных представительных институтов стали важнейшими шагами в политической модернизации. В этих условиях представления консерваторов об оптимальной модели политического и социально-экономического устройства страны вступили в решительное противоречие с реалиями «обновленной России»[880].

Влияние православия на духовную жизнь в стране заметно уменьшилось. Манифест 17 апреля 1905 г. провозгласивший принцип веротерпимости и воспринимался как начало движения в направлении равенства конфессий и ликвидации привилегированного статуса Русской Православной церкви. Многие консерваторы, требуя сохранения за ней прежнего положения, признавали существование острого кризиса в

---

[877] См.: Устав общества под названием Всероссийский Дубровинский союз русского народа // Правые партии. 1905 – 1917. Т. 2. С. 41; Совет монархистам // Письма к ближним. 1909. № 9. С. 643 – 644.

[878] Государственная Дума: Стенографические отчеты. Созыв четвертый. Сессия I. Ч. 1. СПб.: Государственная типография, 1913. Стб. 359.

[879] См., например: Как мы понимаем задачи народной партии в России // Новая Россия. С.104 – 113.

[880] Применительно к правым аналогичный вывод уже был сформулирован Х.-Д.Лёве. См.: См.: Löwe H.-D. Political Symbols and Rituals of the Russian Radical Right, 1900 – 1914 // Slavic and East European Review. 1998. Vol. 76. No. 3. P. 465.

церкви и искали выход в поместном соборе и восстановлении патриаршества[881].

Изменения в законодательстве о власти в 1905 – 1906 гг. лишили монарха неограниченной власти. Согласно новой редакции Основных Законов он осуществлял законодательную власть не единолично, а «в единении» с Государственным Советом и Государственной Думой. При любой формально-юридической характеристике государственного устройства страны было очевидно, что реальные полномочия монарха серьезно ограничены.

Наконец, резкое обострение социальные и национальных конфликтов, выступление самых широких слоев населения против самодержавия, лишило смысла последний элемент уваровской формулы – народность – символизировавший близость власти и народа.

Консерваторы рассматривали реальность исходя из знаковой системы, разработанной в другое время и для других условий. Уточнение представлений о действительности осуществлялась не столько благодаря модификации содержания традиционных символов, сколько посредством мысленной «подгонки» к ним российских реалий. В результате удавалось увидеть то, чего на самом деле не существовало: неограниченные возможности самодержца, неизбывное стремление народа к единению с монархом, законосовещательную Думу и т.п. Однако на практике консервативный образ мира постоянно оказывался в конфликте с действительностью: последняя не соответствовала тому, что казалось нормой и становилась недостойной сохранения.

Разумеется, из этого не следует, что абсолютно все в окружающем раздражало консерваторов. Многие из них обнаруживали в происходящих в стране переменах массу позитивного: сближение власти с народом, подъем русского национального чувства, развитие индивидуальных крестьянских хозяйств. Тем не менее позитивные оценки встречались гораздо реже негативных и обеспокоенность последствиями модернизационных процессов была выражена куда сильнее, чем удовлетворение по поводу их реультатов.

---

[881]   Подробнее об этом см.: Фирсов С.Л. Русская Церковь накануне перемен (конец 1890-х – 1918 гг.). СПб.: Духовная библиотека, 2002.

Объяснение этому, как представляется, следует искать прежде всего в специфическом отношении консерваторов к российской модернизации. Хотя российский консерватизм принципиально не отрицал необходимость адаптации, консерваторы оказались не готовы принять тот вариант социально-экономической и политической модернизации, который осуществлялся в России. Модернизация воспринималась в лучшем случае как смертельная угроза, в худшем – как уже начавшиеся «сумерки богов». Консерваторы смотрели в будущее с пессимизмом, и случившееся всего через несколько лет показало его обоснованность.

Заключение

Накануне Первой мировой войны российские консерваторы оставались носителями феодально-патриархальных ценностей и стереотипов, что обуславливало их оппозицию реформаторскому проекту, нацеленному на модернизацию российского общества.

Консерваторы воспринимали традицию как самодовлеющий фактор общественного развития, любое отступление от которого было чревато социальной катастрофой. Интересам целого, коллектива отдавался безусловный приоритет по отношению к интересам личности. Общество должно было быть организовано строго иерархически, и социальным низам отводилась роль пассивных реципиентов решений, принимавшихся элитой.

Средоточием верховной власти консерваторы считали монарха, видя в представительных учреждениях менее значимые государственные институты. Примат решений императора для них был бесспорен. Даже те, кто в той или иной форме выражал сомнения в адекватности Николая II как монарха, оставались приверженцами самодержавной монархии как формы государственного устройства.

Консерваторы полагали, что аграрному сектору должно принадлежать главное место в экономике. Промышленности и торговле отводилась роль отраслей, нужных главным образом для того, чтобы обеспечить работой тех, кто не нашел применения своим силам в сельском хозяйстве. Консерваторы с подозрением относились к крупному производству, отдавая предпочтение мелкому или кустарному. Они демонстрировали отчужденность от мира больших городов, промышленности, торговли, финансов.

Российские консерваторы настаивали на особом статусе преобладающей этноконфессиональной группы. Многие из них выступали не только за сохранение значения сословных институтов, но и за его повышение, связанное в том числе с включением в сословные рамки новых социальных категорий, особенно рабочего класса. Это должно было ограничить социальную мобильность, или, по крайней мере, канализировать ее в рамках традиционной сословной системы.

Из этого, однако, не вытекает, что консерваторы отвергали любые новации. В рассматриваемый период политический арсенал российского консерватизма обогатился новыми идеями. Широкое распространение получило положение о неприкосновенности частной собственности независимо от ее размеров и социального статуса собственника. Консерваторы сумели овладеть новыми политическими инструментами, создать массовые политические организации, пропагандировать свои идеи через массовую печать. Они оказались в состоянии успешно использовать представительные учреждения не только для борьбы с либералами и социалистами, но и для противодействия реформистским планам правительства.

Новые веяния более заметно повлияли на умеренных консерваторов. Но и у них новые идейно-политические установки не вытеснили старые, а лишь модифицировали или дополняли последние. Новации в одних вопросах сочетались с крайней косностью в других. Националисты и «национал-демократы», придававшие большое значение народному представительству, считали тем не менее, что верховная власть должна оставаться за монархом. В.П.Мещерский, призывавший задуматься о целесообразности национальной дискриминации, резко критиковал представительные учреждения и сам принцип представительства. Даже в сфере политических технологий старые стереотипы оказывали мощное воздействие на выбор политических средств. Об этом свидетельствует широкое использование консерваторами православных религиозных ритуалов и символов (молебны, иконы, хоругви и т.п.)[882].

Сдвиги в идейно-политических установках разных консервативных группировок часто становились поводом для разногласий между ними. Дубровинцы считали заявления думских правых и националистов о лояльном отношении к представительным учреждениям свидетельством неполноценности их монархизма. Призывавшего к развитию самоуправления С.Ф.Шарапова упрекали в стремлении расколоть империю в угоду

---

[882] См.: Löwe H.-D. Political Symbols and Rituals of the Russian Radical Right, 1900 – 1914 // Slavic and East European Review. 1998. Vol. 76, No. 3. P. 443 – 444.

финнам и полякам. И именно традиционные компоненты российской консервативной идеологии служили объединяющим началом для всех разновидностей консерватизма.

Очевидно, консервативное видение оптимальной социальной организации противоречило реальностям быстро модернизирующегося общества. Разительный контраст между идеальным и реальным обусловил негативное отношение к существовавшему общественному порядку, его острую критику справа.

Указанная тенденция носила общеевропейский характер и проявлялась как на востоке, так и на западе Европы. Конец XIX – начало XX в. оказался временем острого кризиса консерватизма, который испытывал серьезные трудности в приспособлении к модернизационным сдвигам.

Исторически консерватизм ассоциировался с монархией, аристократией, государственной церковью, материальными интересами землевладельцев, аграриев, сословными институтами. Демократизация социально-политической жизни, внедрение в общественное сознание либеральных ценностей, развитие массовых политических движений, широкое распространение социалистических идей поставили под сомнение саму возможность выживания консерватизма на всем пространстве от Атлантики до Урала.

Глубокие социально-экономические и политические реформы, прокатившиеся по европейским странам в начале XX в. наглядно продемонстрировала, что либеральные силы по-прежнему сохраняли за собой политическую инициативу. Между традиционными консервативными установками и действительностью, в которой неуклонно увеличивался удельный вес элементов модернизма, возник труднопреодолимый разрыв[883]. Он мог быть преодолен либо через адаптацию консервативной идеологии к новой реальности, либо через трансформацию действительности в соответствии с консервативными установками. Последний вариант, предполагавший претворение консервативной догмы в реаль-

---

[883] Подробнее о кризисе консерватизма в Западной Европе см.: Green E.H.H. The Crisis of Conservatism: The Politics, Economics and Ideology of the British Conservative Party, 1880 – 1914. London; New York, NY: Routlege, 1995. P. 319 – 333.

ность в рассматриваемый период получил широкое распространение среди европейских консерваторов.

В Германии к ней склонялись многие правые, прежде всего сторонники Пангерманского союза. Они упрекали императора в пренебрежении консервативными интересами и призывали к решительными шагам в их защиту[884]. Похожая ситуация сложилась во Франции: ее политическая система стала объектом резких нападок со стороны Ш.Морраса, «Аксьон франсэз» и других крайне правых идеологов и организаций[885].

Аналогичные тенденции проявились и в британском консерватизме. Лишившись после реформы палаты лордов в 1911 г. возможности легальным путем остановить либеральные реформы, консерваторы продемонстрировали готовность к действиям, далеко выходящим за рамки британской политической традиции. Они поддержали Добровольческие силы Ольстера, созданные для прямого, в том числе вооруженного, сопротивления введению в действие закона об автономии Ирландии[886].

Таким образом, негативное отношение к политической действительности и стремление изменить ее в «истинно консервативном» духе были свойственны не только российским консерваторам. Однако в Западной Европе жесткая критика статус-кво справа была характерна лишь для

---

[884]   См., например: Eley G. Reshaping the German Right: Radical Nationalism and Political Change after Bismarck. New Haven, CT: Yale University Press, 1980; Kennedy P., Nicholls A. (Eds.) Nationalist and Racialist Movements in Britain and Germany before 1914. London: Macmillan, 1981; Chickering R. We Men Who Feel Most German:. A Cultural Study of the Pan-German League, 1886–1914. Boston, MA: Allen and Unwin, 1984; Jones L.E., Retallack J. (Eds.) Between Reform, Reaction and Resistance: Studies in the History of German Conservatism from 1789 to 1945. Providence, RI; Oxford: Berg, 1993.

[885]   См., например: Weber E.I. Action Française: Royalism and Reaction in Twentieth Century France. Stanford, CA: Stanford University Press, 1962; Sternhell Z. La Droite révolutionnaire, 1884 – 1914: les origines française du fascisme. Nouv. éd. Paris: Fayard, 2000 (1er éd. 1978); Он же. Maurice Barrès et le nationalisme française. Nouv. éd. Paris: Fayard, 2000 (1er éd. 1972).

[886]   См.: Green E.H.H. The Crisis of Conservatism; Witherell L.L. Rebel on the Right: Henry Page Croft and the Crisis of British Conservatism, 1903 – 1914. Newark, DE: University of Delaware Press; London: Associated University Press, 1997; Adams R.J.Q. Bonar Law. London: John Murray, 1999; Smith J. The Tories and Ireland: Conservative Party Politics and the Home Rule Crisis, 1910 – 1914. Dublin; Portland, OR: Irish Academic Press, 2000.

крайне правой части консерваторов, тогда как в России к ней тяготел весь консервативный лагерь[887].

Представляется, что отказ российских консерваторов примириться с действительностью был обусловлен, прежде всего, специфическими обстоятельствами его генезиса и эволюции в XIX – начале XX в.

Начнем с того, что разрыв между консервативной догмой и реальностью в России было объективно сложнее преодолеть в силу крайней архаичности российского консерватизма. С момента своего появления на свет он изменился гораздо меньше, чем его западные аналоги, и в некоторых отношениях был ближе к консервативным доктринам конца XVIII – начала XIX в., чем к современным ему вариантам западноевропейского консерватизма. Так, рассуждения российских консерваторов о значении самодержавия были поразительно схожи с рассуждениями британского консервативного политика и публициста рубежа XVIII и XIX вв. Джона Ривза. В 1795 г. он выпустил памфлет «Размышления об английской системе управления» («Thoughts on the English Government»), где доказывал, что король в состоянии обойтись без парламента, парламент же без короля – нет. Ривз сравнивал монархию со стволом дерева, а представительные органы – с ветвями: ветви можно обрубить, но растение сохранится[888].

Российский консерватизм начала XX в. роднила с западноевропейским консерватизмом конца XVIII – начала XIX в. и воинствующая антибуржуазность. Российские консерваторы традиционно воспринимали предпринимательскую деятельность как подрывающую социальную стабильность[889]. Предприниматели отвечали им взаимностью.

---

[887] Об общем и особенном в российском консерватизме в рассматриваемый период см.: Лукьянов М.Н. Консерватизм и статус-кво накануне первой мировой войны: российские реалии в европейском контексте // Эволюция консерватизма: европейская традиция и русский опыт / под ред. В.Дубиной, М.Леонова, Л.Банцхафа. Самара: Самарский научный центр РАН, 2002. С.90 – 102.

[888] В Англии конца XVIII в. к ультрамонархистам относились менее лояльно, чем в России в начале XX: за свой памфлет Ривз был привлечен к суду по обвинению в «преступной клевете на британскую конституцию». См.: Beedell A.V. John Reeves' Prosecution for a Seditious Libel, 1795 – 1796: A Study in Political Cynicism // Historical Journal. 1993. Vol.36. No. 4. P. 799 – 824.

[889] См: Соловьев Ю.Б. Идеология контрреформ как показатель чрезвычайных тттрутрудностей обуржуазивания России // Россия в девятнадцатом веке.

Из 47 избранных в 1907 г. в III Думу владельцев и руководителей торгово-промышленных предприятий только 4 присоединились к правым политическим формированиям (правые, умеренно-правые, националисты), которые к началу I сессии Думы насчитывали 144 депутата. Для сравнения – в кадетскую фракцию (53 депутата) вошли 6 представителей этой социопрофессиональной категории, а в октябристскую (149 депутатов) – 31[890]. Аналогичная ситуация сложилась и в IV Государственной Думе[891].

Не случайно происходившее на русской политической сцене рождало у современников ассоциации с европейской политикой далекого прошлого. Так, осенью 1907 г. прямые параллели между «господской» III Думой и французской «chambre introuvable», проводил британский журналист М.Баринг[892]. По оценке М.Хьюза, британская публика, анализируя происходившее в России через призму национального политического опыта, оценивала ее отставание даже не в один век, а в два[893].

Между тем русские реалии начала XX в. явно не были тождественны западным реалиям конца XVIII – начала XIX в. Тогда ни в России, ни на Западе не существовало крупной машинной промышленности, организованного рабочего и социалистического движения, массовых политических партий, широкого избирательного права. В начале XX в. все это присутствовало, но российские консерваторы упорно продолжали держаться представлений, соответствующих времени, когда ничего подобного еще не было.

трудностей обуржуазивания России // Россия в девятнадцатом веке. Политика. Экономика. Культура / под ред. В.И. Старцева, Т.Г.Фруменковой. СПб.: Третья Россия, 1994. Ч. 2. С.227 – 237.

[890] Подробнее о социопрофессиональных характеристиках консервативных депутатов Государственной Думы см.: Кирьянов И.К., Лукьянов М.Н. Парламент самодержавной России. Государственная Дума и ее депутаты, 1906 – 1917. Пермь: Издательство Пермского университета, 1995. С. 97 – 99.

[891] См.: Россия. 1913 год: статистико-документальный справочник / отв. ред. А.П.Корелин. СПб.: Блиц, 1995. С. 249 – 250.

[892] См.: The Morning Post. 1907. November 29.

[893] См.: Hughes M. Inside the Enigma: British Officials in Russia, 1900–1939 London; Rio Grande, OH: Humbledon, 1997. P. 3. Аналогичным образом рассуждают и некоторые современные историки. См., например: Миронов Б.Н. Социальная история России периода империи (XVIII – начало XX в.). 2-е. изд. СПб.: Дмитрий Буланин, 2000 (1-е изд. 1999). Т. 2. С. 291 – 305; Русский консерватизм: проблемы, подходы, мнения // Отечественная история. 2001. № 3. С. 110.

Во-вторых, российский консерватизм всегда оставался жестко связанным с защитой самодержавия – архаичного института, мало приспособленного к потребностям общества, в котором все в большей мере проявлялись признаки модернизма. Формула Карамзина «Самодержавие есть Палладиум России; целость его необходима для ее счастья»[894] являлась концентрированным выражением политических пристрастий российского консерватора и более века спустя после того, как она появилась на бумаге.

Представление об исключительной роли самодержавия, преимуществах монархической власти перед народным представительством стало важнейшим элементом идеологии «официальной народности». По мнению одного из ее создателей М.П.Погодина, русская и западноевропейская государственность строилась на диаметрально противоположных основаниях. Добровольно призвав варяжских князей, русский народ раз и навсегда отказался от претензий на политический суверенитет, и стране не грозили политические потрясения. В отличие от России на Западе германские племена-завоеватели утвердили свою власть силой. Это сделало неизбежной острую социально-политическую борьбу между победителями и побежденными, результаты которой фиксировались в конституционных документах[895].

Такая интерпретация особенностей российской государственности стала общим местом для российских консерваторов, начиная с середины XIX в. Ее придерживались не только сторонники «официальной народности», но и протестовавшие против жесткого контроля государства над обществом славянофилы. Государству не следовало вторгаться в социальную и духовную жизнь, регулировавшуюся самим обществом, «Землей», но и общество не должно было вмешиваться в решение политических вопросов.

Эта схема, не исключая возможности существования представительного учреждения, наиболее подходящей формой которого казался

---

[894]   Карамзин Н.М. Записка о Древней и Новой России. СПб.: Издание гр. М.Н.Толстой, 1914. С. 126.

[895]   См.: Погодин М.П. Параллель русской истории с историей западных европейских государств относительно начала // Историко-критические отрывки. М.: Типография Августа Семена, 1846. С. 57 – 82.

Земский собор, по определению лишала его законодательной роли. Такой институт был необходим для обеспечения связи царя с народом, ознакомления монарха с чаяниями подданных, поддержания гармоничных отношений между государством и обществом. Народу должна была принадлежать свобода выражения своего мнения, а царю – свобода действия. Предлагая создать законосовещательное учреждение, его сторонники не ставили под сомнение необходимость сохранить за самодержцем всю полноту власти. Консервативные трактовки правильной политической организации оставались альтернативными идее представительного правления. Отношения между властью и населением должны были опираться на доброе согласие, а не на формально-юридические, правовые основания[896].

В-третьих, отказу от стратегии адаптации способствовало и настороженное отношение консерваторов к реформе. Одним из его источников являлось специфическое понимание реформы в русской культурной традиции. Как отмечали Ю.М.Лотман и Б.М.Успенский, «реформа в России всегда ассоциировалась с началом и никогда с продолжением определенного политического курса» в отличие от Западной Европы, где она «подразумевала сохранение основных контуров сложившейся жизни»[897].

Реформа воспринималась консерваторами как крайне опасный способ укоренения на российской почве чуждых ей политических институтов и идей инонационального происхождения. В западноевропейской действительности при этом обнаруживались не столько образцы для подражания, сколько негативные явления, которые ни в коем случае не сле-

---

[896]   «Гарантия не нужна! Гарантия есть зло. Где нужна она, там нет добра…», – восклицал К.С.Аксаков. См.: Аксаков К.С. Об основных началах русской истории. О том же // Полное собрание сочинений. Т. 1. Сочинения исторические. 2-е изд. М.: Университетская типография, 1889. (1-е изд. 1861). С. 18. Российских консерваторов вообще отличал правовой нигилизм, склонность противопоставлять право, как «формальную» законность, правде, как законности «истинной». Подробнее об этом см.: Карцов А.С. Правовая идеология русского консерватизма. М.: Московский общественный научный фонд, 1999.

[897]   Лотман Ю.М., Успенский Б.А. Споры о языке в начале XIX в. как факт русской культуры («Происшествие в царстве теней или судьбина российского языка» – неизвестное сочинение Семена Боброва) // Ученые записки Тартуского государственного университета. 1975. Вып. 358. С. 170.

довало переносить на родную почву. Жесткое противопоставление России и Запада, наиболее полно обоснованное в учении славянофилов, стало краеугольным камнем консервативного миросозерцания.

Российские консерваторы болезненно реагировали на реформаторские проекты, даже если они осуществлялись непосредственно верховной властью. В отличие от Э.Берка и Ж.де Местра, главным объектом критики которых выступали противники ancien regime, М.М.Щербатов в «Записке о повреждении нравов в России» и Н.М.Карамзин в «Записке о древней и новой России в ее гражданском и общественном отношении» осуждали за вредные новации самих монархов[898]. Русские консерваторы середины и второй половины XIX в., от ранних славянофилов до К.Н.Леонтьева и С.Ф.Шарапова, также предъявляли серьезные претензии к власти. После того как под впечатлением событий 1905–1907 гг. начались глубокие реформы, критика справа стала еще резче.

Негативное восприятие реформы заметно осложняло отношения между консерваторами и самодержавной властью. Самодержавие, по крайней мере с петровских времен, выступало в двух ипостасях – агента модернизации и блюстителя традиции. Независимо от того, какое из этих начал в деятельности конкретного самодержца преобладало, модернизационная составляющая в политике самодержавия и самой презентации власти присутствовала постоянно[899]. В итоге консерваторы оказывались в роли оппозиционеров справа, хранителей заветов прошлого, сопротивлявшихся идущим от монарха новациям.

Неприязнь к реформам объяснялась также низкой степенью вовлеченности консервативной общественности в процесс принятия политических решений. Монополия самодержавия на политическую деятельность превращала политику в сферу влияния бюрократии, фактически

---

[898]   Детальный анализ противоречий между самодержавием и консерваторами на этапе генезиса русского консерватизма см.: Martin A.M. Romantics, Reformers, Reactionaries: Russian Conservative Thought and Politics in the Reign of Alexander I. DeKalb, IL: Northern Illinois University Press, 1997.

[899]   См.: Wortman R. Scenarios of Power: Myth and Ceremony in Russian Monarchy. 2 vols. Princeton, NJ: Princeton University Press, 1995 – 2000. Уортман Р.С. Сценарии власти: Мифы и церемонии русской монархии: в 2 т. М.: ОГИ, 2004. См.: также: Мусихин Г.И. Власть перед вызовом современности: сравнительный

лишая возможности проявления политической инициативы даже право-
верных монархистов. Поэтому усилия консерваторов сосредоточивались
не на разрешения конкретных проблем, а на обсуждении абстрактных
теоретических схем.

Российская консервативная мысль оказалась оторванной от политической реальности. Обилие утопических проектов стало характерной
чертой отечественного консерватизма. Российский консерватор предпочитал не приспосабливаться и постепенно реформировать существующее, а разрабатывать «истинно консервативные» проекты, противосто-
явшие реальности. Естественно, что в таких условиях изменение пони-
малось как измена, бескомпромиссность – как добродетель, готовность
приспосабливаться – как порок.

Сторонники реформы в консервативном лагере и в 1907–1914 гг. остались на положении аутсайдеров. «Независимые консерваторы» так и
не превратились в полноценную политическую партию. Националисты и
«национал-демократы» в принципе плохо подходили на роль проводни-
ков курса на интеграцию консерваторов в новую действительность, ибо
их умеренность в ряде социально-экономических и политических вопросов сочеталась с крайней агрессивностью в вопросе национальном. К
тому же численность этих групп на фоне других консервативных организаций была слишком незначительна[900].

Наконец, адаптационные возможности консерваторов ограничивались существованием серьезных проблем в организационной сфере. За-
кулисные «влияния» и интриги долго оставались для них единственно

анализ российского и немецкого опыта конца XVIII – начала XX веков. СПб.:
Алетейя, 2004.

[900] Современные оценки численности Всероссийского национального союза, ко-
леблются в интервале от 2 тыс. (см.: Правые партии. 1905 – 1917: документы
и материалы / сост. Ю.И.Кирьянов. М.: РОССПЭН, 1998. Т. 1. С. 25) до 5 тыс.
человек (см.: Коцюбинский Д.А. Русский национализм в начале XX столетия:
Рождение и гибель идеологии Всероссийского национального союза. М.:
РОССПЭН, 2001. С. 37). «Национал-демократическая» Имперская народная
партия и вовсе не добилась регистрации. В то же время общая численность
правомонархических организаций (т.е. партий и союзов, занимавших политические позиции правее националистов) колебалась от 400 тыс. чел. в конце
1907 – начале 1908 г. до 45 тыс. в 1916 г. См.: Кирьянов Ю.И. Правые партии в
России. 1911 – 1917 гг. М.: РОССПЭН, 2001. С. 82.

возможным средством достижения политических результатов. Консерваторам просто негде было приобрести опыт практического использования автономных партийно-политических структур.

К их формированию консерваторы приступили лишь в 1905 г., значительно позднее, чем их оппоненты слева[901]. Несмотря на значительную численность консервативных образований, степень прочности организационной базы отечественного консерватизма оказалась невелика.
Накануне Первой мировой войны российское консервативное движение
пережило несколько расколов. На рубеже 1907 и 1908 гг. раскололась
крупнейшая консервативная организация – Союз русского народа, часть
членов которого перешла в созданный В.М.Пуришкевичем Союз Михаила Архангела. После острого конфликта в 1911 гг. из Союза русского народа вышли сторонники А.И.Дубровина, сформировавшие Всероссийский Дубровинский союз русского народа.

Не лучше в организационном отношении выглядели и умеренные
консерваторы. Из Русской национальной фракции, созданной осенью
1909 г. в результате объединения националистов и умеренно-правых,
уже в 1911 г. выделилась группа «независимых националистов». В IV
Думе на основе этого объединения образовалась особая группа Центра,
куда вошли бывшие члены фракции во главе с П.Н.Крупенским. Острые
конфликты возникали во Всероссийском национальном союзе, Всероссийском национальном клубе, Киевском клубе русских националистов.

Российским консерваторам не удалось обеспечить организационное
единство, которое потенциально могло бы стать важным дополнительным фактором адаптации консерватизма. Не умея договариваться со
«своими», близкими по духу, российские консерваторы оказались не в

---

[901] «Священная дружина», «Беседа», «Русское собрание», едва ли могут рассматриваться как полноценные политические организации. Подробнее об
этом см.: Lukashevich S. The Holy Brotherhood // American Slavic and East European Review. 1959. Vol. 18. P.491 – 509; Сенчакова Л.Т. «Священная дружина»
и ее состав // Вестник Московского университета. Серия 8: История. 1967. №
2. С. 62 – 83; Emmons T. The Beseda Circle, 1899 – 1905 // Slavic Review. 1973.
Vol. 32. No. 3. P. 461 – 490; Лаверычев В.Я. «Беседа» и тенденции к консолидации консервативных сил в России конца XIX – начала XX века // Отечественная история. 1994. № 3. С. 43 – 57; Кирьянов Ю.И. Русское собрание. 1900
– 1917. М.: РОССПЭН, 2003.

состоянии интегрироваться и в далекую от их идеалов новую политическую действительность. Поэтому политический крах отечественного консерватизма в 1917 г. стал вполне закономерным результатом его неспособности преодолеть негативное отношение к модернизации.

Извлечь из этого надлежащий политический урок российским консерваторы не сумели; мощный антимодернизационный заряд сохранился и в представлениях консервативного крыла российской эмиграции.

Опыт революционных событий 1917 г и Гражданской войны мало повлиял на политические идеалы одной из ключевых фигур думской правой – Н.Е.Маркова. Как и прежде, он полностью отвергал всеобщее избирательное право и парламентаризм[902]. Марков полагал, что «русскому православному сознанию» вообще не свойственно придавать большое значение правовым нормам[903]. Освобожденная от большевиков Россия должна была стать не демократическим, правовым государством, а самодержавной монархией[904].

Негативно относился к демократическим институтам крупнейший консервативный теоретик эмиграции И.А.Ильин. Несмотря на огромную дистанцию между политиком-практиком Марковым с его репутацией реакционера и демагога и рафинированным интеллектуалом Ильиным, в их представлениях обнаружилось много общего. Они оба испытывали глубокую неприязнь к представительному правлению и демократическим институтам.

По мысли Ильина, в первой половине XX в. демократия во всем мире переживала глубокий кризис, выход из которого следовало искать в соединении властей. В «Основах государственного устройства: Проекте Основного закона Российской Империи», Ильин так описывал ключевой аспект государственной организации: «Власть принадлежит главе государства, возглавляющему (лично или через своего представителя) всякую коллегию – законодательную, исполнительную, судебную, воин-

---

[902] Марков Н.Е. Учредительное собрание // Марков Н.Е. Войны темных сил. Статьи, 1921 – 1937. М.: Москва, 2002. С. 374 – 375, 377.

[903] Марков Н.Е. Православный легитимизм // Там же. С. 408 – 409.

[904] См.: Марков Н.Е. Долг патриота // Там же. С. 441 – 445.

скую»[905]. Он специально оговаривался, что народное представительство, формируемое на корпоративной основе, должно было обладать только *законосовещательными* правами[906]. Ильин предлагал максимально стеснить деятельность партий, которые не должны были представлять какие-либо секционные (классовые, профессиональные и т.п.) интересы; принадлежность к партиям должна была затруднять, а не облегчать политическую карьеру[907].

В этом контексте совершенно закономерен провал попытки внедрить в российский консерватизм либеральные ценности, предпринятой П.Б.Струве. Он выступил с идеей синтеза консервативных и либеральных установок в рамках доктрины либерального консерватизма. «Либеральный консерватизм может означать, прежде всего, утверждение незыблемых прав лица, т.е. прикрепление идеи консервации, или охранения, к этим правам», – писал Струве[908]. Он говорил о необходимости одновременной борьбы на два фронта – против радикалов и против реакционеров и важнейшей задачей считал сохранение баланса между консервативными и либеральными ценностями, порядком и свободой[909]. Однако его попытку обогатить российский консерватизм либеральными принципами консервативное крыло эмиграции не поддержало.

Неприязненное отношение к либерально-демократическим ценностям, нормам поведения и политическим институтам, утверждение которых составляет существо модернизации в политической сфере, и поныне рассматривается как важнейшая характеристика российского консерватизма. Есть все основания согласиться с А.В.Репниковым, выделяющим в качестве консервативных принципов «восприятие общества как

---

[905] Политическая история русской эмиграции. 1920 – 1940 гг.: документы и материалы / под ред. А.Ф.Киселева. М.: ВЛАДОС, 1999. С. 89.

[906] Там же. С. 95.

[907] Там же.

[908] Струве П.Б. О мере и границах либерального консерватизма // Полис. 1994. № 3. С. 132.

[909] См.: Струве П.Б. П.А.Столыпин // Струве П.Б. Patriotica: Россия. Родина.Чужбина / под ред. А.В.Хашковского. СПб.: Русский Христианский гуманитарный институт, 2000. С. 188; Струве П.Б. Б.Н.Чичерин и его место в истории русской образованности и общественности // Струве П.Б. Patriotica: Политика,

сложной корпоративной системы», «усиление роли церкви в жизни страны», «признание приоритета общности над индивидом», «сакрализацию явлений государственно-политической жизни» и т.п. При этом в приведенном перечне отсутствуют упоминания о правах личности, индивидуальной инициативе, рыночной экономике, давно ставших неотъемлемым элементом западного консервативного дискурса[910].

Очевидно, это свидетельствует о неадекватности российского консерватизма социально-экономической и политической среде, создаваемой модернизацией, и, следовательно, о невозможности полноценного исполнения им стабилизирующей функции в современном обществе. Российский консерватор, как и столетие назад, не готов в полной мере принять реалии индустриального общества. Разлад с настоящим по-прежнему свойственен российскому консерватору, и преодоление модернизационного кризиса для него все еще остается «фигурой будущего».

В связи с этим возникает вопрос, не является ли оппозиция модернизации специфической характеристикой российского консерватизма, избавиться от которой можно лишь ценой потери национальной консервативной идентичности? В ответ можно заметить, что западноевропейским консерваторам удалось успешно разрешить проблему адаптации и одновременно сохранить преемственность по отношению к консервативным идейно-политическим течениям XIX в. Особенно преуспели в этом британские консерваторы, сумевшие благополучно пережить потрясения двух первых десятилетий XX в., и сохранить свое место в партийно-политической системе[911]. Французским и германским правым по-

культура, религия, социализм / под ред. В.Н.Жукова. М.: Республика, 1997. С. 457, 459.

[910] Репников А.В. Консервативная модель // Модели общественного переустройства России: XX век / отв. ред. В.В.Шелохаев. М.: РОССПЭН, 2004. С.146 – 147.

[911] XX в. для Великобритании оказался поистине «консервативным столетием». В 1900-2000 гг. за консерваторов голосовали как минимум 40% избирателей. Победив 14 раз на 26 всеобщих выборах, они находились у власти единолично или в составе коалиций в течение 68 лет. См.: Seldon A., Ball S. (Eds.) Conservative Century: The Conservative Party since 1900. Oxford: Oxford University Press, 1994.

требовалось гораздо больше времени и сил, чтобы преодолеть кризис консерватизма и приспособиться к реалиям модернизации. Лишь после Второй мировой войны, усвоив демократические принципы и правила политической игры, они смогли обеспечить собственное выживание[912]. Представляется, что только такая стратегия позволит преодолеть соблазн радикального переустройства действительности в «истинно-консервативном» духе, который в начале XX в. привел российский консерватизм к катастрофе.

---

[912] Suvanto P. Conservatism from the French Revolution to the 1990s. New York, NY: St. Martin's Press, 1997. P. 175. Исключительный интерес в этом контексте представляет опыт германского консерватизма, в лоне которого в 1920-е гг. праворадикальные тенденции, появившиеся в начале XX в., обрели логическое завершение в форме «революционного консерватизма». Подробнее о преодолении германскими консерваторами праворадикальных тенденций см.: Müller J.Z. The Other God That Failed: Hans Freyer and the Deradicalization of German Conservatism. Princeton, NJ: Princeton University Press, 1987.

Библиография

Архивные материалы

Государственный архив Российской Федерации (ГАРФ)

Ф. 102   Департамент полиции Министерства внутренних дел.
Ф. 116   Всероссийский Дубровинский Союз русского народа.
Ф. 117   Русский народный Союз имени Михаила Архангела.
Ф. 588   Никольский Б.В.
Ф. 634   Тихомиров Л.А.
Ф. 1178   Группа центра Государственного Совета.
Ф. 1719   Всероссийский национальный союз.

Отдел рукописей Российской государственной библиотеки (ОР РГБ)

Ф. 126   Киреевы и Новиковы.
Ф. 265   Самарины.

Российский государственный архив древних актов (РГАДА)

Ф. 1287   Шереметевы.
Ф. 1289   Щербатовы, кн.

Российский государственный архив литературы и искусства (РГАЛИ)

Ф. 449   Соболевский А.И.
Ф. 459   Суворин А.С.
Ф. 1393   Грингмут В.А.
Ф. 2169   Меньшиков М.О.

Российский государственный исторический архив (РГИА)

Ф. 892   Балашевы.
Ф. 899   Бобринские, гр.
Ф. 909   Вергун Д.Н.
Ф. 1006   Никольский Б.В.

Ф. 1088   Шереметевы, гр.
Ф. 1569   Извольский П.П.
Ф. 1571   Кривошеин А.В.
Ф. 1617   Андронников М.М.
Ф. 1622   Витте С.Ю.

Public Record Office (PRO)

Foreign Office 371: Political Departments: General Correspondence, 1907 – 1914.

Периодические и продолжающиеся издания

Газеты

Гражданин. 1907 – 1914.

Дым Отечества. 1912 – 1914.

Земщина. 1909 – 1914.

Киевлянин. 1907 – 1914.

Московские ведомости. 1907 – 1914

Новое время. 1907 – 1914.

Объединение. 1907 – 1911.

Россия. 1907 – 1914.

Русское знамя. 1907 – 1914.

Санкт-Петербургские ведомости. 1907 – 1914.

Журналы и продолжающиеся издания

Вестник Всероссийского национального союза. 1912.

Известия Всероссийского национального клуба. 1911.

Мирный труд. 1907 – 1914.

Националист. 1910 – 1911.

Письма к ближним. 1907 – 1914.

Прямой путь. 1909 – 1914.

Сборник Киевского клуба русских националистов. 1909 – 1913.

Свидетель. 1907 – 1910.

Стенографические отчеты государственных и общественных учреждений

Государственная Дума: Стенографические отчеты. Созыв третий – четвертый. СПб.: Государственная типография, 1908 – 1914.

Государственный Совет: Стенографические отчеты. Сессия III–IX. СПб.: Государственная типография, 1908 – 1914.

Труды III съезда уполномоченных дворянских обществ 32 губерний. СПб.: Типография В.Эрикс, 1907.

Труды IV съезда уполномоченных дворянских обществ 32 губерний. СПб.: Мирный труд, 1909.

Труды V съезда уполномоченных дворянских обществ 32 губерний. СПб.: Типография М.А.Александрова, 1909.

Труды VI съезда уполномоченных дворянских обществ 33 губерний. СПб.: Типография М.А.Александрова, 1910.

Труды VII съезда уполномоченных дворянских обществ 37 губерний. СПб.: Типография Главного управления уделов, 1911.

Труды VIII съезда уполномоченных дворянских обществ 37 губерний. СПб.: Типография Главного управления уделов, 1912.

Труды IX съезда уполномоченных дворянских обществ 39 губерний. СПб.: Типография Главного управления уделов, 1913.

Труды X съезда уполномоченных дворянских обществ 39 губерний. СПб.: Типография Главного управления уделов, 1914.

Сборники документальных материалов

Дело Бейлиса: исследования и материалы / сост. Л.Кацис. М.: Еврейский университет; Иерусалим: Гешарим, 1995.

Дело Менделя Бейлиса: материалы Чрезвычайной следственной комиссии Временного правительства / сост. Р.Ш.Ганелин, В.Е.Кельнер, И.В.Лукоянов. СПб.: Дмитрий Буланин, 1999.

Падение царского режима / под ред. П.Е.Щеголева: в 7 т. М.; Л.: Госиздат, 1924 – 1927.

Переписка и другие документы правых (1911 г.) / публ. Ю.И.Кирьянова // Вопросы истории. 1998. № 10. С. 94 – 104; № 11 – 12. С. 119 – 144.

Переписка и другие документы правых (1911 – 1913 гг.) / публ. Ю.И.Кирьянова // Вопросы истории. 1999. № 10. С. 94 – 118; № 11 – 12. С. 102 – 130.

Политическая история русской эмиграции. 1920 – 1940: документы и материалы / под ред. А.Ф.Киселева. М.: ВЛАДОС, 1999.

Правые и конституционные монархисты в России в 1907 – 1908 гг. / публ. Ю.И.Кирьянова // Вопросы истории. 1997. № 6. С. 104 – 124; № 8. С. 92 – 107.

Правые партии. 1905 – 1917: документы и материалы: в 2 т. Т. 1: 1905 – 1910 гг.; Т. 2: 1911 – 1917 гг. / сост. Ю.И.Кирьянов. М.: РОССПЭН, 1998.

Россия. 1913 год: статистико-документальный справочник / отв. ред. А.П.Корелин. СПб.: Блиц, 1995.

Союз русского народа: по материалам Чрезвычайной следственной комиссии Временного правительства / под ред. В.П.Викторова. М.; Л: Госиздат, 1929.

Письма, записки, дневники, воспоминания

[Балашев И.] Письмо Балашева к Столыпину // Красный архив. 1925. Т. 2(9). С.291 – 295.

[Бобринский А.А.] Дневник А.А.Бобринского (1910 – 1911 гг.) // Красный архив. 1928. Т. 1(26). С.127 – 150.

Богданович А.В. Три последних самодержца: Дневник. М.: Френкель, 1924.

Витте С.Ю. Воспоминания: в 3 т. М.: Соцэкгиз, 1960.

[Дедюлин В.А.] Власть и крайние правые партии: Запись беседы Дворцового коменданта В.А.Дедюлина (1908 г.) и Записка члена Совета министра внутренних дел Н.Ч.Зайончковского (1913 г.) // Исторический архив. 2000. № 1. С. 85 – 108.

Гурко В.И. Черты и силуэты прошлого: Правительство и общественность в царствование Николая II в изображении современника. М.: Новое литературное обозрение. 2000; Gurko V.I. Features and Figures of the Past: Government and Opinion in the Reign of Nicolas II. Stanford, CA: Stanford University Press, 1939.

Джунковский В.Ф. Воспоминания: в 2 т. М.: Издательство им. Сабашниковых, 1997.

Документы о попытке государственного переворота в октябре 1913 г. // Археографический ежегодник за 1987 г. М.: Наука, 1988. С. 309 – 313.

[Дурново П.Н.] Записка Дурново // Красная новь. 1922. № 6(10). С. 178 – 199.

Игнатьев А.А. Пятьдесят лет в строю. М.: Художественная литература, 1955. Т. 1.

Из отчета о перлюстрации департамента полиции за 1908 г. // Красный архив. 1928. Т.2(27). С. 139 – 159; Т.3(28). С. 205 – 224.

Коковцов В.Н. Из моего прошлого: Воспоминания: 1903 – 1919 гг.: в 2 кн. М.: Наука, 1992. (1-е изд. 1933).

Крыжановский С.Е. Воспоминания: Из бумаг С.Е.Крыжановского, последнего государственного секретаря Российской империи. [Berlin]: Петрополис, [1938].

Крыжановский С.Е. Заметки русского консерватора // Вопросы истории. 1997. № 2. С. 115 – 130; № 3. С.121 – 139; № 4. С.107 – 122.

[Куманин Л.К.] Донесения Л.К Куманина из министерского павильона Государственной Думы, декабрь 1911 – февраль 1917 гг. // Вопросы истории. 1999. № 1. С. 3 – 28; № 2. С. 3 – 28; № 3. С. 3 – 27; № 4 – 5. С.3 – 22; № 6. С.3 – 31; № 7. С. 3 – 27; № 8. С. 3 – 27; № 9. С. 3 – 32; № 10. С.3 – 34; № 11 – 12. С. 3 – 28; 2000. № 1. С. 3 – 28; № 2. С. 3 – 32.

Мосолов А.А. При дворе последнего императора: Записки начальника канцелярии министра двора. СПб.: Наука, 1992. (1-е изд. 1937).

Наумов А.Н. Из уцелевших воспоминаний: в 2 кн. Нью-Йорк: Издание А.К.Наумовой и О.А.Кусевицкой, 1955.

[Никольский Б.В.] Материалы для характеристики контрреволюции в 1905 г.: Из переписки Бориса Никольского с Антонием Волынским // Былое. 1923. № 21. С. 156 – 186.

[Никольский Б.В.] Монархист и Советы. Письма Б.В.Никольского к Б.А.Садовскому, 1913 – 1918 // Звенья. СПб., 1992. Вып. 2. С. 340 – 377.

[Пихно Д.И.] Письма Д.И.Пихно – С.Ю.Витте (1906 – 1907 гг.) // Английская набережная, 4. СПб.: Лики России, 2000. С. 393 – 406.

[Пуришкевич В.М.] «27-го февраля мы могли стать гражданами…»: тюремные записи В.М.Пуришкевича, декабрь 1917 – март 1918 г. // Исторический архив. 1996. № 5/6. С. 118 – 149.

Спиридович А.И. Охрана и антисемитизм в дореволюционной России // Вопросы истории. 2003. № 8. С.3 – 36.

[Суворин А.С.] Дневник Алексея Сергеевича Суворина. 2-е изд. London: The Garnett Press; М.: Независимая газета, 2000 (1-е изд. 1923).

[Тихомиров Л.А.] Из дневника Льва Тихомирова // Красный архив. 1930. Т. 1(38). С. 20 – 69; Т. 2(39). С. 47 – 75; Т. 3(40). С. 59 – 96; Т. 4 – 5(41 – 42). С. 103 – 147; 1933. Т. 6(61). С. 82 – 128; 1935. Т. 5(72). С. 120 – 159; Т. 6(73). С. 170 – 190; 1936. Т. 1(74). С. 162 – 191; Т. 2(75). С. 171 – 184.

Pares B. My Russian Memoirs. London: Jonathan Cape, 1931.

Публицистика

Айвазов И.Г. Новая вероисповедная система русского государства. М.: Верность, 1908.

Айвазов И.Г. Православная церковь и высшие государственные учреждения в России. М.: Печатня А.И.Снегиревой, 1912.

Аквилонов Е. Иудейский вопрос. СПб.: Типография М.Меркушева, 1907.

Аксаков К.С. Сочинения исторические // Полное собрание сочинений. 2-е изд. Т. 1. М.: Университетская типография, 1889 (1-е изд. 1861).

Антонович А.Я. Бакунин и Шарапов об автономиях. М.: Типолитография И.И.Машистова, 1908.

Аракин Я. Еврейский вопрос. СПб.: Типография Р.В.Коротаевой, 1912.

Балашев И.П. О национализме вообще и в частности о русском. СПб.: Типолитография Н.Ефстифеева, 1912.

Балашев И.П. О политике России в последние века и предстоящих ей задачах. СПб.: Типолитография Н.Евстифева, 1913.

[Башмаков А.А.] Вещий Олег. Великое рушение. СПб.: Россия, 1907.

Башмаков А.А. Народовластие и государева воля: опыт догматического построения. СПб.: Россия, 1908.

Башмаков А.А. Последний витязь. СПб.: Русско-французская типография, 1912.

Билимович А.Д. Памяти Д.И.Пихно. СПб.: Сенатская типография, 1913.

Бородкин М.М. Итоги столетия. Харьков: Мирный труд, 1909.

Бородкин М.М. Финляндская окраина. М.: Государственная типография, 1910.

Булатович Д. П.А.Столыпин и А.И.Дубровин. СПб.: Отечественная типография, 1909.

Булацель П.Ф. Борьба за правду: в 2 т. СПб.: Отечественная типография, 1908.

Бутми Г.В. Враги рода человеческого. 5-е изд.. СПб.: Типография училища глухонемых, 1907 (1-е изд. 1906).

Володимеров С.А. Крестьяне и земля. СПб.: Б.и., 1908.

Володимеров С.А. Евреи и интеллигенция. Интеллигенция и патриотизм. СПб.: Типография А.С.Суворина, 1909.

Воронов Л.Н. Русский государственный бюджет. М.: Типография Московского университета, 1909.

Воронов Л.Н. Земля и фабрика. М.: Типолитография Русского товарищества печатного и издательского дела, 1914.

Восторгов И.И. Статьи по вопросам миссионерским, педагогическим и публицистическим, 1887 – 1912 // Полное собрание сочинений. Т. 4. М.: Русская печатня, 1916.

Вязигин А.С. Гололобовский инцидент (Страничка из истории политических партий в России). Харьков: Мирный труд, 1909.

Генц А.И. Против течения. М.: Союз русских людей, 1907.

Генц А.И. Социализм: популярный критический очерк. 2-е изд. М.: Типография Московского университета, 1908 (1-е изд. 1906).

Герасимов Н.И. В защиту русского национализма. М.: Московский отдел ВНС, 1912.

Головин К.Ф. К вопросу о волостном земстве. СПб.: Типолитография товарищества «Свет», 1912.

Головин К.Ф. Предположенные административные реформы. СПб.: Мирный труд, 1909.

Головин К.Ф. Финансовое положение России в связи с приходно-расходной сметой на 1909 г. СПб.: Мирный труд, 1909.

Гофштеттер И.А. Запросы земли и государственный строй. М.: Русский голос, 1906.

[Гофштеттер И.А.] Ъ. Русский золотой запас за границей. СПб.: Типография А.С.Суворина, 1913.

Гофштеттер И.А. Убийство Ющинского и русская общественная совесть. СПб.: Типография А.С.Суворина, 1914.

Грингмут В.А. История народовластия. М.: Верность, 1908.

Грингмут В.А. Собрание статей. Вып.4. М.: Университетская типография, 1910.

Гурко В.И. Наше государственное и народное хозяйство: доклад, представленный V съезду уполномоченных Объединенных дворянских обществ. СПб.: Лештуковская паровая скоропечатня, 1909.

Дубровин А.И. Тайна судьбы (Фантазия – действительность). СПб.: Отечественная типография, 1907.

[Еремченко Н.И.] Полтавец Н. Дума и Народ. СПб.: Отечественная типография, 1912.

Жеденов Н.Н. Маргариновые монархисты. СПб.: Отечественная типография, 1912.

Залеский В.Ф. Тайна крови (К вопросу о ритуальных убийствах). Харьков: Мирный труд, 1912.

[Замысловский Г.Г.] Юрский Г. Правые в Третьей Государственной думе. Харьков: Издание Центрального предвыборного комитета объединенных русских людей, 1912.

Казанский П.Е. Народность и государственность. Одесса: Типография общества «Русская речь», 1912.

Казанский П.Е. Власть Всероссийского Императора: очерки действующего русского права. Одесса: Техник, 1913.

Карамзин Н.М. Записка о Древней и Новой России. СПб.: Издание гр. М.Н.Толстой, 1914.

Киреев А.А. Сочинения. Ч.2: Политика и полемика СПб.: Издательство А.С.Суворина, 1912.

Ковалевский П.И. История России с национальной точки зрения: национально-исторический очерк. 2-е. изд. СПб.: Типография М.И.Акинфиева, 1912 (1-е изд. 1912).

Ковалевский П.И. Национализм и национальное воспитание в России. 3-е изд. СПб.: Типография М.И.Акинфиева, 1912 (1-е изд. 1910).

Ковалевский П.И. Основы русского национализма. СПб.: Типография М.И.Акинфиева, 1912.

Колышко И.И. Пыль: сборник политических статей, 1907 – 1912. М.: Типография товарищества И.Д.Сытина, 1913.

Корвин-Милевский И-К.О. К чему должно стремиться литовское дворянство. СПб.: Типография А.С.Суворина, 1911.

Он же. Жажду справедливости для угнетенного литовского дворянства. СПб.: Типография Р.В.Каратаевой, 1912.

Куда временщики ведут Союз Русского Народа. СПб.: Отечественная типография, 1910.

Кузмин С. Под гнетом свобод (Записки националиста). СПб.: Типография М.А.Аленевой, 1910.

Куплеваский Н.О. Исторический очерк преобразования государственного строя в царствование императора Николая II: Вып. 1: Преобразование высших государственных учреждений (1904 – 1907 гг.) СПб.: Всероссийский национальный клуб, 1912.

Ладо: сборник литературно-общественный, посвященный нарождающейся русской национал-демократии. 2-е изд. СПб.: Типография журнала «Сатирикон», 1913 (1-е изд. 1911).

Ладомирский Н.Н. Разрешение земельного вопроса. СПб.: Национализм и прогресс, 1909.

Липранди А.П. Равноправие и еврейский вопрос. Харьков: Мирный труд, 1911.

Липранди А.П. Германия в России. Харьков: Мирный труд, 1911.

Локоть Т.В. Национализм и евреи. Киев: Петр Барский, 1910.

Локоть Т.В. Оправдание национализма. Рабство русской радикальной интеллигенции. Национал-демократия. Киев: Петр Барский, 1910.

Марков Н.Е. Войны темных сил. Статьи, 1921 – 1937. М.: Москва, 2002.

[Мариуца-Гринева М.Н.] Мария из-за Буга. Отчего в Русском государстве земля в руках нерусских людей. Почаев: Типография Почаево-Успенской лавры, 1911.

Меньшиков М.О. Национальная Империя. М.: Имперская традиция, 2004.

Московский сборник / под ред. И.И.Восторгова и И.Г.Айвазова. М.: Русская печатня, 1909.

Националисты в III Государственной Думе. СПб.: Типография А.С.Суворина, 1912.

Никитин Е. Государство и рабочий вопрос. М.: Университетская типография, 1907.

Никитин Е. Христианская благотворительность. М.: Типография русского товарищества, 1912.

Новая Россия: Основы и задачи Имперской Народной Партии. СПб.: Дым Отечества, 1914.

Ососов А.В. Земельный вопрос в 3-ей Государственной думе. СПб.: Труд и польза, 1913.

Остерегайтесь левых!!: выборки из речей и статей левых членов Государственной Думы по главнейшим вопросам русской жизни (К выборам в IV Государственную Думу). СПб.: Всероссийский национальный клуб, 1912.

Павлов Н.А. Записки землевладельца. Пг.: Типография А.С.Суворина, 1915. Ч. 1.

Пасхалов К.Н. Сборник статей, воззваний, записок, речей, писем и проч. Т. 2 – 3. М.: Печатня А.И.Снегиревой, 1909 – 1912.

Пасхалов К.Н. Землеустроительное разорение России. М.: Русская земля, 1908.

Пасхалов К.Н. Погрешности обновленного 17 октября 1905 года Государственного строя и попытка их устранения. М.: Печатня А.И.Снегиревой, 1910.

Пасхалов К.Н. Земский вопрос. СПб.: Типография училища глухонемых, 1911.

Пасхалов К.Н., Шарапов С.Ф. Землеустроение или землеразорение? (По поводу закона 9 ноября 1906 года.) М.: Свидетель, [1909].

Пихно Д.И. Представительство Западной Руси в Государственном Совете. Киев: Типография товарищества И.Н.Кушнерева, 1909.

Пихно Д.И. Финансовые заметки. Киев: Типография товарищества И.Н.Кушнерева, 1909.

Погодин М.П. Историко-критические отрывки. М.: Типография Августа Семена, 1846.

Пороховщиков А. Слушайте все! М.: Скоропечатня А.А.Левенсон, 1909.

Пуришкевич В.М. Законодатели (Пьеса в стихах, в 2-х картинах). СПб.: Россия, 1909.

Пуришкевич В.М. Материалы по вопросу о разложении современного русского университета. СПб.: Русский Народный Союз им. Михаила Архангела, 1914.

Пуришкевич В.М. Пред грозою: Правительство и русская народная школа. СПб.: Электропечатня К.А.Четверикова, 1914.

Пуришкевич В.М. Без забрала. Пг.: Типолитография И.М.Машистова, 1917.

Родзевич Н.Н. К вопросу о взаимоотношениях между монархическими организациями. Харьков: Мирный труд, 1911.

Розанов В.В. Обонятельное и осязательное отношение евреев к крови // Собрание сочинений: Сахарна. М.: Республика, 2001. С. 276 – 413.

Русский монархический союз и расширение его деятельности по основам Высочайшего рескрипта 30 января 1914 г. М.: Русская печатня, 1914.

[Русское монархическое собрание] Сборник русского монархического собрания в Москве, 1907 – 1908. М.: Русская печатня, 1908.

Самарин Ф.Д. Указ 9 ноября 1906 г. и Положение 19 февраля 1861 г. М.: Печатня А.И.Снегиревой, 1908.

Самарин Ф.Д. Создано ли выкупом право личной собственности крестьян на их надельные земли? М.: Печатня А.И.Снегиревой, 1908.

Самарин Ф.Д. О юридических последствиях отмены выкупных платежей по манифесту 3 ноября 1905 г. М.: Печатня А.И.Снегиревой, 1908.

Самарин Ф.Д. Еще о юридических последствиях отмены выкупных платежей: ответ А.П.Никольскому. М.: Печатня А.И.Снегиревой, 1908.

Самарин Ф.Д. К чему приведет указ 9 ноября 1906 г. М.: Печатня А.И.Снегиревой, 1909.

Сидоров А.А. Инородческий вопрос и идея федерализма в России. М.: Московский отдел ВНС, 1912.

Сикорский И.А. О психологических основах национализма. Киев: Типография товарищества И.Н.Кушнерева, 1910.

Сикорский И.А. Что такое нация и другие формы народной жизни? // Ab Imperio. 2003. № 3. С. 241 – 286.

[Союз русского народа] Проект нового устава Союза Русского Народа. Ярославль: Типолитография Ф.П.Дуряева, 1907.

Строганов В. Русский национализм: его сущность, история и задачи. СПб.: Типография А.С.Суворина, 1912.

Струве П.Б. О мере и границах либерального консерватизма // Полис. 1994. № 3. С.131 – 134.

Струве П.Б. Patriotica: Политика, культура, религия, социализм / сост. В.Н.Жуков и А.П.Поляков. М.: Республика, 1996.

Струве П.Б. Patriotica: Россия. Родина. Чужбина / сост. А.В.Хашковский. СПб.: Русский христианский гуманитарный институт, 2000.

Тихомиров Л.А. Социально-политические очерки. М.: Верность, 1907.

Тихомиров Л.А. О недостатках конституции 1906 г. М.: Университетская типография, 1907.

Тихомиров Л.А. Самодержавие и народное представительство. М.: Университетская типография, 1907.

Тихомиров Л.А. Рабочий вопрос (Практические способы его решения). М.: Типография В.А.Жданович, 1909.

Тихомиров Л.А. К реформе обновленной России (Статьи 1909, 1910, 1911 гг.) М.: Типография В.М.Саблина, 1912.

Тихомиров Л.А. Монархическая государственность. СПб.: Российский Имперский Союз-Орден, 1992 (1-е изд. 1905).

Тихомиров Л.А. Критика демократии. М.: Москва, 1997.

Ткач В. Очерки Холмщины и Подляшья. Холм: Свято-Богородицкое братство, 1911.

Турцевич И.Г. Борк и Бокль. Нежин: Типолитография М.В.Глезера, 1912.

Холмский вопрос: обзор русской периодической печати. Вып. 16 (с 1 октября 1909 по 1 октября 1911 г.). СПб.: Государственная типография, 1912.

[Хомяков Д.А.] Д.Х. Клир и Государственная Дума. Тула: Типография Е.И.Дружининой, 1908.

Хомяков Д.А. Православие, самодержавие и народность. Монреаль: Издание Братства преп. Иова Почаевского, 1982.

[Шарапов С.Ф.] Талицкий. Бумажный рубль (Его теория и практика). СПб.: Общественная польза, 1895.

Шарапов С.Ф. Самодержавие и самоуправление. Берлин: Типография П.Станкевича. 1899.

Шарапов С.Ф. Государственная роспись и народное хозяйство. М.: Свидетель, 1908.

Шарапов С.Ф. Две записки Сергея Шарапова о русских финансах. Берлин: Типография П.Станкевича, 1901.

Шарапов С.Ф. Через полвека: Фантастический политико-социальный роман // Шарапов С.Ф. Сочинения. Т. 8. Вып. 22 – 24. М.: Типолитография А.В.Васильева, 1902. С. 1 – 80.

Шарапов С.Ф. Опыт русской политической программы. М.: Типолитография И.М.Машистова, 1905.

Шарапов С.Ф. Земля и воля... без денег. М.: Свидетель, 1907.

Шарапов С.Ф. Социализм как религия ненависти. М: Типолитография И.М.Машистова, 1907.

[Шарапов С.Ф.] Лев Семенов. Диктатор: Политическая фантазия. М.: Типография газеты «Русская земля», 1907.

[Шарапов С.Ф.] Лев Семенов. Иванов 16-й и Соколов 18-й: Политическая фантазия: Продолжение «Диктатора». М.: Типография газеты «Русская земля», 1907.

[Шарапов С.Ф.] Лев Семенов. У очага хищений: Политическая фантазия: Продолжение "Диктатора". М.: Типолитография И.М.Машистова, 1907.

[Шарапов С.Ф.] Лев Семенов. Кабинет Диктатора: Политическая фантазия: 3-е продолжение "Диктатора". М.: Типолитография И.М.Машистова, 1908.

Шарапов С.Ф. Русские исторические начала и их современное приложение. М.: Свидетель, 1908.

Шарапов С.Ф. Государственная роспись и народное хозяйство. М.: Свидетель, 1908.

Шарапов С.Ф. «Матрикулированные» октябристы, или Как я не попал в Государственную Думу. М.: Типолитография И.М.Машистова, 1908.

Шарапов С.Ф. Самодержавие или конституция? (Первые шаги 3-й «Думы солидной бестолочи») М.: Свидетель, 1908.

Шарапов С.Ф. Финансовое возрождение России. М.: Свидетель, 1908.

Шечков Г.А. О русской России. М.: Типолитография И.М.Машистова , 1908.

Шечков Г.А. Государственная Дума и несостоятельность начала большинства как принципа государственно-общественного строительства. Харьков: Мирный труд, 1911.

Шипов Н.Н. Власть Самодержавного Царя как основа финансового благополучия Россия. Петроград [СПб]: Типолитография «Братья Ревины», 1913.

Шмаков А.С. Международное тайное правительство: дополненное и переработанное исследование по схеме речи, произнесенной на VII съезде Объединенных дворянских обществ. М.: Городская типография, 1912.

Щербатов А.Г. Обновленная Россия М.: Типография общества распространения полезных книг, 1908.

Щербатов А.Г. Православный приход – твердыня русской народности. М.: Русская печатня, 1909.

Щербатов А.Г. Государственно-народное хозяйство России в ближайшем будущем. М.: Типография товарищества И.Д.Сытина, 1910.

Щербатов А.Г. Обновленная Россия и другие работы. М.: SPSL, «Русская панорама», 2002.

Эгерт, В.П. фон. Надо защищаться. СПб.: Типография Главного управления уделов, 1912.

Maistre J. de. Considérations sur la France. Paris: Impremerie nationale, 1994 (I-er ed. 1797); Местр Ж.де. Рассуждения о Франции. М.: РОССПЭН, 1997.

Литература

Аврех А.Я. Столыпин и третья Дума. М.: Наука, 1968.

Аврех А.Я. Царизм и IV Дума. 1912 – 1914 гг. М.: Наука, 1981.

Андреев Д.А., Гайда Ф.А. В.И.Гурко и его воспоминания // Отечественная история. 2002. № 6. С. 141 – 148.

Архипов И.Л. Кривое зеркало российского парламентаризма: традиция «политического скандала»: В.М.Пуришкевич // Звезда. 1997. № 10. С.112 – 124.

Беленький И.Л. Консерватизм в России XVIII – начале XX в. (Библиографический обзор отечественных исследований и публикаций второй половины XX в.) // Россия и современный мир. 2001. № 4. С. 245 – 262; 2002. № 1. С. 253 – 272; 2002. № 2. С. 237 – 242; 2002. № 3. С. 217 – 239; 2002. № 4. С. 230 – 251; 2003. № 2. С. 267 – 279.

Бородин А.П. Объединенное дворянство и аграрная реформа // Вопросы истории. 1993. № 9. С. 33 – 44.

Бородин А.П. Правая группа Государственного Совета // Отечественная история. 1998. № 3. С. 50 – 56.

Бородин А.П. Государственный Совет России (1906 – 1917). Киров: Вятка, 1999.

Бородин А.П. П.Н.Дурново: Портрет царского сановника // Отечественная история. 2000. № 3. С. 48 – 69.

Бурцев В.Л. «Протоколы сионских мудрецов»: доказанный подлог. Париж: Б.и., 1938.

Витенберг Б. Консерватизм в России: прошлое или будущее? (Обзор книг о русском консерватизме) // Новое литературное обозрение. 2002. № 58. С. 344 – 354.

Грегори П. Экономический рост Российской империи (конец XIX – начало XX в.): Новые подсчеты и оценки. М.: РОССПЭН, 2003.

Гросул В.Я. Консерватизм истинный и мнимый // Россия в условиях трансформации. Вестник фонда развития политического центризма. 2000. №. 2. С. 29 – 32.

Губер П.К. Силуэт Розанова // В.В.Розанов: Pro et contra / сост. В.А.Фатеев. СПб.: Русский Христианский гуманитарный институт, 1995. Кн. 1. С. 343 – 347.

Гусев В.А. Русский консерватизм: основные направления и этапы развития. Тверь: Тверской государственный университет, 2001.

Донгаров А.Г. Иностранный капитал в России и СССР. М.: Наука, 1990.

Дронов И.Е. Князь Владимир Петрович Мещерский // Вопросы истории. 2001. № 10. С. 57 – 84.

Дякин В.С. Русская буржуазия и царизм в годы первой мировой войны (1914 – 1917). Л.: Наука, 1967

Дякин В.С. Столыпин и дворянство. Провал местной реформы // Проблемы крестьянского землевладения и внутренней политики в России. Дооктябрьский период / Отв. ред. Н.Е.Носов. Л., 1972. С. 231 – 274.

Дякин В.С. Самодержавие, буржуазия и дворянство в 1907 – 1911 гг. Л.: Наука, 1978.

Дякин В.С. Земство и самодержавие в третьеиюньской монархии // Вопросы истории России XIX – начала XX в. / Отв. ред. В.В.Мавродин и Л.С.Семенов. Л., 1983. С.127 – 141.

Дякин В.С. Буржуазия, дворянство и царизм в 1911 – 1914 гг.: Разложение третьеиюньской системы. Л.: Наука, 1988.

Зорин А.Л. Кормя двуглавого орла...: Русская литература и государственная идеология в последней трети XVIII – первой трети XIX века. М.: Новое литературное обозрение, 2001.

Зырянов П.Н. Третья Дума и вопрос о реформе местного суда и волостного управления // История СССР. 1969. № 6. С.45 – 62.

Исследования по консерватизму / гл. ред. П.Ю. Рахшмир. Пермь: Пермский государственный университет, 1994 – 2000. Вып. 1 – 6.

Исторические метаморфозы консерватизма / под ред. П.Ю.Рахшмира. Пермь: Пермский государственный университет, 1998.

Карцов А.С. Правовая идеология русского консерватизма. М.: Московский общественный научный фонд, 1999.

Кацис Л. Русская эсхатология и русская литература. М.: ОГИ., 2000.

Кирьянов И.К., Лукьянов М.Н. Парламент самодержавной России: Государственная Дума и ее депутаты, 1906 – 1917. Пермь: Издательство Пермского университета, 1995.

Кирьянов Ю.И. Правые партии в России. 1911 – 1917. М.: РОССПЭН, 2001.

Кирьянов Ю.И. Русское собрание. 1900 – 1917. М.: РОССПЭН, 2003.

Ковальченко И.Д. Столыпинская аграрная реформа (мифы и реальность) // История СССР. 1991. № 2. С. 52 – 72.

Кожинов В.В. Черносотенцы. М.: Эксмо; Алгоритм, 2004.

Консерватизм в России и мире: прошлое и настоящее / под. ред. А.Ю.Минакова. Воронеж: Издательство Воронежского государственного университета, 2001 – 2004. Вып. 1 – 3.

Консерватизм: идеи и люди / под ред. П.Ю.Рахшмира. Пермь: Издательство Пермского университета, 1998.

Коцюбинский Д.А. Русский национализм в начале XX столетия: Рождение и гибель идеологии Всероссийского национального союза. М.: РОССПЭН, 2001.

Кризис самодержавия в России. 1895 – 1917 / отв. ред. В.С.Дякин. Л.: Наука, 1984.

Лаверычев В.Я. «Беседа» и тенденция к консолидации консервативных сил в России конца XIX – начала XX века // Отечественная история. 1994. № 3. С. 43 – 57.

Лотман Ю.М., Успенский Б.А. Споры о языке в начале XIX в. как факт русской культуры («Происшествие в царстве теней, или Судьбина российского языка» – неизвестное сочинение Семена Боброва) // Ученые записки Тартуского государственного университета. Тарту, 1975. Вып. 358. С. 168 – 264.

Лукоянов И.В. Российские консерваторы (конец XVIII – начало XX в.) СПб.: «Нестор - История», 2003.

Макаров В.Г., Репников А.В. Русские монархисты после октября 1917: новые документы // Ф.И.Тютчев (1805 – 1873) и проблемы российского консерватизма / Южнороссийское обозрение Центра системных региональных исследований и прогнозирования Ростовского государственного университета и Института социально-политических исследований РАН. Приложение. Ростов н / Д., 2004. Т. 1. С. 47 – 65.

Милевский О.А. Лев Тихомиров: две стороны одной жизни. Барнаул: Издательство Алтайского государственного университета, 2004.

Миллер А.И. «Украинский вопрос» в политике властей и русском общественном мнении (вторая половина XIX в.). СПб.: Алетейя, 2000.

Миллер А.И. Русификация: классифицировать и понять // Ab Imperio. 2002. № 2. С. 133 – 148.

Минаков А.Ю. Русский консерватизм в современной российской историографии: новые подходы и тенденции изучения // Отечественная история. 2005. № 6. С. 133 – 142.

Миндлин А.Б. Еврейский вопрос и финансовые отношения России с Западом в конце XIX – начале XX века // Вестник Еврейского университета в Москве. 1996. № 2(12). С. 81 – 103.

Миндлин А.Б. Проекты Объединенного дворянства России по «еврейскому вопросу» // Вопросы истории. 2002. № 4. С. 13 – 26.

Миронов Б.Н. Социальная история России периода империи (XVIII – начала XX в.): в 2 т. 2-е изд. СПб.: Дмитрий Буланин, 2000 (1-е изд. 1999).

Михутина И.В. Украинский вопрос в России (конец XIX – начало XX века). М.: Институт славяноведения РАН, 2003.

Могильнер М. «Энциклопедия русского националистического проекта»: предисловие к публикации [Сикорский И. Что такое нация и другие формы народной жизни] // Ab Imperio. 2003. № 3. С. 225 – 240.

Модели общественного переустройства России. XX век / отв. ред. В.В.Шелохаев. М.: РОССПЭН, 2004.

Мусихин Г.И. Россия в немецком зеркале. (Сравнительный анализ германского и российского консерватизма). СПб.: Алетейя, 2002.

Мусихин Г.И. Власть перед вызовом современности: сравнительный анализ российского и немецкого опыта конца XVIII – начала XX веков. СПб.: Алетейя, 2004.

Национальная правая прежде и теперь: историко-социологические очерки / Отв. ред. Р.Ш.Ганелин. СПб.: С.-Петербургский филиал Института социологии РАН, 1992. Ч. 1 – 3.

Омельянчук И.В. Социальный состав черносотенных партий в начале XX века // Отечественная история. 2004. № 2. С. 84 – 96.

Острецов В.М. Черная сотня: взгляд справа. М.: Русское слово, 1994.

Подболотов С. Царь и народ: популистский традиционализм императора Николая II // Ab Imperio. 2003. № 3. С. 199 – 223.

Политические партии России. Вторая половина XIX – первая треть XX в.: энциклопедия / отв. ред. В.В.Шелохаев. М.: РОССПЭН, 1996.

Поспеловский Д. Русская православная церковь в XX веке. М.: Республика, 1995.

Проблемы социально-экономической и политической истории России XIX – XX вв. / отв. ред. А.Н.Цамутали. СПб.: Алетейя, 1999.

Рахшмир П.Ю. Эволюция консерватизма в новое и новейшее время // Новая и новейшая история. 1990. №1. С. 48 – 62.

Репников А.В. Консервативная концепция российской государственности. М.: Сигналъ, 1999.

Репников А.В. Тернистые пути консерватизма в России // Общественные науки и современность. 2002. № 4. С. 80 – 94.

Репников А.В. Парадоксы русского консерватизма // Россия XXI. 2003. № 1. С. 172 – 196.

Розенталь И.С. Пуришкевич – известный и неизвестный // Проблемы политической и экономической истории России / отв. ред. В.В.Шелохаев. М.: РОССПЭН, 1998. С. 284 – 303.

Российская империя: стратегии стабилизации и опыты обновления / под ред. М.Д.Карпачева, М.Д.Долбилова, А.Минакова. Воронеж: Воронежский государственный университет, 2004.

Русский консерватизм XIX столетия: идеология и практика / под ред. В.Я.Гросула. М.: Прогресс – Традиция, 2000.

Русский консерватизм: проблемы, подходы, мнения // Отечественная история. 2001. № 3. С. 103 – 133.

Санькова С.М. Как дело Бейлиса превратилось в дело Шульгина // Проблемы этнофобии в контексте исследования массового сознания / под ред. В.Э. Багдасаряна. М.: МГОУ, 2004. С. 95 – 110.

Сенчакова Л.Т. «Священная дружина» и ее состав // Вестник Московского университета. Серия 8: История. 1967. № 2. С. 62 – 83.

Смолин М.Б. Очерки Имперского Пути: Неизвестные русские консерваторы второй половины XIX – первой половины XX века. М.: Москва, 2000.

Соловьев Ю.Б. Самодержавие, дворянство и проблема сближения с буржуазией в конце XIX – начале XX в. // Крупные аграрии и промышленная буржуазия России и Германии в конце XIX в. / отв. ред. А.П.Корелин. Л., 1989. С. 68 – 84.

Соловьев Ю.Б. Самодержавие и дворянство в 1907 – 1914 гг. Л.: Наука, 1990.

Соловьев Ю.Б. Князь В.П.Мещерский и его роль во внутренней политике в предвоенные годы // Проблемы социально-экономической истории России / отв. ред. А.А.Фурсенко. СПб., 1991. С. 249 – 264.

Соловьев Ю.Б. Идеология контрреформ как показатель чрезвычайных трудностей обуржуазивания России // Россия в девятнадцатом веке. Политика. Экономика. Культура / под ред. В.И. Старцева, Т.Г.Фруменковой. СПб.: Третья Россия, 1994. Ч. 2. С. 227 – 237.

Спирин Л.М. Крушение помещичьих и буржуазных партий в России (начало XX в. – 1920 г.). М.: Мысль, 1977.

Степанов С.А. Черная сотня в России (1905 – 1914 гг.) М.: ВЗПИ / Росвузнаука, 1992.

Суслов М.Д. Эволюция консервативной утопии в России в XIX веке // Вестник Пермского университета. 2003. Вып. 4: История. С. 85 – 99.

Суслов М.Д. Политическая программа С.Ф.Шарапова // Там же. С.100 – 111.

Уортман Р. (Wortman R.) Николай II и образ самодержавия // История СССР. 1991. № 2. С. 119 – 128.

Фирсов С.Л. Русская Церковь накануне перемен (конец 1890-х–1918 гг.) СПб.: Духовная библиотека, 2002.

Черникова Н.В. Князь Владимир Петрович Мещерский // Отечественная история. 2001. № 4. С. 126 – 139.

Чхартишвили П.Ш. Черносотенцы в 1917 г. // Вопросы истории. 1997. № 8. С. 133 – 143.

Шестаков В.П. Эсхатология и утопия (Очерки русской философии и культуры). М.: ВЛАДОС, 1995.

Шлемин П.И. М.О.Меньшиков: мысли о России. М.: ИНИОН, 1997.

Эволюция консерватизма: европейская традиция и русский опыт / под ред. В.С.Дубиной, М.М.Леонова, Л.Банцхафа. Самара: Самарский научный центр РАН, 2002.

[Юделевский Я.Л.] Делевский Ю. «Протоколы сионских мудрецов» (История одного подлога). Берлин: Эпоха, 1923.

Янов А.Л. Русская идея и 2000-й год. New York, NY: Liberty Publishing House, 1988.

Янов А.Л. Патриотизм и национализм в России, 1825 – 1921. М.: Академкнига, 2002.

Adams R.J.Q. Bonar Law. London: John Murray, 1999.

Ascher A. P.A.Stolypin: The Search for Stability in Late Imperial Russia. Stanford: Stanford University Press, 2001.

Beedell A.V. John Reeves' Prosecution for a Seditious Libel, 1795 – 1796: A Study in Political Cynicism // Historical Journal. 1993. Vol. 36. No. 4. P. 799 – 824.

Blinkhorn M. (Ed.) Fascists and Conservatives: The Radical Right and the Establishment in Twentieth Century Europe. London; Boston: Unwin Hyman, 1990.

Chickering R. We Men Who Feel Most German: A Cultural Study of the Pan-German League, 1886 – 1914. Boston, MA: Allen and Unwin, 1984.

Cohn N. Warrant for Genocide: The Myth of the Jewish-World Conspiracy and the Protocols of the Elders of Zion. London: Eyre and Spottiswoode, 1967; Кон Н. Благословение на геноцид: Миф о всемирном заговоре евреев и «Протоколах сионских мудрецов». М.: Прогресс, 1990.

Davies R.W. (Ed.) From Tsarism to the New Economic Policy: Continuity and Change in the Economy of the USSR. London: Macmillan, 1990.

Eatwell R., O'Sullivan N. (Eds.) The Nature of the Right: European and American Politics and Political Thought since 1789. London: Pinter, 1989.

Edelman R. Gentry Politics on the Eve of the Russian Revolution: The Nationalist Party, 1907–1917. New Brunswick, NJ: Rutgers University Press, 1980.

Eley G. Reshaping the German Right: Radical Nationalism and Political Change after Bismarck. New Haven, CT: Yale University Press, 1980.

Emmons T. The Beseda Circle, 1899-1905 // Slavic Review. 1973. Vol. 32. No. 3. P. 461 – 490.

Fforde M. Conservatism and Collectivism, 1886 – 1914. Edinburgh: Edinburgh University Press, 1990.

Figes O., Kolonitskii B. Interpreting the Russian Revolution: The Language and Symbols of 1917. New Haven, CT ; London: Yale University Press, 1999.

Freeden M. Ideologies and Political Theory: A Conceptual Approach. 2nd ed. Oxford: Clarendon, 1998 (1st ed. 1996).

Gatrell P. The Tsarist Economy, 1850 – 1917. London: B.T.Batsford, 1986.

Gatrell P. Government, Industry, and Rearmament in Russia, 1900 – 1914: The Last Argument of Tsarism. Cambridge; New York, NY: Cambridge University Press, 1994.

Green E. H. H. The Crisis of Conservatism: The Politics, Economics and Ideology of the Conservative Party, 1880 – 1914. London; New York, NY: Routledge, 1995.

Green E. H. H. Ideologies of Conservatism: Conservative Political Ideas in the Twentieth Century. Oxford; New York, NY: Oxford University Press, 2002.

Gregory P. Before Command: An Economic History of Russia from Emancipation to the First Five-Year Plan. Princeton, NJ: Princeton University Press, 1994.

Haimson L.H. (Ed.) The Politics of Rural Russia, 1905 – 1914. Bloomington, IN: Indiana University Press, 1979.

Holquist P. Violent Russia, Deadly Marxism? Russia in the Epoch of Violence, 1905–1921 // Kritika: Explorations in Russian and Eurasian History. 2003. Vol. 4. No. 3. P. 627 – 652.

Hosking G. The Russian Constitutional Experiment: Government and Duma, 1907 – 1914. Cambridge: Cambridge University Press, 1973;

Hosking G. Russia: People and Empire. London: Fontana, 1998; Хоскинг Дж. Россия: народ и империя (1552 – 1917). Смоленск: Русич, 2000.

Hughes M. Inside the Enigma: British Officials in Russia, 1900 – 1939. London; Rio Grande, OH: Humbledon, 1997.

Jones L.E., Retallack J. (Eds.) Between Reform, Reaction and Resistance: Studies in the History of German Conservatism from 1789 to 1945. Providence, RI; Oxford: Berg, 1993.

Kappeler A. Russland als Vielvölkerreich: Entstehung, Geschichte, Zerfall. München: Beck, 1992; Каппелер А. Россия – многонациональная империя: Возникновение. История. Распад. М.: Прогресс-Традиция, 2000.

Kappeler A. The Ambiguities of Russification // Kritika: Explorations in Russian and Eurasian History. 2004. Vol. 5. No. 2. P. 291 – 297.

Kennedy P., Nicholls A. (Eds.) Nationalist and Racialist Movements in Britain and Germany before 1914. London: Macmillan, 1981.

Korros A.S. A Reluctant Parliament: Stolypin, Nationalism and the Politics of the Russian Imperial State Council, 1906 – 1911. Lanham, MD: Rowman and Littlefield, 2002.

Kujula A. The Policy of the Russian Government toward Finland, 1905 – 1917: A Case Study of the Nationalities Question in the Last Years of the Russian Empire // M.S.Conroy (Ed.) Emerging Democracy in Late Imperial Russia: Case Studies on Local Self-Government (the Zemstvos), State Duma Elections, the Tsarist Government, and the State Council before and during World War I. Niwot, CO: University Press of Colorado, 1998. P. 143 – 197.

Lebovics H. The Alliance of Iron and Wheat in the Third French Republic, 1860 – 1914: Origines of the New Conservatism. Baton Rouge, LA; London: Louisiana State University Press, 1988.

Lieven D. Russia's Rulers under the Old Regime. New Haven, CT; London: Yale University Press, 1989.

Lieven D. Nicholas II: Emperor of all the Russias. London: Pimlico, 1993.

Lieven D. Empire: The Russian Empire and its Rivals. London: John Murray, 2000.

Lindemann A.S. The Jews Accused: Three Anti-Semitic Affairs (Dreyfus, Beilis, Frank). Cambridge; New York, NY: Cambridge University Press, 1991.

Löwe H.-D. Antisemitismus und reaktionäre Utopie: Russischer Konservatismus im Kampf gegen den Wandel von Staat und Gesellschaft, 1890 – 1917. Hamburg: Hoffmann und Campe, 1978.

Löwe H.-D. The Tsars and the Jews: Reform, Reaction and Anti-Semitism in Imperial Russia, 1772 – 1917. Chur: Harwood Academic Publishers, 1993.

Löwe H.-D. Political Symbols and Rituals of the Russian Radical Right, 1900 – 1914 // Slavic and East European Review. 1998. Vol. 76. No. 3. P. 441 – 466.

Lukashevich S. The Holy Brotherhood // American Slavic and East European Review. 1959. Vol. 18. P. 491 – 509.

Mannheim K. Conservatism: A Contribution to the Sociology of Knowledge. London; New York: Routledge and Kegan Paul, 1986.

Manning R.T. The Crisis of the Old Order in Russia: Gentry and Government. Princeton, NJ: Princeton University Press, 1982.

Martin A.M. Romantics, Reformers, Reactionaries: Russian Conservative Thought and Politics in the Reign of Alexander I. De Kalb, IL: Northern Illinois University Press, 1997.

Matsuzato, Kimitaka. The Issue of Zemstvos in Right Bank Ukraine, 1864–1906: Russian Anti-Polonism under the Challenge of Modernization // Jahrbücher für Geschichte Osteuropas. 2003. Bd. 51. Nr. 2. S. 218 – 235.

Mayer A.J. The Persistence of the Old Regime: Europe to the Great War. New York, NY: Pantheon Books, 1981.

McDonald D.M. The Durnovo Memorandum in Context: Official Conservatism and the Crisis of Autocracy // Jahrbücher für Geschichte Osteuropas. 1996. Bd. 44. Nr. 4. S. 481 – 502.

McKay J.P. Pioneers for Profit: Foreign Entrepreneurship and Russian Industrialization, 1885 – 1913. Chicago, IL: University of Chicago Press, 1970.

Melancon M. Unexpected Consensus: Russian Society and the Lena Massacre, April 1912 // Revolutionary Russia. 2002. Vol. 15. No. 2. P. 1 – 52.

Miller A. Shaping Russian and Ukrainian Identities in the Russian Empire during the Nineteenth Century: Some Methodological Remarks // Jahrbücher für Geschichte Osteuropas. 2001. Bd. 49. Nr. 2. S. 257 – 263.

Müller J.Z. The Other God That Failed: Hans Freyer and the Deradicalization of German Conservatism. Princeton, NJ: Princeton University Press, 1987.

Müller J.Z. What is Conservative Social and Political Thought? // J.Z. Müller (Ed.) Conservatism: An Anthology of Social and Political Thought from David Hume to the Present. Princeton, NJ: Princeton University Press, 1997 P. 3 – 31.

Narskii I. The Right-Wing Parties: Historiographical Limitations and Perspectives // Kritika: Explorations in Russian and Eurasian History. 2004. Vol. 5. No. 1. P. 179 – 184.

Pearson R. Privileges, Rights and Russification // Crisp O., Edmondson L. (Eds.) Civil Rights in Imperial Russia. Oxford: Clarendon; New York, NY: Oxford University

Press,, 1989. P. 86 – 102; Пирсон Р. Привилегии, права и русификация // Ab Imperio. 2003. № 3. С. 35 – 56.

Phillips G. D. The Diehards: Aristocratic Society and Politics in Edwardian England. Cambridge, MA; London: Harvard University Press, 1979.

Pipes R. Struve: Liberal on the Left, 1870 – 1905. Cambridge, MA: Harvard University Press, 1970.

Pipes R. Struve: Liberal on the Right, 1905 – 1944. Cambridge, MA: Harvard University Press, 1980.

Pipes R. Russian Conservatism and Its Critics: A Study in Political Culture. New Haven, CT; London: Yale University Press, 2006.

Podbolotov S. «True-Russians» against the Jews: Right-Wing Anti-Semitism in the Last Years of the Russian Empire, 1905 – 1917 // Ab Imperio. 2001. № 3. С. 191 – 220.

Quinton A. Conservatism // R.E.Goodwin, R.Petit (Eds.) A Companion to Contemporary Political Philosophy. Oxford: Blackwell, 1993. P. 244 – 268.

Rawson D.C. Russian Rightists and the Revolution of 1905. Cambridge: Cambridge University Press, 1995.

Read C. In Search of Liberal Tsarism: the Historiography of Autocratic Decline // Historical Journal. 2002. Vol. 45. No. 1. P. 195 – 210.

Retallack J. Notables of the Right: The Conservative Party and Political Mobilization in Germany, 1876 - 1918. Boston: Unwin Hyman, 1988.

Rexheuser R. Dumawahlen und lokale Gesellschaft: Studien zur Sozialgeschichte der russischen Rechten vor 1917. Köln; Wien: Böhlau, 1980.

Rogger H. The Formation of the Russian Right // California Slavic Studies. 1964. Vol. 3. P. 66 – 94.

Rogger H. Was There a Russian Fascism? // Journal of Modern History. 1964. Vol.36. No. 4. P. 398 – 415.

Rogger H. Jewish Policies and Right-Wing Politics in Imperial Russia. Berkeley, CA: University of California Press, 1986.

Rogger H., Weber E. (Eds.) The European Right: A Historical Profile. Berkeley, CA: University of California Press, 1965.

Seldon A., Ball S. (Eds.) Conservative Century: The Conservative Party since 1900. Oxford; New York, NY: Oxford University Press, 1994.

Slezkin Y. The Jewish Century. Princeton, NJ; Oxford: Princeton University Press, 2004.

Smith J. The Tories and Ireland: Conservative Party Politics and the Home Rule Crisis, 1910 – 1914. Dublin; Portland, OR: Irish Academic Press, 2000.

Steinberg M.D. Nicholas and Alexandra: An Intellectual Portrait // M.D.Steinberg, V.M.Khrustalev (Eds.) The Fall of the Romanovs: Political Dreams and Personal Struggles in a Time of Revolution. New Haven, CT: Yale University Press, 1995. P.1 – 37.

Sternhell Z. La Droite révolutionnaire, 1884 – 1914: les origines française du fascisme. Nouv. éd. Paris: Fayard, 2000 (1er éd. 1978).

Sternhell Z. Maurice Barrès at le nationalisme française. Nouv. éd. Paris: Fayard, 2000 (1er éd. 1972).

Suvanto P. Conservatism from the French Revolution to the 1990s. Basingstoke: Macmillan; New York, NY: St. Martin's Press, 1997.

Sykes A. The Radical Right and the Crisis of Conservatism before the First World War // Historical Journal. 1983. Vol. 26. No. 3. P. 661 – 676.

Thaden E.H. Conservative Nationalism in Nineteenth Century Russia. Seattle, WA: University of Washington Press, 1964.

Verner A.M. The Crisis of Russian Autocracy: Nicholas II and the 1905 Revolution. Princeton, NJ: Princeton University Press, 1990.

Walicki A. A. The Slavophile Controversy: History of a Conservative Utopia in Nineteenth Century Russian Thought. Oxford: Clarendon; New York, NY: Oxford University Press, 1975.

Wcislo F.W. Reforming Rural Russia: State, Local Society, and National Politics, 1855-1914. Princeton, NJ: Princeton University Press, 1990.

Weber E.I. Action Française: Royalism and Reaction in Twentieth Century France. Stanford, CA: Stanford University Press, 1962.

Weeks T.R. Nation and State in Late Imperial Russia: Nationalism and Russification on the Western Frontier, 1863 – 1914. De Kalb, IL: Northern Illinois University Press, 1996.

Weeks T.R. Political and National Survival in the Late Russian Empire: The Case of the Korwin-Milewski Brothers // East European Quarterly. 1999. Vol. 33. No. 3. P. 347 – 369.

Witherell L.L. Rebel on the Right: Henry Page Croft and the Crisis of British Conservatism, 1903 – 1914. Newark, DE: University of Delaware Press; London: Associated University Press, 1997.

Wortman R.S. Scenarios of Power: Myth and Ceremony in Russian Monarchy. Vol. 1: From Peter the Great to the Death of Nicholas I; Vol. 2: From Alexander II to the Abdication of Nicholas II. Princeton, NJ: Princeton University Press, 1995 – 2000; Уортман Р.С. Сценарии власти: Мифы и церемонии русской монархии: в 2 т. Т. 1: От Петра Великого до Смерти Николая II; Т. 2: От Александра II до отречения Николая II. М.: ОГИ, 2004.

Указатель имен

Dr. Andreas Umland (Ed.)

SOVIET AND POST-SOVIET
POLITICS AND SOCIETY

ISSN 1614-3515

This book series makes available, to the academic community and general public, affordable English-, German- and Russian-language scholarly studies of various *empirical* aspects of the recent history and current affairs of the former Soviet bloc. The series features narrowly focused research on a variety of phenomena in Central and Eastern Europe as well as Central Asia and the Caucasus. It highlights, in particular, so far understudied aspects of late Tsarist, Soviet, and post-Soviet political, social, economic and cultural history from 1905 until today. Topics covered within this focus are, among others, political extremism, the history of ideas, religious affairs, higher education, and human rights protection. In addition, the series covers selected aspects of post-Soviet transitions such as economic crisis, civil society formation, and constitutional reform.

SOVIET AND POST-SOVIET POLITICS AND SOCIETY

Edited by Dr. Andreas Umland

ISSN 1614-3515

FORTHCOMING (MANUSCRIPT WORKING TITLES)

Series Subscription

Please enter my subscription to the series *Soviet and Post-Soviet Politics and Society*, ISSN 1614-3515, as follows:

❐ complete series　　　　　OR　　　　　❐ English-language titles
　　　　　　　　　　　　　　　　　　　　　❐ German-language titles
　　　　　　　　　　　　　　　　　　　　　❐ Russian-language titles

starting with
❐ volume # 1
❐ volume # ___
　　❐ please also include the following volumes: #___, ___, ___, ___, ___, ___, ___
❐ the next volume being published
　　❐ please also include the following volumes: #___, ___, ___, ___, ___, ___, ___

❐ 1 copy per volume　　　　　OR　　　　　❐ ___ copies per volume

Subscription within Germany:

You will receive every volume at 1st publication at the regular bookseller's price – incl. s & h and VAT.

Payment:

❐ Please bill me for every volume.

❐ Lastschriftverfahren: Ich/wir ermächtige(n) Sie hiermit widerruflich, den Rechnungsbetrag je Band von meinem/unserem folgendem Konto einzuziehen.

Kontoinhaber: _____Kreditinstitut: _____

Kontonummer: _____Bankleitzahl:_____

International Subscription:

Payment (incl. s & h and VAT) in advance for

❐ 10 volumes/copies (€ 319.80)　❐ 20 volumes/copies (€ 599.80)
❐ 40 volumes/copies (€ 1,099.80)

Please send my books to:

NAME_____DEPARTMENT_____

ADDRESS _____

POST/ZIP CODE_____COUNTRY _____

TELEPHONE _____EMAIL_____

date/signature_____

A hint for librarians in the former Soviet Union: Your academic library might be eligible to receive free-of-cost scholarly literature from Germany via the German Research Foundation. For Russian-language information on this program, see
　　http://www.dfg.de/forschungsfoerderung/formulare/download/12_54.pdf.

Please fax to: **0511 / 262 2201 (+49 511 262 2201)**
or mail to: *ibidem*-Verlag, Julius-Leber-Weg 11, D-30457 Hannover,Germany
or send an e-mail: ibidem@ibidem-verlag.de

***ibidem*-**Verlag
Melchiorstr. 15
D-70439 Stuttgart

info@ibidem-verlag.de

www.ibidem-verlag.de
www.edition-noema.de
www.autorenbetreuung.de